HUMANITIES AND SOCIETY

技术与时间

1.爱比米修斯的过失

Bernard Stiegler

[法国] 贝尔纳·斯蒂格勒 著 裴程 译

译林出版社

图书在版编目（CIP）数据

技术与时间．1，爱比米修斯的过失／（法）贝尔纳·斯蒂格勒著；裴程译．— 南京：译林出版社，2019.7(2023.2 重印）
（人文与社会译丛）
ISBN 978-7-5447-7891-6

Ⅰ.①技… Ⅱ.①贝… ②裴… Ⅲ.①文化人类学－研究－法国 Ⅳ.①C958

中国版本图书馆 CIP 数据核字（2019）第121696 号

技术与时间：1.爱比米修斯的过失　［法国］贝尔纳·斯蒂格勒／著　裴　程／译

责任编辑　宋　旸
策划编辑　陈秋实
装帧设计　胡　苨
校　　对　王　敏
责任印制　单　莉

原文出版　Galilée, Cité des Sciences et de l'industrie, 1994
出版发行　译林出版社
地　　址　南京市湖南路 1 号 A 楼
邮　　箱　yilin@yilin.com
网　　址　www.yilin.com
市场热线　025-86633278
排　　版　南京展望文化发展有限公司
印　　刷　江苏凤凰通达印刷有限公司
开　　本　880 毫米 ×1230 毫米　1/32
印　　张　10.625
插　　页　2
字　　数　244千
版　　次　2019 年 7 月第 1 版
印　　次　2023 年 2 月第 4 次印刷
书　　号　ISBN 978-7-5447-7891-6
定　　价　62.00 元

主编的话

刘 东

总算不负几年来的苦心——该为这套书写篇短序了。

此项翻译工程的缘起，先要追溯到自己内心的某些变化。虽说越来越惯于乡间的生活，每天只打一两通电话，但这种离群索居并不意味着我已修炼到了出家遁世的地步。毋宁说，坚守沉默少语的状态，倒是为了咬定问题不放，而且在当下的世道中，若还有哪路学说能引我出神，就不能只是玄妙得叫人着魔，还要有助于思入所属的社群。如此嘈嘈切切鼓荡难平的心气，或不免受了世事的恶刺激，不过也恰是这道底线，帮我部分摆脱了中西"精神分裂症"——至少我可以倚仗着中国文化的本根，去参验外缘的社会学说了，既然儒学作为一种本真的心向，正是要从对现世生活的终极肯定出发，把人间问题当成全部灵感的源头。

不宁惟是，这种从人文思入社会的诉求，还同国际学界的发展不期相合。擅长把捉非确定性问题的哲学，看来有点走出自我囿闭的低潮，而这又跟它把焦点对准了社会不无关系。现行通则的加速崩解和相互证伪，使得就算今后仍有普适的基准可言，也要有待于更加透辟的思力，正是在文明的此一根基处，批判的事业又有了用武之地。由此就决定了，尽管同在关注世俗的事务与规则，但跟既定框架内的策论不同，真正体现出人文关怀的社会学说，决不会是医头医脚式的小修小补，而必须以激进亢奋的姿态，去怀疑、颠覆和重估全部的价值预设。有意思的是，也许再没有哪个时代，会有这么多书生想要焕发制度智慧，这既凸显了文明的深层危机，又表达了超越的不竭潜力。

于是自然就想到翻译——把这些制度智慧引进汉语世界来。需要说明的是,尽管此类翻译向称严肃的学业,无论编者、译者还是读者,都会因其理论色彩和语言风格而备尝艰涩,但该工程却绝非寻常意义上的“纯学术”。此中辩谈的话题和学理,将会贴近我们的伦常日用,渗入我们的表象世界,改铸我们的公民文化,根本不容任何学院人垄断。同样,尽管这些选题大多分量厚重,且多为国外学府指定的必读书,也不必将其标榜为“新经典”。此类方生方成的思想实验,仍要应付尖刻的批判围攻,保持着知识创化时的紧张度,尚没有资格被当成享受保护的“老残遗产”。所以说白了:除非来此对话者早已功力尽失,这里就只有激活思想的马刺。

主持此类工程之烦难,足以让任何聪明人望而却步,大约也惟有愚钝如我者,才会在十年苦熬之余再作冯妇。然则晨钟暮鼓黄卷青灯中,毕竟尚有历代的高僧暗中相伴,他们和我声应气求,不甘心被宿命贬低为人类的亚种,遂把逡译工作当成了日常功课,要以艰难的咀嚼咬穿文化的篱笆。师法着这些先烈,当初酝酿这套丛书时,我曾在哈佛费正清中心放胆讲道:“在作者、编者和读者间初步形成的这种‘良性循环’景象,作为整个社会多元分化进程的缩影,偏巧正跟我们的国运连在一起,如果我们至少眼下尚无理由否认,今后中国历史的主要变因之一,仍然在于大陆知识阶层的一念之中,那么我们就总还有权想象,在孔老夫子的故乡,中华民族其实就靠这么写着读着,而默默修持着自己的心念,而默默挑战着自身的极限!”惟愿认同此道者日众,则华夏一族虽历经劫难,终不致因我辈而沦为文化小国。

一九九九年六月于京郊溪翁庄

目　录

前　言 …… 001
导　论 …… 001

第一部分　人的发明

引　论 …… 023
第一章　技术进化论 …… 031
1. 一般历史与技术史 …… 031
2. 技术体系 …… 033
3. 技术体系及其与经济、社会体系的关系 …… 034
4. 技术体系的极限 …… 035
5. 发明过程中的理性和决定论 …… 036
6. 发明和革新 …… 039
7. 工业投资：技术体系、经济体系和国家机器的联合进化 …… 040

8. 持续革新：技术和科学的新型关系 …… 042
9. 技术的普遍性 …… 046
10. 人与物质的耦合 …… 047
11. 趋势和事件 …… 050
12. 种族差异和技术分化 …… 054
13. 作为根源的地理因素和作为“一体化进程”的种族特性 …… 058
14. 技术动力的内在环境和外在环境 …… 061
15. 趋势的两个方面 …… 064
16. 技术环境作为冲淡内在环境的因素 …… 067
17. 进化的持续性 …… 069
18. 工业技术的进化必然要求放弃技术理论中的人类学假设 …… 072
19. 机械学：关于工业物体具体化过程的科学 …… 073
20. 作为运行物质的工业物体的遗传学 …… 075
21. 技术在工业社会变迁中的主导地位 …… 079
22. 技术物体发展的不可预测性 …… 080
23. 工业物体的突变、系谱和自然发展 …… 083
24. 超前是组合环境产生的条件 …… 086

第二章 技术学和人类学 …… 089
1. 作为时间问题提出的技术问题的悖论 …… 089
2. 技术（给我们带来）的问题 …… 092
3. 人成为宇宙秩序及其自我毁灭的力量 …… 095

4. 技术的问题就是干预的问题：无度和尺度、天体秩序和灾乱…… 098
5. 技术学…… 100
6. 人类学…… 102
7. 从《美诺篇》到《斐德罗斯篇》直至卢梭："形而上学" …… 108
8. 卢梭和人类学…… 112
9. 平等、力量和差异 …… 114
10. 起源的不确实性、自然之声（"分辨"的含义）以及加勒比人的回忆 …… 116
11. 思维先于创造 …… 119
12. 脚和手 …… 121
13. 一切上到手头 …… 122
14. 集一切于自身 …… 124
15. 第二起源 …… 126
16. 偏离的内部：可能性 …… 128
17. 差异就是理性，理性就是死亡，死亡就是死亡的超前 …… 132
18. "跨越一个如此巨大的间隔" …… 135
19. 再论第二起源 …… 142

第三章　谁？什么？人的发明…… 144
1. 人的相关差异（différance） …… 144
2. 一切从脚开始…… 154
3. 领先和落后…… 157

4. 骨骼、工具和大脑 …… 160
5. “技术意识”与超前 …… 162
6. 技术差异化的双重起源 …… 167
7. 器具助产术 …… 171
8. 三论第二起源 …… 173
9. 近人类的语言 …… 178
10. 裂变的记忆 …… 183
11. 特有语言差异的无差异性 …… 187
12. 已经在此、相关差异、后种系生成 …… 189
13. “谁”和“什么” …… 192

第二部分　爱比米修斯的过失

引　论 …… 197
第一章　普罗米修斯的肝脏 …… 199
1. 遗忘者的遗忘 …… 199
2. 死亡学：在手一无所有 …… 201
3. 在自身之外 …… 207
4. 出生和不确定性 …… 211
5. 爱比米修斯：孤僻者 …… 214
6. “无共同体者的共同体” …… 216
7. 肝脏 …… 219

第二章　已经在此…………………………………………………… 221
1. 器具条件…………………………………………………………… 221
2. 后理念：传统 …………………………………………………… 224
3. 知识的同一性和上手的“什么”的分量 ………………………… 228
4. 持久地固定当即…………………………………………………… 230
5. 程序与不确实……………………………………………………… 233
6. 知识和退避………………………………………………………… 235
7. 时钟：无未来一代的实时 ……………………………………… 238
8. 固定和确定………………………………………………………… 242
9. 个体化……………………………………………………………… 246
10. 存在的历史的延迟时间 ………………………………………… 252
11. 存在的代价 ……………………………………………………… 260

第三章　“什么”的解脱 ……………………………………………… 261
1. 日常性的分析：作为从“什么”的解脱(第一篇) ……………… 261
1.1“谁”与“什么”的相关差异 …………………………………… 261
1.2“谁”与“什么”在日常性中的混同以及作为期待的在世存在的烦忙 ……………………………………………………… 264
1.3 手作为“谁”对“什么”系统的(理解)把握 ………………… 266
1.4 胡塞尔的回忆概念和作为指引的“什么”的系统…………… 268
1.5 海德格尔的去远化的遗忘 ……………………………………… 273
1.6“谁”的程序的中性(neutralité) ……………………………… 275

1.7 作为“图像意识”的工具…………………………………………………… 278
1.8 特有语言自身之外的特有的（无）忧和死亡的文章 ………………… 279
2. 过失性存在的结构：作为对“什么”的介入（第二篇）…………… 282
2.1 缺陷性存在：作为可能中断一切程序的程序化 ……………………… 282
2.2 手的手段和“什么”的无限性…………………………………………… 285
2.3 作为唤回的重复以及非我的发明 ……………………………………… 288
2.4 器具和科学之手 ………………………………………………………… 291
3. 历史性的历史构造问题以及历史性作为“什么”的新面目
（第二篇的最后两章）……………………………………………………… 292
3.1 世界历史的“什么”的第二性…………………………………………… 292
3.2 世界历史之物的平俗化：第三回忆的遗忘 …………………………… 295
3.3 附加物的精确性和收复 ………………………………………………… 297
3.4 精确性和可能性 ………………………………………………………… 300

中法概念性词汇对照表……………………………………………………… 303
法中人名对照表……………………………………………………………… 307
译后记………………………………………………………………………… 310

前　言

本书探讨的对象是技术，它被理解为代表着一切即将来临的可能性和未来的可能性之视域。

十年前，当我构思最初的轮廓时，这个问题还显得是次要的。如今，它贯穿所有的研究，其范围之广，无所不及。虽然这个问题提出的工作极富刺激性，而且也引起了人们的关切，但是其紧迫感才刚刚开始被意识到。这是一项长期的工作，它在经过了一段不可避免的沉闷和可怕的焦虑之后被提了出来，坚韧和艰难使它更富于趣味。在此，我要把这个问题的艰巨性及其必然性正告读者：哲学自古至今把技术**遗弃**在思维对象之外。技术即是**无思**。

由技术的强大动力在我们时代的舞台上造成的巨变引来了一系列的**反应**。无论这些反应是直接的还是间接的，或是媒体化的，无论它们是“肤浅的”还是深思熟虑的，都**必须给以超越**。现时代已被卷入了一种隐约的决策（危机）过程的漩涡，这个过程的机制和趋势尚晦暗不清，必须经过艰巨的努力才能使之变得**可以理解**。这种努力既要求回忆过去，同样也要求注重**当前发生**的事物的复杂性。本书所阐发的观点仅仅是一个尝试，它与其说是**结论**，不如说是**探索**：探索（用手实现的探索）正是这种反思的对象本身。

即将来临的不可能性从未像今天这样迫近，以至于时间的激流在它本应敞开**未来的明晰性**的时候，却变得更加自相矛盾了。一种根本的立场和观点的转变势在必行，它越是不可避免，就越会遭遇抵抗。积怨和否弃既代表着顽固势力，同时也标志着它的瓦解，这一点早在一个世纪之前就被尼采和弗洛伊德置于他们的沉思中心。他们的思想从来没有像今天这样获得多方面的印证。读者因而会察觉，这些在本书中几乎没有被引用的作者，实际上处在我试图展开的视线的焦点。

我很遗憾不能向众多的朋友以及他们对这项研究工作给予的支持言谢。我谨向图卢兹-米拉伊大学教授热拉尔·格拉内尔表示深深的感谢。他的热诚、严谨——这是有幸在他指导下从事过研究的人们所共知的——唤醒了我对（向事物本身、向形而上）**回归**和**大转折**的必然性的认识。

我在此也向蒙代夫人、埃丽雅娜·埃思古巴斯、阿妮克·若兰、列维·埃伯拉尔夫人以及伊丽莎白·李加尔表示谢意。她们的珍贵指教反映在字里行间。

雅克·德里达的著作是这项研究之所以可能的前提。我力求在阅读德里达著作的过程中，既忠实原著，又要（从“相关差异”[1]的各种角度）和这样一位富于感召力的导师的诱人的精神财富做抗争。其诱人

1　différance（相关差异）是德里达根据法语中动词“différer”创造的一个专门术语。“différer”包括两层含义。它首先是指“区别”、“差异”或“其他”。和这一层意思对应的名词是“différence”。但是德里达认为，“différence”不能体现“différer”的另一层含义，就是时间意义上的“延迟”“计算时间”“迂回”“保留”等。创造“différance”一词不仅仅在于体现“différer”两个方面的含义，而且更重要的是体现“différer”的动态。本书作者在采用“différance”时，一方面是要统筹兼顾“差异”和“延迟”两个概念，另一方面更深层的意义在于把对立的差异或差别从运动的、相互关联的角度去把握。比如差异和延迟实际上就是空间和时间的相关差异。再如作者常常用相关差异来概括“一般性的生命历史”，其根本意义就在于，生命的历史是在遗传的内在因素和外在环境的相互影响、相互领先中实现的。“人的发明……使‘谁’和‘什么’连成一体，……相关差异就是指这种双向运动，交错反射，通过反射的双向运动，‘谁’和‘什么’共同构成一个现象的两个侧面。”——译注

处尤在于导师本身对一切权威性持怀疑的态度。雅克·德里达对**不同己见的可能性**的巨大的奉献精神不仅仅停留于一种典型的论述和沉思的对象，他由此倡导一种**人生风格**，一种人生的思想和思想的人生。这种风格使他在与学生、好友的交往中以及在诸种私人或公共的关系中，既实事求是地肯定自己的著述，又对其权威所及的界限持非常审慎的态度。

如果不是让-弗朗索瓦·里奥达尔接受我进入国际哲学院，如果没有他因此为我建立的同他本人，以及其他朋友（在此不能一一言谢）的交流，毫无疑问，这项研究在我看来不可能迈出关键性的步伐。

保尔·维里略、雷吉·德布莱以及安托万·杜劳尔同我的交流，不仅丰富了这项工作，而且给予我难以估量的鼓励。

朋友常常是对工作的最珍贵的督促者。我和安托万·贝尔曼、蒂埃里·夏普还有如今已经去世的米歇尔·塞尔维叶共同分担过的记忆问题的烦恼和奥秘，在此也尽收文中。

卡特莉娜·马拉伯在进行自己的研究的同时，不仅在工作上，而且在日常生活烦琐的困难中也给我以勉励和关照。我们被柔情一同系于严谨的哲学追求，这种追求使我们聚合，同样也带来一种争斗的气氛，正如赫西奥德[2]以黑夜之女爱丽丝为名唱颂的那样，这是一种既富于创造性而又具有危险性的竞争。我对**缺乏共同体者的共同体**（这是一个在我试图探讨的主题深处的既华美又可怕的概念）的体验从未像和卡特莉娜在一起那样彻底，这种体验既在概念中，又在爱的圈子里，即便是为了形成概念，为了概念的爱，也是如此。她把对概念的爱称作爱情的终结（即哲学企图“废除它**爱智**的名分以便成为**切实的**知识”）。

2 赫西奥德（Hésiode）：古希腊诗人，约生活于公元前八世纪中叶，著有《神谱》《工作与时日》。——译注我的孩子巴尔巴拉和于连在长大成人的同时，也经历了一本书这样一个不同寻常的同胞的孕育和出世。但愿这一段令我无暇旁顾的时期还是给他们留下了一丝喜悦。这个最终的产物已经留在我的身后，我想它应当转向一个已不属于我的未来，但愿它也能为孩子们开花结果。

我的学生们也常常为本书中不少观点的成熟提出过宝贵的见解，在此对他们表示感谢。我也要谢谢宫片涅大学的校领导，他们觉察到了哲学和技术之间的交流的紧迫性和必然性。作为这项交流荣幸的受益者和积极的参与者，我对校方这种难得的明智深感钦佩。

最后，我要感谢罗歇·雷加尔、雅克·塔尔奈罗，还有“科学和工业城”：没有他们的支持，这本书是不可能问世的。

导　论

你是否接受这样一个确凿的事实：我们正处于一个转折之中？

——如果它是确凿的，那就不成其为转折。因为置身于一个时代变迁的关头（假如确有变迁）的事实本身，就排斥企图定义变迁的确凿的知识，它意味着确凿性失去自身的意义，成为不确凿性。我们从来也没有像今天这样不能把握自己：转折首先就是这样一种含蓄的力量。

——莫里斯·布朗肖

哲学自其历史的初期，就将技术和知识这两个在荷马时代尚未被区分的范畴相互孤立。这种做法是由一定的政治背景决定的。当时哲学家们指控诡辩学派把逻各斯工具化，使它和修辞学、辩论术归为一类，成为权力的手段，而非知识的场所。[1]哲学的知识在和诡辩的技术的**冲突**中，贬低一切技术的知识的价值。正是在这样一种遗风的影响下，亚里士多德提出了关于技术物体的本质的一般性

1　弗朗索瓦·夏特莱：《柏拉图》，Gallimard，1965年版，第60—61页。

定义：

“每一个自然物体［……］都自身具有其运动或静止的法则，有些和位置相关，有些和增加或减少相关，还有的则和性质变异相关。［……然而］任何被制造之物自身都不具备其制造的法则。”[2]

技术物体自身不具备任何赋予其活力的因果性，技术就是在这样一种本体论的支配下，一直被放在目的和方法的范畴中来分析的。换言之，**技术物体没有任何自身的动力**。

很久以后，拉马尔克把物体分成两类：一类属于研究无机物的物理化学，另一类属于研究有机物的科学。世上有两类物体，“一类是无机物，它们没有生命，没有活力，是惰性的。另一类是有机物，它们呼吸、捕食、繁殖；这就是生命物体，而且它们‘必然趋于死亡’［拉马尔克《动物哲学》第一卷，第106页］。有机意味着生命。生存物最终和东西区别开来”[3]。

同这两类物体对应的是两类不同的动力：第一种是机械的，第二种是生物的。在此二者之间，技术物体只不过是一种混杂物，它同在古典哲学那里一样，没有生存论意义上的地位。由于物质偶然地获得一种生命行为的记号，所以一个被制造物的系列可以在时间中印证着生命行为的进化。技术物体本质上属于机械运动的范畴，它至多不过因为印证着生命行为而成为这种行为失去了厚度的纹迹[4]。

马克思曾尝试过建立关于技术的**进化理论**——技术学——的可能

2 亚里士多德：《物理学》，第二卷。

3 弗·雅各布：《生命逻辑》，第101页，Gallimard，1970年版。

4 纹迹（trace）的通常意思是痕迹、踪迹等。这里译作“纹迹”，是为了突出燧石器具的加工纹理的字面含义。根据作者的理论，石器留下的加工“纹迹”和大脑皮层的纹理皱褶是对应的，它们之间构成了一对人类发展的相关差异因素。在本书中，应当把“trace”和“gramme”联系起来理解。和“trace”相比，“gramme”更突出痕迹的可重复性和程序性。而“trace”则是一种一次性的动作的随机记录。——译注性，并因此描绘了一个崭新的观点。其后，恩格斯又提出了关于工具和手的辩证理论，从而动摇了被动物体和有机物体的划分。考古学发现了远古时代制造的物件，而且，自达尔文以后，人类起源的问题被真正提了出来。卡普展现了他的有机体投射的理论，十九世纪末，埃斯比那思从中得到启示。就在历史学家们在工业革命的领域开始注视新技术所起作用的同时，人们也在民族学的领域中积累了大量关于原始工业的资料，它们表明：技术发展的问题不能被简单地归入社会学、人类学、普通历史学或心理学，它最终要被独立地提出来。在这样的基础上，吉尔、勒鲁瓦-古兰和西蒙栋明确地建立了技术体系、技术趋势和具体化过程等概念。

在机械物和生物之间，技术物体成为一种不同性质的力量交织的复合。就在工业发展打乱了知识和社会组织的秩序的同时，技术也在**哲学**研究的领域获得了新的地位。因为随着技术范围的扩展，科学本身受其调动，和器具领域的联系越来越紧密，它被迫服从于经济和战争冲突的需要，所以改变了它原有的知识范畴的意义，显得越来越依附于技术。这种新型关系产生的能量已在两次世界大战中爆发。在纳粹控制德国的时候，胡塞尔曾通过代数这门计算[5]的技术，分析了数学思维技术化的过程。这一过程始于伽利略：

他使几何学算术化，“从而在某种程度上使几何本身的意义淡化了。那些最初在几何思维中通常被称作‘纯粹直观’的现实的时空观念，由此被转化为单纯的数字形式和代数结构”[6]。

数字化的结果是丧失原始的意思和**视野**，丧失作为原本的科学性之基础的**原型目标**：

5 计算（calcul）一词在本书中已超出了纯粹的数字计算的范畴，它和预示、精确性一起代表着技术的本质特征。所以计算就不单单是一种度量方式，它从技术和代具的意义上构造时间。——译注

6 胡塞尔：《欧洲科学危机和超验现象学》，Gallimard，1968年版，第52页。

“显然，人们在代数计算中，把几何的意义退到第二位，甚或简单地把它遗弃；人们仅仅在计算之后才会记起，这些数字本应表示一定的形状。尽管如此，人们并不如同在通常的数字计算中那样作‘机械’运算，而是进行思想和发明，有时会有重大的发现——但是伴随着难以察觉的意思的位移，以至于使它成为一种‘符号’意思。”

科学的技术化就在于无视原型。正如建立**普遍的理性原则**的设想一样，由此而产生的意思的位移将会带来一个形而上学方法的程式。代数学从一开始就在系统地使自然程式化和器具化的同时，“自身卷入了[……]一种突变，它因此成为一种单纯地[……]依靠遵循技术规则的计算技术来获取结果的艺术。[……]在此，**使这种技术行为具有一定的意义，并赋予其正确的结果以真理意义**[……]的原初思想却被搁置在外了”[7]。

技术化就是丧失记忆，这一点在柏拉图的《斐德罗斯篇》中已有所指：哲学家们在和诡辩家的争论中，指责文字记载的记忆威胁着知识回忆的记忆，记载记忆有玷污回忆记忆的危险，以致将它毁灭；计算决定了现代化的本质，随之而来的是人们对最初原型记忆——这个一切毋庸置疑的推理和意义的基石——的丧失。**计算**带来的技术化使西方的知识走上一条**遗忘**自身的起源，也即遗忘自身的**真理性**的道路。这就是所谓的“欧洲科学的危机”。如果不实行基础的重建，科学必将导致对世界实行失去科学对象的技术化。提出这种必要性的历史背景是：“在三十年代，像卡西勒和胡塞尔这样一些著名的人本主义哲学家[……]，力图以对现代理性哲学的不同形式的‘更新’，来对抗日益嚣张的法西斯‘野蛮’势力。”[8]

理性哲学的重建已不再成为生存论分析的目标：虽然知识的技术化

7　胡塞尔：《欧洲科学危机和超验现象学》，第54页。

8　热·格拉内尔：《欧洲科学危机和超验现象学》法译本“前言”。

仍然处于海德格尔关于存在的历史的沉思的中心地位，理性从本质上说归属计算，它就是使一切存在者理性化的技术化过程。然而更深层的意义在于，他是从原始的技术性出发来思考命运和历史性本身的，在这个思考中，交织了他二十年代末关于在世性的分析、控制论时代关于“时间和存在”的“另一种思想”的沉思，以及他在《形而上学导论》、《世界图像的时代》和《同一与差异》等论著中对《安提戈涅》的解读。

遗忘的主题在海德格尔关于存在的思想中占有主导地位，存在是历史性的，存在的历史**就是**它对技术性的归属。他之所以从遗忘出发来思考真理本身，是因为就**去蔽**的意思而言，它对真理的定义是对柏拉图式的回忆的回应，这种回忆的意义取决于它和记载记忆的对立，而记载记忆作为存在的遗忘即是存在的命运。

把真理作为走出“退避”来思考，把存在的历史作为遗忘来思考，这实际上就是把处于原始技术性背景中的时间作为对起源的原始性遗忘来加以思考。这种原始性的遗忘体现在两个方面：

——此在的生存性构造，即此在的器具性或用具性，以及由用具体现的**计算**；

——存在（在西方）的历史：在前苏格拉底时期，存在被认为是同一性；自柏拉图起，存在被认作是精确性（orthothèse，确正[9]性）；到了笛卡尔和莱布尼茨，关于存在的思想的出发点则是确定以计算为本的普遍理念的理性原则。

9 确正（orthothèse）是作者根据古希腊语中的“orthos”创造的一个概念，从词源上分析，它包含了两层意思：一层是几何意义上的“直线”“笔直”，另一层是价值或哲学意义上的“正确”“正直”“精确”等。作者在运用这个概念时保存了这两个方面的含义，用他自己的话说就是这两个含义的相关差异。作者认为印欧语系的拼音文字是一种直线型的书写方式，这种直线型的文字在记载记忆或过去的“已经在此”的同时，形成了精确的思维方式和记录方式。换言之，精确性是直线性的必然结果。关于这个精确性和直线性的（相关差异）关系，作者在本书第二卷有专门论述。为了避免和“正确”一词的通常意思混淆，故将“orthothèse”译作“确正”。——译注海德格尔关于技术的沉思只有**同时从两方面**来理解，才会变得尽可能的明晰：一方面是此在的生存性结构，即由此在的**在时性**决定的此在和时间的关系；另一方面就是在整个哲学的“形而上学”历史中体现出来的存在在西方历史中的命运：存在就是在场，对时间的庸常的理解从**当下**出发来“理解”在时性，致使在时性取决于计算，以及用于度量时间的器具。当时思想领域的任务就是在重复形而上学的基础上“解构”形而上学的历史，并向存在的意思这一根本性问题回归。在现代技术被认为是对形而上学的切实的实现这个前提下，这种思想抱负就更显其对现代技术的“批判”色彩。

此在，“就是我们是我们自身”，它是存在在其时间性中的根本，作为存在的历史，它也是存在的真理。此在具有四个特征：时间性、历史性、自我理解、实际性[10]。

此在是时间性的：它**有**一个过去，并在以过去为起点的超前中存在。作为遗产，这个过去是“历史性”的：**我的**过去**并不**属于我，它首先是我的前辈们的过去，而我的过去则形成于我和先于我**已经在此**[11]的过去这份遗产的本质关系之中。所以自己没有经历的、历史的过去可以被不经证实地继承：历史性也就是一种实际性。过去隐含着此在可以

10　实际性（Facticité）：从词源上说，“Facticité”是指“做”“制作”（拉丁语facere）和“人为”“人造”“非自然”（拉丁语facticus）。作者在此继承了海德格尔的“Faktizität”的概念，用它来表示人（即是“谁”）对在自己生存之前形成的技术（即是“什么”）条件的依赖。在“Facticité”中，作者强调的是“既成事实”“已经存在”的意思，它和海德格尔有关此在的历史性的思想是一致的。这个实际性非但不是强加的，而且是生存的基本特征。生存的实际性决定了“谁”从一开始就和“什么”相关，即在世和在时。所以实际性是和海德格尔的另外两个概念紧密相连的：在世性和在时性。——译注

11　已经在此（Déjà-là）：这是作者根据海德格尔的“此在”引发的新概念。它表示人对其所在的世界的历史依赖性。在“我”之前，已经有一个时间，技术不仅是时间的载体，而且更重要的是它是时间构成的原始因素。所以对于我们每一个人来说，我们的存在都不可避免地包含了一个“已经在此”。正因为如此，时间性就不可能从当即出发来理解。任何时间形式都包含了一个“不依赖任何知觉而形成的已经在此”。——译注

不当作可能性继承的可能性，遗产包含的实际性为自我理解提供了两方面的可能性：此在总是可以从某个关于它的生存状态的庸常、附众趋势的理解——即普通的观念——出发自我理解；相反，此在也可以“调动”不属于自己的、继承的过去，如此，此在则是从**它的**过去赖以构成的可能性出发，继承**它的**实际的过去。根据这后一种可能性，此在处于“要存在”的范型，因为它总不能完全地存在，只要它生存着，就没有完结，所以它总是在“尚未存在”的范型上自我超前。在生和死之间，存在犹如**绵延**（Er-streckung）一样伸展于**已经**和**尚未**之间。这种外移建立在这样一种死亡的背景之上：自我超前所提前的，是此在自身的死亡（或终结），此在的一切活动从本质上说总是受走向终结的超前支配的，这个超前是“终极的可能性”，并且构成生存的原始的时间性。

然而存在着两种超前的可能性：在它的活动中，此在可以不“调动”它的走向终结存在的本质，因而就不向原本**属于它的**未来展开，这个未来就像终结一样完全不确定，不知何时、因何、怎样来临；在这种情况下，此在就把自身所有的可能性下降为那些在“共同存在”的**公众性**中被分担和共认的可能性：也就是说它把自身的可能性下降成他人的可能性。或者此在就把自身的可能性作为一种不可公约的“自我个体”来承诺，那么它就要面对自己的终结的超前而导致的本质性的孤独。一方面，真实的生存根本**不能**由“他人”或“共同存在”的公众性**确定**；另一方面，只能属于此在自己的死亡之所以属于它，仅仅是因为死亡是**不确定**的，对于此在来说，死亡永远不可知。此在的死亡是它无法认识的，在这样的“尺度”下，死亡给**属我性**带来的是“无度”。死亡不是生存的一个环节，因为它是生存的可能性本身，然而它又本质地要和生存不断地保持一个时间差。这个原始的时间差也就是造成所有此在之间差异的因素。

拒斥真实可能性前景的可能本身性根源于烦忙，它处于这样一种和未来的关系：即未来本身在未来中使得走向一切真实的可能性变得渺茫。烦忙是一种超前，其实质就在于，作为预示，**确定真实的可能性——即确定非确定性**。烦忙的载体是用具，而用具即是世界的意义性的指引系统的载体，**技术**世界是烦忙的背景和一切在世性的原始结构：世界的技术性是使它“首先并最常见地”呈现于它的**实际性**中。实际性使确定非确定（逃避“最终极的可能性”）成为可能，它是一切计算的生存性根本。实际性为计算的生存性起源烙下了技术的本质印记（这个技术也使一切继承成为可能，并从一开始就构成一切真实的时间化的原始背景），所以计算就是生存的沉落。

海德格尔思想中的技术问题就建筑在这些时间性的深层之中。然而在《时间与存在》之后，即在所谓的“转折”之后的论著中，这个问题不再从此在分析的生存论角度，而是被作为解构形而上学历史的一切可能性的构造性动力提出来的。如果说哲学的形而上学特征集中体现于这样一种计划：建立一种使主体成为“自然界的主宰和占有者”的**普遍有效的理性原则**，而且在这个计划中，理性的本质就是计算，那么形而上学的转折就意味着哲学的思辨进入了技术时代，技术在实现现代化的同时，把主体性实现于客体性之中。时代的现代化从本质上说是技术的现代化。

海德格尔解释现代技术的意思的困难也体现了他整个思想的困境。他在一系列的论著中讨论过现代技术，但是看法并不完全一致。换言之，现代技术的意思在他的思想中是**含混不清的**。技术既被当作思想的障碍，又被当作思想的最终的可能性。在把技术确定为障碍的论著中，最常被提到的是《技术的问题》和《世界图像的时代》。然而在诸如《时间与存在》《哲学和转折》等晚期著作中，他则认为，**另一种思想**的可能性就在于把存在和时间的共属性放在构架（Gestell）范畴中思考。在《同一性原则》一文中，他是这样描述构架的：

它是指“把人和存在相关地放置，从而使二者互相传呼这样一种强令聚合的模式。[……]构架模式告诉我们，在技术世界中，何为人和存在相互迎往的依据和出发点。在这种人和存在的互相传呼中，我们听到的是促成我们时代聚象的呼唤”[12]。

如果说现代技术是形而上学的完结，那只是构架的一面。在它的另一面，它确定存在和时间的**本成**，即存在和时间共在，这样就取消了时间的形而上学定义，同时，必须脱离存在者——也即脱离此在——来思考存在：

“构架不再如同一种已在场的事物和我们接触，我们首先会觉得它很离奇。之所以如此，尤其因为构架不是一种思想的结果，相反，它为我们提供了进入存在和人的聚象的决定因素的第一入口。”[13]

构架是**本成**的**前奏**：

“人和存在在本质上相互接触，并重新找到它们的存在，与此同时，它们失去了形而上学给它们的定义。”[14]

同一性首先是指存在和思想的同一，它是存在的根本特性。但是，同一性原则“对于我们而言成了一种跳跃：从作为存在者的基础的存在出发，跳进一个深渊，无底深渊。这个深渊并非空洞的虚无，更不是昏暗的混乱，而恰恰就是**本成**自身”[15]。

构架标志了现代技术的全球性发展，因而也就是形而上学的完结。

在《技术的问题》一文中，海德格尔提出的思想原则，与形而上学关于技术的本质的定义针锋相对，他从与一般技术的关系出发，来区分现代技术的特性。其基本论据就是，把技术视为手段的传统立场无法触及技术的本质。从某种意义上来说，与传统上所说的亚里士多德关

12 海德格尔：《问题I》，Gallimard，1968年版，第269页。

13 同上，第269—270页。

14 同上，第272页。

15 同上，第273页。

于技术的解释相比较，这一批判是对技术作出的重新评价。海德格尔依据亚里士多德的《尼科马可伦理学》[16]，批驳了人们从目的和手段的范畴出发对《物理学》第二卷中的分析所作的解释。

“通常的解释把技术作为一种手段和人类的行为，这种解释可以［……］被称作关于技术的器具论和人类学的观念。”[17]他补充道：“现在假定技术不再是一种简单的手段，那么主宰技术的意愿还有什么实现的可能性呢？”[18]

关于技术的器具论观念是精确的，但是它不能向我们提供任何关于技术的本质的认识，所以我们必须比这种精确的认识走得更远。[19]

用目的和手段的范畴来分析技术的根据是有关物质因、形式因、目的因和动力因的理论。在对技术的认识中，四因论的传统解释偏重于动力因：即操作的因素——在手工产品的生产中，即是生产者本身。动力因的这种特殊地位造成了技术的器具论观念。因为，技术的产品不是自然之物，自身不具备它的目的因。这个在产品以外形成的目的因来自生产者，生产者作为动力因的同时也成为目的因的载体，并具有目的，而产品只是一种手段。

既然如此，技术作为生产行为是一种“去蔽的形式”。生产就是变不在为存在。亚里士多德在《尼科马可伦理学》中这样写道：

“一切技术都具有这样的特点：促成某种作品的产生，寻找生产某种**属于可能性范畴**的事物的技术手段和理论方法，这些事物的原则依存于生产者而不是被生产的作品。”[20]

16　第六卷，第三、四章。

17　海德格尔：《技术的问题》，《论文和讲座》，Gallimard，第10页。

18　同上，第11页。

19　这里值得一提的是精确性一词的贬义：它恰恰同计算互为根据，这种相互依赖构成了“确定非确定性”的意图。我们在研究中常常会回到这个问题上来。

20　《尼科马可伦理学》，第六卷，第四章。

如果技术的产物自身不具有其运动原则，也即它的原则外在于自身，那么这也就是通常所说的：技术产物是实现一个外在目的的方法，但是，就技术生产把一个事物从隐蔽状态变成非隐蔽状态而言，它属于去蔽行为，是一种真理的形式。这就是说，目的因不是施动的操作者，而是增长和展现意义上的存在：在此，自然和存在同义，自然的展示从增长和生产的意义上说就是存在的真理；技术作为生产行为**通过**动力因从属于自然的目的因，而又不使动力因和目的因混同。

技术“把那些不能自身生产和尚未出现在我们面前的东西展现出来”[21]。

“技术的关键不在于操作行为，更不在于使用某个方法，而在于我们所说的去蔽。正是从去蔽而非制造的意义上说，技术是一种生产。”[22]

相反，在技术的“人类学”观念中，动力因和目的因被混同了。和这种主体性的观念相反，我们只有在艺术——这个技术的最高形式——中，才能完全把握技术的意义。

到此尚未论及现代技术。现代技术也是一种去蔽，但是它“并非从生产的意义上展示自己。支配现代技术的去蔽是一种引发，它促使自然释放可以被提取和积聚的能量”[23]。

现代技术是对自然施加的暴力，而不是顺从作为自然的存在在其增长过程中的去蔽模式：技术进入现代化的标志就是，形而上学得到自我表现和自我实现，就像是计算理性完成了旨在占有和支配自然的计划，而这种被占有和支配的自然本身也就失去了自然本来的意义。但是我们作为自身的存在者，却远没有借助技术的方法成为自然的主宰，相反，我们自己作为自然的一部分也服从技术的要求。

---

21 海德格尔：《技术的问题》，《论文和讲座》，Gallimard，第18页。

22 同上，第19页。

23 同上，第20页。

如此定义的现代技术就是构架,即通过计算来一并检示自然和人。

如果说现代技术仍不失为一种去蔽的形式,那么它是最值得深思的:它是命运的舞台,是存在本身的历史,构架“可以被当作一个中转站,它具有两面性,由此我们可以把它比作雅努斯[24]神之头”[25]。

也正是在这个意义上,雅克·塔米诺提出:“技术的装饰使得存在本身在向我们显现的同时又自行隐退。所谓技术的装饰是指,普遍的技术化已成为我们所在的世界的面貌,尼采和马克思都曾以他们各自的方式,道出了普遍的技术化的形而上学本质,[……],然而把这一事实一语道破,认识这些不言而喻的现象,这恰恰是形而上学无法做到的。”[26]

这种思潮后来产生了一个马克思主义流派:海德格尔的学生马尔库兹在《单向人》中对技术问题提出一系列的讨论和观点,他的思想决定了哈贝马斯关于现代技术的立场;此外,阿道尔诺和霍克海默在继承本杰明时代有关技术的讨论的基础上,引入法兰克福学派的某些观点,也对这种立场起了很大的作用。

在《技术和作为“意识形态”的科学》一书中,哈贝马斯提出了和技术行为相**对立**的传播行为的概念,这个概念主导了他以后所有这方面的研究。哈贝马斯认为,随着现代技术的诞生,出现了技术力量的倒置:技术由本来在人和自然的关系中解放人类的力量,变成一种政治统制的手段。这种观点的基础是——在马克思的影响下——对马克斯·韦伯铸造的合理化概念的批判性接受。合理化代表了一个社会中服从理性决策标准的领域的不可抑制的扩张,以及与此相应的劳动的

---

24 雅努斯(Janus)是古罗马神话中最重要的神之一,它的地位甚至可以超过尤皮特(宙斯)。传说中的雅努斯的头有两个面孔,同时可以看到两个相反的方向:过去与未来、战争与和平、天与地、前后、左右等。——译注

25 海德格尔:《时间与存在》,《问题IV》,Gallimard,1976年版,第98页。

26 雅克·塔米诺:《海德格尔》,Cahier de l'Herne,1981年版,第275页。

工业化现象。它标志着资本主义。马尔库兹则进而指出，合理化实际上就是政治统制的隐蔽系统。

哈贝马斯对这个概念做了变换和修改：合理化成为同科学技术发展的制度化密切相关的“合目的理性行为”的扩张。哈贝马斯根据自己的需要接受了马尔库兹的第一个论点：在韦伯所说的合理化现象中，占主导地位的不是理性，而是一种以理性为名义的新的政治统制形式，它不再被**认作**——这一点尤其重要——政治的统制，因为它借科学技术的理性的进步使自身合理化。这是去蔽意思的倒转，因为生产力本来是作为去伪存真的力量体现出来的。

马尔库兹的第二个论点是：必须发展一门新型的、可以直接和自然对话的、摆脱技术统制势力的科学（这与其说是受“海德格尔的启发”，不如说是对海德格尔的误解）。哈贝马斯参照了格伦的观点，认为马尔库兹的设想是乌托邦式的虚构：技术的历史就是理性行为相对一个技术系统的目的逐渐地、不可避免地实现对象化的历史。他针对作为合目的理性行为的劳动概念，提出了另一种替代性的新概念，即**交往行动**，它的特色是**以符号为媒介的互动**。交往行动指向那些和技术规范不同的社会规范：技术规范取决于经验，而社会规范则取决于主体间性。如此，整个人类历史，可以从交往行动与合目的理性行为之间的关系史的角度来分析。传统社会和现代社会之间的区别就在于：在传统社会中，交往行动是社会权威的基础（无论是神话权威、宗教权威还是形而上的政治权威），而在现代社会中，所有的合法性都被技术和科学的理性所支配，这种理性逐渐渗透到生活的各个领域，包括所谓的“交往”领域在内，以致交往**丧失**了自身的特性。这种现象的条件就是科学和技术变得不可分割，“科学代表了现今最重要的生产力”[27]。

27 哈贝马斯：《技术和作为“意识形态”的科学》，Gallimard，1973年版，第36页。马克思在《政治经济学基础》中对此已有所预言。

专家统治由此而产生，这并不是指技术专家的权力，亦非指技术专家被权力所用，而是指技术作为动力因和合法性的根据可以产生权力，也就是说，技术一旦同科学不可分离，动力和目的也就合二为一了。专家统治的国家已不再把激发交往行动、与合目的理性行为保持距离作为目标。相反，它**管理**由合目的理性行为引起的功能障碍，以便削弱它们的影响、“避免有可能危害社会体系的僵化”[28]。专家统治的任务就是要给“技术性的问题寻找答案”，而这些答案是**公众讨论不可及的**。这样的境况就造成一种“系统循环”：“社会的利益决定社会的体制，而作为一个整体，社会体制又使社会利益必须与之吻合并维护体制的利益”[29]。交往行动就这样逐渐地被合目的理性行为所取代，也就是说被以语言的科学技术化为标志的控制论科学模式所取代。其结果是：“发达的工业社会似乎接近一种对由**外在刺激而非规范**控制的行为的调节模式”[30]。这就构成了社会的非政治化，并产生了合目的理性行为的自治化趋势，这种发展“给语言带来危害”（让-弗・里奥达尔重新讨论了这个问题），也即给社会化、个体化和主体间化带来危害。这种现象可以造成严重后果，并导致被“心理-技术”所操纵（海尔曼・凯恩）。

哈贝马斯针对马尔库兹第二个论点而提出的新观点是建立在这样一个基础之上的：必须区分两种不同的合理化概念，“生产力发展的进程成为解放的潜力的条件是：它不取代必须在［……］体制范围内产生的合理化过程，而这个过程则由于交往行动的解放，在以语言为媒介的相关作用的内部实现”[31]。

这就意味着要把交往从它的技术化过程中解放出来：可见，哲学的基本立场是循环往复的。

28　哈贝马斯：《技术和作为“意识形态”的科学》，第36页。

29　同上，第44页。

30　同上，第48页。

31　同上。

海德格尔和哈贝马斯似乎都在技术的现代性中确认了同样的矛盾：技术从表面看是人类的力量，而实际上它似乎对它的力量（也可以是它的行为）自治，以致妨碍了人的行为，即妨碍传播、决策和个体化。但是他们并没有对这个矛盾做相同的分析。因此我们必须抓住海德格尔和哈贝马斯之间的异同之处。

共同点是：他们二人都把**语言的技术化**视为非自然化现象，犹如一种“人本”向另一种“人本”堕落。混淆这些不同的本质是有害的。

不同点在于：哈贝马斯仍然从方法范畴出发来分析技术，海德格尔则在技术中把握其形而上学的意义。然而，如果说技术不是一种方法，那么问题既不单单在于——通过被“解放”的交往——围绕技术展开一场“辩论”，也不在于确保“最低限度的主体性［或者最低限度的‘意志’和‘主宰’］［……］，以便民主的思想能够通过主体间的公开讨论和论证”，给技术的扩展“划定界限”[32]。必须更加彻底地重新思考人、技术和语言之间最初形成的纽结，以便和技术建立另一种关系。

哈贝马斯和海德格尔都把语言的技术化视为一种堕落，就此而言，他们都还停留在最古老的哲学传统之中。我们在此则试图展开另一种完全不同的观点。我们可以举一个例子使这个观点更加形象化：比如，我们说古希腊智者的文辞同当时的誊抄匠的文辞是同等的，这些誊抄匠是古时的“教员”，在马卢和德田奈看来，没有他们，公民身份就不可能形成。但是还有更深层的问题。

这个更深层的问题，就是技术和时间的关系问题：如果说语言的作用在于实现个体化或“主体间化”（我们在此将要抛弃哈贝马斯和主体间性的概念，这个作为他一切分析的基石的概念是经不起推敲

32　吕克·费里、阿兰·雷诺：《海德格尔和现代文人》，Grasset，1988年版，第42—45页。

的)，那么语言带来的就是时间，因为时间“是个体化的真正原则”[33]。海德格尔之所以能把语言和器具化的技术相对立，是因为语言包含了时间的原始时间性，而技术和计算的器具性则相反，它隐匿于总是伴随着烦忙的在时性中。问题的关键在于弄清：**把技术置于一端**，使其本身不成为个体化的**构造因素**，这样的配置本身是否还是“形而上学”的。

虽然**目前**对技术的认识仍然主要受目的和方法的范畴支配，自工业革命以及伴随而生的社会深层的变革以来，技术及其引起的突飞猛进获得了新的内容，对这些内容，现有的知识分类越来越难以把握。随着近几十年的“现代化”运动以及由科学技术的发展而直接引起的政治–经济的失调，这个疑难在社会的各个领域都变得十分敏感：技术和时间的关系这个深层的问题如今已成为社会生活中日常而普遍的问题，但它并不因此而失去其尖锐性。每一天都带来**新技术**，并不可避免地淘汰一批**老化**、**过时**的东西：现存的技术因被超越而变得老化，由它产生的社会环境也因此而过时——人、地区、职业、知识、财富等一切，或是适应新技术，或是随旧技术而消亡，别无其他选择。这种现象对于经济和政治的宏观结构是如此，对于生命本身也是如此。“此在对于自身存在的理解”因此深深地——同时非常危险地——被弄混乱了。似乎出现了这样一种离异：一方是科学技术，另一方是产生了科学技术，但又被技术理论吞噬的文化：

“如果从某种角度看，作为一种特殊的表现系统的科学和作为一种特殊的行为系统的技术组成文化的一个部分，那么从另一个角度看，它们又脱离文化，构成完全独立的系统。它们和文化系统相互影响，并与之对立，正如普遍与特殊的对立、抽象与具体的对立、构造与现成的对立、未知与经验的对立、体制与生存的对立。正因为如此，考察科学技术和文化之

33 海德格尔：《时间的概念》，第51页，Cahier de l'Herne，1983年版。

间相互影响的模式就变得非常紧要，尤其是要考察科学技术将如何影响文化的未来：或者逐步地造成文化的解体，或者建立新的文化形式。”[34]

在近来地理政治理论的发展中，生态问题越来越占有举足轻重的地位，这一事实本身就充分表明，上述技术对文化可能发生的作用已是举世瞩目的问题。里约热内卢的世界高峰会议发表的《海德尔堡呼吁》，以及由此引起的“反呼吁”，都证实了这些问题已进入科学、技术、工业、经济、外交的最高层次。

贝特朗·吉尔在他的《技术史导论》一书的结论中不仅预见了这些困难，而且还指出工业文明就是建立在日益频繁和强化的**持续革新**的基础上的。其结果就是造成文化和技术的离异，或者退一步说，造成文化进化节奏和技术进化节奏的离异。技术比文化进化得**更快**。这就产生了**超前**和**落后**，二者之间的张力就是构成时间的伸展的典型特征。如今发生的一切就好像时间跳出了它自身之外：不仅决策和超前的过程（被海德格尔称为“烦忙”的领域）无可抗拒地归向“机器”或技术的复合体，而且正如布朗肖引证庸格所断言的那样，时代超越了**时间之墙**。如果根据超越声音之墙的意义来理解超越时间之墙的话，就是指**比时间走得更快**：一架比自己的声音飞得更快的超音速飞机，在**达到**声音之墙时，会引起一个剧烈的声音振荡。那么从比时间走得更快的意义上说，超越时间之墙又会产生什么效应呢？一架比“自己的时间”飞得更快的飞机又会引起什么振荡呢？这种振荡的意思是，速度先于时间而在。因为只有两种可能：或者说时间和空间确定了速度，从这个意义而言，超越时间之墙就是无稽之谈；或者说时间和空间只有通过速度来认识（速度则停留于不可知）。

诚然，这种形式的反思并不是由技术发展的整体引起的。它只有在认真考察了技术发展的某些效应之后才有意义。譬如：计算机界所

---

34 让·拉德利尔：《理性的分量》，Aubier-Montaigne，1977年版，第18页。

说的**实时**、媒体界所说的“现场”等效应都深刻地——同时也可能在根本上——改变了**事件化**的原义，改变了时间和空间的存在。如果说基因操作不仅有可能**显著地加速生命分化**，而且尤其会构成**无分化**的危险，那么速度问题也同样被包括其中。

海德格尔的生存论分析，把超前和落后问题归入时间性和实际性的原始生存的领域。换言之，此在来到世界的意义仅仅在于，世界作为实际性总是先于此在而在，它总是**已经**在此。此在总是后于它的已经在此，然而同时也正因为此在的时间性建立在对自己的终结的超越之上，所以它总是领先自身，并由此被卷入一种本质性的超前。

所以，我们以下研究的基础就是：把生存论分析同有关普罗米修斯和爱比米修斯神话的最著名的讲述（赫西奥德、埃斯库罗斯、柏拉图的讲述）相对比。在古希腊文化中实际上有过关于技术的起源的神话，它同时也就是关于死亡的起源——死亡论——的神话。令人吃惊的是，哲学——尤其是海德格尔哲学——对这个神话的分析竟是一片空白，因为正如让-皮埃尔·范尔南曾卓越地指出的那样，普罗米修斯原则和爱比米修斯原则构成了时间的**不可分割**的两个方面。我们感兴趣的是：普罗米修斯代表的超前和爱比米修斯代表的落后（也即爱比米修斯的过失：遗忘），**共同**交织成以预示为核心的普罗米修斯原则和无忧分心、事后方思的爱比米修斯原则。二者的不可分割性给人类带来了**期待**——既**希望**又**恐惧**，它使人类对自己的不可避免的死亡的意识得以平衡。但是这一切之所以可能，仅仅是因为爱比米修斯的过失给人类造成了一种**原始性的缺陷**[35]，即原始的**技术性**，兼容了**愚蠢**和**智慧**

35　缺陷（Défaut）：卢梭在《论人类不平等的起源》一书中假设人类最初具有一种完全自然的本质，即所谓自然状态的人，它没有缺陷，自给自足。技术使人类逐渐地远离自然状态，从而进入所谓的堕落或沉沦。但是本书作者根据普罗米修斯的神话的解释提出，人类和动物的根本区别就在于人类没有自身的属性，也就是没有纯粹自然的本质。这种本质的缺陷与其说是对人性的否定，不如说是人性的真正起源。所以作者（转下页）

的爱比米修斯原则由此而来。

本书的主要动机就是要阐明爱比米修斯的过失的意思。伴随这个动机，我们将重新解释生存论分析的一些主要范畴，并沿着以上关于哈贝马斯和海德格尔的简评的思路，对它们逐一评判。

但是我们同时也要从兄长普罗米修斯的角度，展示分析技术的**动力**的各种可能性，即技术的动力不能被归结于机械论、生物学或人类学的范畴。在第一部分中，我们将指出，关于技术进化的诸般理论促成了这样一个假说：在物理学的无机物和生物学的有机物之间有第三类存在者，即属于技术物体一类的**有机化的无机物**。这些有机化的无机物体贯穿着特有的动力，它既和物理动力相关又和生物动力相关，但不能被归结为二者的“总和”或“产物”。

当今技术的高速发展引起了时间化（事件化）内部的断裂，伴随而来的是非地域化过程，这就要求我们**重新认识技术性**问题，并使技术问题和时间问题的结合显得非常突出。这里我们试图论证：作为时间赖以产生的原始**缺陷**的标志，有机化的无机存在者在对速度的征服中是时间性和空间性的**构造因素**（即现象学意义上的构造）——其中速度“先于”时间和空间，时间和空间是速度的组成部分。生命就是赢得能动性。技术作为一种“外移的过程”，就是运用生命以外的方式来寻求生命。本书将分别通过对海德格尔（第一卷）和胡塞尔（第二卷）有关学说的批判性分析指出：生命一旦成为技术，它也就成为**滞留的有限性**。正因为这个滞留是有限的，所以它取决于技术趋势确定的动力。尽管胡塞尔的现象学曾以其特有的术语，在文字问题的范围内对这个问题有所论及，但是他并没有给予足够的重视。同样，虽然生存论分析继承了胡塞尔在时间对象的分析中有关滞留的三个层次的划分（我们

（接上页）提出，人是一种缺陷存在，换言之，人恰恰因为其本质的缺陷而存在。技术就是这种缺陷存在的根本意义。——译注

把胡塞尔所说的“图像意识”统称为第三滞留)，但是它并没有给予《存在与时间》一书中提出的“世界历史之物”以时间性的构造意义，也就是说，没有把它置于真实的时间性和在时性的对立之上或之外。我们将指出，西蒙栋如何在分析心理个体和团体个体的研究中，借助传导的概念，为时间性的原始的技术逻辑构造说开了先河——当然，他本人并没有提出这个观点。由此我们将进而推翻“技术的本质不在于技术”这一论断。

第一部分

人的发明

引 论

我们试图组合技术问题和时间问题。在这个组合中，我们首先要把技术问题放到**时间中**来考察，本书的第一部分将从技术史范畴的角度研究技术自身的**历史**。研究技术史的**范畴**先于研究这些范畴记述的事件性，这就意味着要把技术的**进化**过程理论化。

目前我们之所以有必要认识技术进化的过程，是因为当代技术是我们面临的一个极大的难题：我们并不立刻理解它的实际内容和它的深层变化，尽管我们不断地就当代技术进行**决策**，但是我们越来越感到它们的结果是始料不及的。而且在日常的技术事件中，我们无法自然地区分哪些是貌似惊人却昙花一现的现象，哪些是持久的变换过程。

更进一步说，问题的实质在于弄清楚我们是否能够**预见**或**引导**技术的进化——即技术的力量。我们对技术的力量到底有什么权力？这个问题虽然并不新鲜，但在当代技术面前，它却以崭新的姿态被提了出来：自笛卡尔以来对此问题的**自信**已被动摇了。同样，哲学从一开始就在**技术**和**知识**之间划分的界线也成了问题。二者之间的新型关系——经济、社会和政治关系——随工业革命而诞生，并从二十世纪开始，尤其自第一次世界大战以后，造成了真正的危机。技术问题成了当代哲学论战的根本问题，海德格尔和哈贝马斯分别代表了这场论战在欧洲的两个对立面。

面对**这种**现代化现象，像西蒙栋、海德格尔和吉尔这些在技术问题上观点迥异的思想家，都以各自的方式表达了一个共同的忧虑：思考一种人和技术的**新型关系**。

西蒙栋[1]因此呼吁要发展一种**新型知识**："技术学"或"机械学"。它并不理所当然地属于工程师的知识范围，因为工程师所关心的是技术的**整体**；它也不属于工人的知识范围，因为工人关心的是技术的**部件**。这个专业需要的专家既要懂得技术的单个分子，又要能够把技术作为**具体化过程**来把握。这就是技术的**新发展**向我们提出的要求。

西蒙栋指出，当前文化的特征是把技术归于非人性的范畴，并因此与之抗争；他对这种同技术现实**相对立**，并进而**把人和机器相对立**的文化作了批判；他呼吁要建立一种技术的文化，以重新认识文化和技术的关系。在这个基础上，西蒙栋提出的问题是："什么人能够具备关于技术现实的意识，并将这种意识引入文化的范畴之中？"这种意识对于两种人来说是不可能实现的：第一种人"仅仅因为工作才和机器发生关系，并且有每天的工作定额，这种利用关系不利于上述意识的形成"；第二种人"管理着使用机器的企业"，他们"评价机器的标准是价格、运行效力，而不是机器本身"。至于科学认识，它"在技术物体上看到的只是一种理论法则的实际应用，因而和技术领域不属于同一层次"[2]。

随着机器的出现，文化一旦失去了和技术物体的真正联系，那么它也就会失去文化的真正的一般性特征。具有当代技术现实的意识就是指：必须意识到**技术物体不是一种用具**[3]，这一点在工业技术物体中尤

1 《技术物体的存在形式》，Aubier，1958年版。

2 同上，第12页。

3 同上，第13、15页。

其明显，它的进化被西蒙栋归入具体化过程，它**排除了简单化的目的-方法关系**。[4]

在此，我们将从**一般性的体系**的角度来研究**技术的进化**，尤其要探讨它是怎样导致**当代技术体系**的。西蒙栋提出了一门新知识、新专业的必要性；吉尔提出了一种新权力的必要性；海德格尔则更深刻地提出了建立一种根本不同于西方思想传统的新思想的必要性；凡此种种都是因为现代技术的**特殊性**，也就是现代技术**体系**，确切地说，就是现代技术开创的技术体系的新时代。在本卷中我们将**引入**这个特殊性的问题（但是我们将把它留待第二卷中展开）。

现代技术的特殊性从本质上说就在于它的进化**速度**，这就使我们不得不将技术问题和时间问题组合起来考察。在这一部分中，我们将试图从一般技术史的角度来认识现代技术的特殊性，这就是说要把历史作为**加速**的历史，在布罗代尔看来，**加速**也决定了**历史**本身。

西蒙栋认为，现代技术的特性就是以机器为形式的技术个体的出现：在此以前，人**持有工具**，人本身是技术**个体**；而如今，**机器**成了工具的持有者——人已不再是技术个体；人或者是为机器服务，或者是组合机器：人和技术物体的关系发生了根本性的变化。

海德格尔从他的观点出发，用构架[5]（即**对理性的原则系统化**）这个

4　这种目的-方法的区分如同形式-物质的区分一样。西蒙栋在《个体及其物理-生物遗传》一书中阐述了这个问题。我们将在本书的第二卷中对这个问题作一般性的解释。

5　构架（Gestell）是海德格尔后期著作中讨论技术问题时常用的一个重要概念。海德格尔自己也曾对这个概念作了比较详细的限定（请参阅《论文和讲座》中《技术的问题》一文，以及《问题 I》中的《同一性原则》一文）。这个词的前缀“Ge-”的意思比较简明，它是指一种“聚合、聚集”的状态。“stell”源于动词“stellen”。海德格尔用这个词来表达两层意思：第一层含义是“放置”“展示在眼前”，第二层含义是“促使”“责令”［比如：莱茵河上的水电站“促使（stellt）河水释放水压，水压又促使（stellt）涡轮机转动”。——海德格尔《技术的问题》］。在此，“stellen”表示技术把它的对象放置（转下页）

概念来概括这种技术的“嬗变”。从语义学的角度说，**构架**和**体系**一词并不是毫不相干的——并且在吉尔看来，技术**体系**的概念是为技术建立一门科学的历史的**基石**。

通常地说，一个“体系”是指“由部件或同类因素构成的机构或**装置**”[6]。装置是德语“Gestell”一词的可能的译法之一。至于部件问题，在我们的研究中占有中心地位：现代技术受控制论——关于部件组织的科学——支配，从广义上说，部件组织一词可追溯到代表生命特征的组织机构——器官。维也纳尔就是如此确定控制论科学之计划的；[7]同样，海德格尔也用控制论科学来代表现代技术的特征。[8]

如果我们断定**体系性**贯穿**整个**技术的历史，那么现代技术的**特征**又何以要用构架来**表示**呢？

我们已经指出，海德格尔关于现代技术的根本观点就是，现代性本身已充分表明，不能从**手段**的范畴出发来认识技术：现代技术成为具体的对一切资源的“检查”的装置。如果将这种“检查”的结果公布于世，人们就要提问：人是否是这样一套装置的主宰？人能否主宰自

（接上页）在我们面前，检点对象，“责令”它展现自身的存在意思，即“促使”它去除自身的遮蔽。而“Gestell”则把人和存在“聚合”在这样一种相互“放置”、“检点”、“责令”和“去蔽”的关系中。法国哲学界曾经在征得海氏本人的认可后，比较一致地把“Gestell”译为“arraisonnement”，其通常的字面意义就是“勒令检查船舶”。但是如果我们不拘泥于这个词的通常意义，而是从它的构词法上看，它很符合海德格尔使用“Gestell”的本意。“raisonnement”的意思是推理或合理化。加上前缀“ar-”，就突出了“责令……展示理由、理性或道理”的意思。海德格尔自己也承认他对“Gestell”的用法“很离奇”。但是他认为，一旦思想进入了超常的层次它就不得不“离奇”，并曾把他对“Gestell”的使用同柏拉图对“Eidos”和“Idéa”的第一次“离奇”使用相提并论。现在法国哲学界通常直接引用“Gestell”，不作翻译。这个词具有“聚合”、“放置”、“检点”、“责令”和“去蔽”等多层直接或间接的含义。——译注

6 Robert 词典。

7 维也纳尔：《控制论和社会》，Gallimard，“观点”丛书。

8 《时间与存在》，《问题IV》。

己的命运，如果人真的也属于技术的“一切资源”的一部分和这一装置的进化就是人类世界的进化？根据海德格尔的观点，**现代**技术的体系性是“激发”性的，这是区别于其他任何时代的标志。技术指令（指令“kubernaô”是控制“Cybernetique”的词源）自然。过去则相反，是自然指令技术。现在自然受技术“调动”，也就是说它成了技术的“职员”“从属”；同时，技术作为自然的主人，对自然进行开发利用。作为被开发和调动的对象，自然可以构成现代技术体系不可缺少的资源、储备或随取随用的积累。开发和调动自然实际上就是实现自己成为自然的“主宰”和“占有者”的计划。

自我主宰是我们人之为人的本性。那么，技术是否是我们能够借以征服自然的手段？或者技术在成为自然的主宰的同时，是否也将作为自然之一部分的人也征服了呢？海德格尔正是首先从这个观点出发，在《技术的问题》的讲座中指出，技术不能被定义为手段。然而在把技术概念定义为一种“去蔽形式”的同时，他使这个问题超越了人类学的层次。

把技术作为体系的**条件**就是不能把它当作手段来认识——这正如在索绪尔的理论中，语言自身的进化形成了一个极其复杂的体系，这个体系不以说话者的意志而转移；所以，海德格尔反对黑格尔把机器定义为独立的器具（我们将会看到这个定义近似于西蒙栋的说法）。海德格尔这样指出：

“从手工器具的角度来看，这个定义是确切的。但是恰恰如此，机器并不是从它赖以存在的技术的本质出发被思考的。[……][相反，从技术的本质的角度看]，机器是完全有依赖性的；因为它的存在意义仅仅在于为一定的任务而被调动。”[9]

和机器一样，工业化时代的人本身也依赖技术体系，人与其说是

9 《技术的问题》，第23页。

利用技术，不如说是为技术所用。因而人本身成了技术体系的职员、附属、辅助，甚至是它的**手段**。[10]

显然，和手段范畴格格不入的技术体系性在现代技术**之前**就已存在，它是构成**一切**技术性的基础。怎样从历史的角度来把握和描述现代技术特有的**激发性**的体系功能？吉尔曾试图通过程序化[11]的概念从历史的角度来回答这个问题——把这个问题归结为决策、预测，即时间的问题。

针对技术问题，吉尔在突出**现代**技术的计划性和程序性（确切地说是"计算"而非"设想"）的同时，揭示了它所要求的一种新的社会职能的必要性，这一点同海德格尔《世界图像的时代》[12]一文中的思想是很接近的。作为一种计划，技术发展的程序化是技术进化条件的裂变。但是，**技术–经济**的计划就其对技术体系本身有程序的干涉意义而言，会对社会的其他基本体系构成**无法预计**的后果——这一点尚未引起人们的重视并未被有计划地"调整"[13]。因此，技术进化的程序化就有可能给社会的整体平衡造成威胁。

假定我们进入了一个新的技术体系，这个体系要求其他社会体系随之调整。当然，我们可以提问：社会、文化等体系是否可以按照一定的"程序"来加以"调整"？尤其重要的是，以上假定的前提是必须有一个**稳定**的新体系出现。然而如果我们关于速度的观点可以成立，那

10 《技术的问题》，第24页。

11 程序（programme）：这里不能对"programme"作狭义的电子计算机程序的理解。"programme"的前缀"pro-"体现了普罗米修斯原则的"预示""事先预备""计算"的意思。所以"programme"在这里是指事先使"gramme"序列化。所以我们同样可以从编码和文序的角度来把握这个概念。作者用"programme"的特性来比较生物进化和技术进化的异同，他认为，技术进化从后种系生成（épiphylogenése）的意义上说，也是可程序化的。——译注

12 《林中路》，Gallimard，1962年版。

13 吉尔：《技术史》，第78页，Gallimard，1977年版。

么新体系岂不处于周期性的不稳定状态之中？这样又何谈“调整”的基础呢？

勒鲁瓦-古兰的人类学观点使我们得以把调整的问题引入技术和社会问题之间。确切地说，由于他把社会统一体建立在**种族**之上，所以他就把**种族**和**技术**的关系作为一切人类学的基础来考察。勒鲁瓦-古兰提出的问题就是，从技术的角度给人类学下一个本质性，因而也是根本性的定义。在他的早期著作中，他就表现出了建立一门为人类学奠基的技术学的意图。他首先从技术物体的**传播**入手，然后在提出了贯穿于历史和地理并独立于种族范畴的**技术趋势**的概念的基础上，把发明的过程放在种族群的层次上来考察。

建立技术学——即关于技术的进化和技术的起源的科学——的必要性，是由马克思在批判了传统的技术发明观点的基础上提出的：

“如果有一部批判的技术史，就会证明，十八世纪的任何发明，很少是属于一个人的。可是直到现在还没有这样的著作。达尔文注意到自然技术史，即注意到在动植物的生活中作为生产工具的动植物器官是怎样形成的。社会人的生产器官的形成史，即每一个社会组织的物质基础的形成史，难道不值得同样注意吗？[……]技术学会揭示出人对自然的能动关系，人的生活的直接生产过程，以及人的社会生活条件和由此产生的精神观念的直接生产过程。”[14]

吉尔、西蒙栋、勒鲁瓦-古兰和马克思一样，把技术学的科学性和这类批判本质地联系在一起。这里我们将把技术和时间的关系问题作为**发明的问题**来考察。这实际上就是要认识“技术体系”的动力，研究建立一门**技术进化论**的可能性。我们将由此对技术决定论提出疑问：技术的进化一直摇摆于物理学和生物学两种模式之间，技术物体**既有机又无机**，它既不属于矿物界，又不属于动物界。关键就是要确定技术进

14 《资本论》，第一卷，第四篇，“大工业”。

化论和生物进化论之间切实可行的类比的界限。实际上，我们面临的假设是：技术进化论会在生物进化论内部造成断裂。由此我们将会动摇技术物体和自然物体之间的传统的对立，以及亚里士多德的自我再生规则。

我们首先要考察的是吉尔的技术体系的概念，这个概念也被其他人在不同的形式下使用过，他们虽然没有明确地提出技术体系的概念，但是却大体表达了同一个意思。在吉尔的理论中，技术体系首先是指在一个时期内相对稳定的一整套相互依赖的关系。技术史的根本任务就是要把握从一个技术体系过渡到另一个技术体系的可能性。

接下来我们将研究勒鲁瓦-古兰怎样从另一个不同于吉尔的意义上阐发了技术的体系性的观念。他提出了技术成体系**进化**的假设，并用技术趋势的概念来概括它。他由此提出了涉及现代技术特性的至关重要的问题，即种族和技术之间的关系问题：现代技术是否会使各种民族“去根”？是否会淡化以致抹杀不同种族之间的区别？

关于西蒙栋，我们要考察的是**当代**技术体系，即把它放在**具体化**过程中和**工业**技术物体的关系中来考察。我们将要研究用具体化概念来描述一般技术体系的进化的可能性，并把体系本身作为个体和对象来研究。

第一章综述技术进化的问题，也就是把技术放在时间中来考察。但是接下来的问题就是：与其说技术在时间中，不如说它构造时间。我们将在研究技术学（或技术发生学）和人类学（或人类发生学）的同时，通过对卢梭和勒鲁瓦-古兰的史前理论的解读来提出这一观点。在第二部分中，我们将放弃人类学的观点，并把人类学的研究成果和海德格尔的生存论分析的时间性范畴相比较，从而充分展开这一观点。

第一章
技术进化论

1. 一般历史与技术史

吉尔制定的技术体系的一般性概念，是建立在历史科学的规范之上的。这个概念并非指某个**特定**的技术**体系**，而是指不同技术体系的**接替**。一个体系的确立是指：在一定的历史时期中，技术的进化达到一个稳定的状态，从而使以往的成果、由一系列的相互依赖关系决定的结构化趋势、各类互补的发明，以及技术和同时期特有的其他领域的关系都相对稳定化。

他提出的这种历史的方法并不仅仅涉及技术史，而且也适用于一般的历史：要确立"一门从某种意义上说是被物质世界制约的历史学"[1]，要在历史的长河中来把握通常的物质世界的协调，要针对技术在整个"人类体系"协调的结构中的位置问题，展开和**其他体系**（经济、语言、社会、认识论、教育、政治、军事等）的专家的对话，并且要为技术的发展分期。

由此出发，吉尔研究的是从一个技术体系向另一个技术体系过渡

1 《技术史》，第IX页。

的可能性。他试图从共时性原则出发，描述和解释历时性的断裂、转变和变革，即通常所说的技术特有的发展。他指出："那些在科学发展中显得并不简单，但明晰、严谨的现象，在技术的发展中却远非如此。"[2]如何产生发明？同科学的发展相反，"如果技术的发展有一定的逻辑可寻，那么这个逻辑并不完全是独立的。技术发展首先需要一种协调，因为孤立的技术是不存在的，它需要其他辅助技术"[3]。对于某个特定的技术来说，它的发展逻辑首先是由它存在其中的技术体系决定的。

在一般性的历史中建立一门真正的技术史及其方法论的必要性，最先由费福尔提出。他认为技术史是"诸般需要开创的学科之一，或差不多是如此"，这个观点尤其符合勒菲佛尔·德·诺埃特的理论，他认为，以鞍套马标志的技术革新曾经在奴隶制消亡的过程中起过举足轻重的作用，他同时提出了技术在人类发展中的作用和历史中的技术决定论等问题。

这些观点的影响是非常重要的。由此可见，协调一般性历史和技术史之间的关系是相当困难的。

——首先存在着"技术"这个对象的内在的困难，即怎样避免局限于特殊、孤立的技术史之中：技术史涉及的是超越各种技术之上的**一般性**技术本身。诚然，历史上存在过的，只能是各类具体的技术，因为技术的本性就是专业化。**一般性**技术不是一个事实，而是一个结果。但是各类具体的技术的历史又需要这个结果来形成一门技术史。

——另一个困难是：如何同一般性历史的其他领域恰当地衔接，这就使技术史内在的困难上升到一个更高的层次。经济、政治、人口等方面的事件，只有在一个历史事件的统一体中才能构成一般性历史。

---

2 《技术史》，第X页。

3 同上。

这就又一次表明，结果为它借以产生的过程提供了统一性。

技术体系的概念就是要解决以上两方面的困难。它是一个结论，但是这个结论反过来为一个更可靠的起点提供了可能性。

2. 技术体系

正如在语言学中一样，体系是树立对象的基点，它的一系列概念就是要从建立于现实基础上的一般性体系的静态和动态两个方面来整合现实。和语言学一样，体系是一个核心的范畴。

技术的整体和部分构成的结构是一个能产生反馈效应的静态组合：比如炼钢厂使用蒸汽机设备生产出优质钢材，而优质钢材又可被用来生产更先进的设备。这就是所谓的技术体系的概念：各种不同层次的组合结果产生静态和动态的相互依赖关系，这些关系又遵循一定的运行规律和变换程式。每一个层次都被一个更高的层次所包含，同时，每一个高层次也依赖它自身所包含的低层次。这就形成一个体系化的整体协调。

一个技术体系构成一个**时间统一体。它意味着，技术进化围绕着一个由某种特定技术的具体化而产生的平衡点，达到了相对稳定的状态**。"这种联合只有在实现了一个整体技术共同的层次之后才能产生并起作用，即使总会有个别次要的、独立的技术层次游离于总层次之外。"[4]围绕这个平衡点形成的是一种平均性的技术层次。

技术体系朝复杂化和各组合部分之间联合的方向进化："随着时间的推移和技术日趋复杂，确保技术体系运行的内在联系也就越来越多。"这种从属关系的世界化——即技术非地域化的普遍性——导致海德格尔所说的构架现象：一个全球性的工业技术，在有系统地全面开发

4 《技术史》，第19页。

各类资源的同时，造成了全球范围内的经济、政治、文化、社会和军事的相互依赖关系。

3. 技术体系及其与经济、社会体系的关系

这里要讨论的是技术体系和我们所说的“其他体系”的关系问题。首先显而易见的是技术体系和经济体系之间的联系：没有技术就没有劳动，因而也就不可能产生关于劳动、剩余价值、生产方式和投资等方面的经济学理论。

关于这两个体系的关系，存在着两种对立的观点：“一部分人认为技术体系和经济体系相比是决定性的。相反，另一部分人认为技术必须适应价格体系、生产组织形式等因素，否则它就没有经济价值，因而也就没有自身的目的。”[5]

经济可以成为一个技术体系扩展的障碍。所以，由于经济的原因而保留已过时的技术是常见的，这仅仅是技术进化趋势和经济-政治限制之间相互协调的例子之一。国家干预政策无非是为了调节这种关系，比如关税保护政策或国家投资。

技术体系的转换会定期地引起社会体系的动乱，当一个“新的技术体系促使一种完全不同的活动取代一种现有的活动而获得主导地位时”[6]，它就会彻底打乱社会体系的平衡。这就涉及技术转换的普遍性问题。值得注意的是：由于二十世纪以来，经济活动**建立**在越来越频繁的技术革新之上，所以就必须**不断**地解决技术转换问题。技术体系和社会体系之间的关系问题是作为**消费问题**被提出来的，在这个问题中，经济体系是第三个组成部分。伴随技术的不断革新而发展起来的消费利

5 《技术史》，第19页。

6 同上，第26页。

益保护主义改变了消费的习惯，使它越来越快地适应新的环境。这种变化自然也会影响**文化**领域。二十世纪的特点就是“去根”，即异化或退化，这将成为关于技术思想的主要论点。

4. 技术体系的极限

主导一个体系的动力的是它自身的极限。人们可以在下列现象中揭示体系的结构性极限：“或是增产有困难，或是无法降低成本，或是难以实现生产的多样化。”[7]经济危机因这些结构性危机而生。

《停止增长》[8]报告中指出：自一九七〇年以来，我们这个时代的特点就是，在技术与地球生态系统的关系中，技术发展的极限对我们的时代构成威胁。吉尔对这一看法提出不同的意见。他认为，这份报告没有把技术作为一个体系来对待，因而就不能分析其极限的复杂性。在他看来，正因为极限有积极和消极两个方面的作用，所以它才是技术体系转变的主要因素。技术进步的实质就是不断地转移自身的极限。蒸汽机的功率越大，它的体积也就越大。所以超过五千马力以上，它就不再赢利，这就是说，“超过一定的功率，任何增长都是不可能的，因为体积、效率和费用等互相关联的因素构成一个不可跨越的极限”[9]。这种极限既可以“使一个体系瘫痪，同样也可以产生一系列造成危机的不稳定因素”，从而促成进化和新的决策。“如果一切技术部门都是相互关联的，那么，某一部门达到极限就可能引起整个体系的瘫痪，即阻止整体的进化。[……]大约在一八五〇年到一八五五年之间，由于列车的速度和重量的增长，加快了铁轨的更换周期，长此以往就会产生财政危

7 《技术史》，第27页。

8 麻省理工学院。

9 《技术史》，第32—33页。

机”。直至白斯沫高炉炼钢技术的发明，钢轨的出现才大大改善了铁路运输。这是技术体系内在极限的一个例子。然而还存在着技术体系的外在极限。十九世纪法国政府采用的技术-经济关闭政策便是一例：当时的法国通过对英国生铁加税，也即“通过关税保护政策来避免达到某些极限”[10]，从而冻结了法国钢铁工业的发展及其整个技术体系的进化。相反，动态的分析可以“澄清限制发明并导致体系变换的结构性极限”。当一个体系的全部条件都具备时，进化就势在必行了。换言之：一方面，在一个稳定的技术体系内部由新的技术发明而引起无危机、无断裂的发展，吉尔称之为“技术系谱”；另一方面，技术的发展表现为破坏原有的体系，在一个新的平衡点上重建一个新的技术体系。新技术体系产生于旧技术体系的极限，这种进化从本质上说是不连续的。

5. 发明过程中的理性和决定论

问题的关键在于弄清体系的进化是怎样发生的：即发明的逻辑。突变的背景是，这是一种极限的博弈，在一个系统中，极限构成了进化的潜在可能性；而突变的现实则是技术发明本身，就像催化潜在可能性，释放进化的能量。

科学的发现并不能为技术体系由潜在向现实的过渡提供解释。虽然在技术发展和科学发展之间存在着相通之处，虽然科学发现可以诱发技术革新，但是这两个领域的发明和发现过程是不同的，它们虽然可以互补，但绝不可能合二为一。技术发明不能被简单地归结为科学发现的发展和应用。即使是一种“应用”，它也是一种独立的、创造性的应用，具有和科学完全不同的逻辑。

所以，技术发明的逻辑有其特殊性。勒内·博瓦莱尔称之为“扩

10 《技术史》，第35页。

散理性”。所谓理性，是因为技术的运用遵循因果关系这一理性原则，它既改造现实又属于现实，因而具有自身的规律。但是这个理性又是“扩散”的，和科学的理性相比，技术理性的必然性较为“松散”：由于技术的发明并不受一个先于应用的理论程式的引导，所以它是经验性的；但是我们又不能因此断言，技术发明的行为是纯粹偶然的，因为技术发明的一个重要部分是通过转移实现的，即根据类比的原则，将一个技术体系中的运行结构移植到另一个技术领域之中：技术发明具有一种**组合特性**。技术知识虽然不同于科学知识，但它也是**积累型**的。因此我们必须阐述发明借以展开的技术系谱、经验之路、技术潜力的发展所开辟的途径等。“处于既定技术系谱之中”的技术发明理性的“扩散”特征的意义就在于：“它具有不同的选择和相互交织的不同组合形式。对于发明者来说，关键就在于认清自己所选择的是一条阳关大道还是一条羊肠小道。”[11]

吉尔用莫奴里的“松弛决定论”这个概念来表示技术逻辑中这种显而易见的可能性。与严格意义上的决定论不同，尽管**技术进化**在**事后**看显得是必然的，但是它却无法被事先**预料**——这就是莫奴里所说的“机遇”。似乎技术的发明总是偶然的，但是它又确实地实现了一个技术或技术逻辑的“意图”。我们将会看到，这个观点在勒鲁瓦-古兰和西蒙栋那里得到了深化；我们将要考察组合的假设、既偶然又不可避免的调整以及真正的技术**典型的筛选**，这一切尤其在分子生物学的偶然性和必然性的交替中得到了充分的体现。

吉尔区分了三种不同的发明形式：简单发明（比如约翰·凯依的飞船），发展（指在不改变基本原则的条件下对某一项技术的不断完善），合成发明（比如内燃机）——即不仅限于单一的技术系谱，而是一组技术系列的合成。其他高于技术系谱的层次也会对发明产生作用：

11 《技术史》，第40页。

科学认识、和其他体系之间的联系、一般性的外来限制等(比如类似白斯沫高炉的经济制约),尤其是**技术的体系性本身**,即由相互依赖的技术因素和体系内在联系所造成的一系列条件限制。**发明的可能性取决于体系的动力,这就是体系概念的精髓:构成发明的各种可能的选择依体系的制约条件而实现于某时某地**,同样,体系又受一定的外在条件制约。

由此可见,技术进化中的理性是难以否认的,“因为各种可能的组合方案是有限的,并且,由于选择依赖现有的结构,所以它只能遵循几乎是强制性的途径”。同样,技术进化中的决定论也是显而易见的,“技术决定论、科学决定论、经济决定论,乃至社会政治决定论同属一类”。

综上所述,吉尔显然大大限制了发明行为中的个性特征,他强调发明行为中的理性和体系的决定因素。他指出:“无论我们考察哪一个层次、哪一个时代,发明家的自由总是被该发明对应的要求而严格地规范和限制的。因此,不仅发明的选择,而且发明的时代,都是由科学的进步和一切相应的技术发展,以及经济的需求等条件决定的。”[12]

换言之,发明的逻辑并非发明家的逻辑。所以要建立技术学,即研究支配技术自身的逻辑。那么是否也必须建立技术的理性呢?若是,则要证明技术逻辑的**普遍有效性**,吉尔没有明确地提出这个问题。不过这个问题恰恰成了勒鲁瓦-古兰的研究对象。勒鲁瓦-古兰认为,存在着一种普遍性的**技术趋势**,这种趋势不仅完全独立于它作为一种特殊的**技术事件**而存在其中的文化环境,而且会同它借以实现的文化环境发生冲突,因为技术趋势是普遍性的,各种文化环境则是因时因地而异的。因此我们将指出,勒鲁瓦-古兰怎样从技术体系和其他体系的相互关系的角度来研究吉尔提出的问题。他一方面将普遍性的技术趋势

12 《技术史》,第48页。

和多样性的种族对立，同时又不否认前者必然滋生于后者。

6. 发明和革新

必须区分发明过程中的两个不同的阶段：调整和发展，并（借用弗朗索瓦·贝鲁的观点）把发明和革新区别开来。革新是指技术体系转变的完成，并产生影响其他体系的结果。这就是说，革新的规则和发明是完全不同的。它牵涉社会化的规范，尤其受经济学家们的重视："革新主要属于经济的范畴。"[13]

革新动摇既成的格局，因而会遭到抵抗。它带来的社会影响贯穿各个领域（社会、经济、政治等）。除了变化引起的不安之外，革新还会遇到诸如投资和技术超前这样的问题：一种革新总会过时并被另一种革新取而代之。这对于当代技术来说尤其如此，因为它的转换周期短，而且决策的难度随发展的速度增大。不仅如此，技术超前的前提是对整个技术体系有一个总体的把握，但是体系本身则变得越来越复杂，从属关系也越来越多。[14]这些问题必须由一系列的复杂计算解决，这些计算显然依赖和经济模式相关的技术体系的模式化：这是关于"生产机能"的计算，所谓生产机能就是指"在一定的工业部门内，机能和它的产品之间的技术关系"[15]。

我们可以由此推断，革新的逻辑是由一系列用于调整技术体系和其他体系之间的关系的规则构成的。每一个时代都有其革新条件的范型，这些条件就是技术体系和其他体系相吻合的可能性。法国冶金大

13 《技术史》，第52页。

14 弗朗索瓦·德·闻德尔在十九世纪初就运用了这种分析方法。参阅《技术史》第54页。

15 《技术史》，第55页。

师伦布尔格正是从这个角度来考察法国抵制英国炼钢技术之原因的,[16]他指出,各种限制革新的因素来自地理(地质和人文因素)、技术本身和教育体系等方面。在这些因素的基础上,他加入了资本——即和经济体系相吻合——的因素。

通过对革新的条件及其传播时间的考察可以建立一个革新的范型:"与纯粹技术的因素相关——即同发明相关——的范型,由非技术的生产因素决定的范型,以及需要根据一定的时间顺序确定的范型",所有这些范型同时反映了技术体系进化的变换节奏、加速和减速的周期。

7. 工业投资:技术体系、经济体系和国家机器的联合进化

投资的问题也就是在资本经营、现有生产方式的管理,以及开发技术体系的潜力之间如何作调整的问题。自十九世纪以来,由于工业技术体系迫使经济体系实行根本性的改造,所以投资问题就尤其受重视。从工业技术体系与经济体系的关系来看,后者分化为两个支系,即金融体系和生产(或产业)体系。这是一个基本的问题,它给现代技术带来了一个新的特征,即吉尔所说的途径,它们可以在"个体、团体和国家"等各个不同的层次起作用。

没有投资就没有革新,投资的前提是具有流动的资本。为了调动资本,革新项目必须有足够的吸引力,并保证**经济效益**。这种随着工业技术的扩展而发展起来的对技术的新的要求起始于热力学带来的变

16 "那些主张以煤炭取代木炭的人并没有意识到,这将引起高炉、精炼、机械和车间构筑等一系列的变化,要把炼钢厂建造在优质煤矿附近,必须拥有和燃料相应的矿石,并培养工人学会新的操作。"《技术史》,第59页。

革，它需要巨大的投资，并要求经济体系内部作金融调整，以便适应技术体系带来的新环境。股份有限公司的形式和股票系统正是在这样的历史条件下诞生的，其目的就是保证资本的流动性（马克斯·韦伯称之为“投机的理性化”[17]）。这种以金融部门脱离并独立于生产部门为标志的经济管理的新变化，目前引起经济理论界、管理界和金融股票界的高度重视：人们通常所谓的“金融泡沫”变得高度自动化以致它常常和生产的现实隔绝，根据一种信仰（或信誉）逻辑起作用，**这个逻辑在很大程度上受管理金融信息的电讯和电脑体系支配**：一句话，资本的转换成了一个“瞬息完成”的信息处理问题。参与交换的是信息而非货币实体。那些在瞬间作出的决策的根据是一系列金融市场的指数和与之相应的宏观经济决策，而不是企业具体的微观经济发展状况。[18]

如果说经济体系的发展似乎顺应了技术决定的必然，而且现代资本主义的诞生是工业技术的必然要求，那么反之亦然，热力学技术体系，乃至整个工业技术体系的可能性都是由经济体系的改组决定的，这种改组的前提就是资本积累。实际上存在着一种独特的技术和经济的组合，其结果就是产生了“专家统制”和“技术化科学”：经济体系的变换使“流动资本”和“技术革新”这两种不同性质的倾向的聚合成为可能。促成这一聚合已成为一项治国大策（这是科尔贝尔开创的传统）。这既标志了文化同化与全民性科学和技术的信息联络，也代表了最高团体层次的全民性介入和投资形式。

认识革新的动力，也就是认识一些聚合是怎样成链式发生的。这个链式系列的首要和决定性的因素是“纯粹技术性的”（它意味着赋予技术的决定性以至高权）。“从生产本身的角度看，革新必然会发生在一个处于平衡状态的体系内部”，因而，稳定的过程实现于起初显然是扰

17　马克斯·韦伯：《新教伦理和资本主义精神》，Press Pocket，1964年版，第16页。

18　《大百科全书》，“总体金融”；并参阅《货币的暴力》，PUF，1988年版。

乱现有体系的变换过程之中：革新的逻辑确切地说也就是技术体系自身的进化逻辑。通常所谓的**发展**概念必须从**不断现代化**或**持续革新**的意义上来理解。我们简略地考察了“纯粹技术的因素”和经济体系聚合的关系问题。显然，革新家同样要把社会、政治和制度等方面的制约条件考虑在计算之中——即**通过计算完成变革**：因为这些制约条件在某些情况下可以构成一时无法逾越的障碍。虽然抵制技术自古就有，但这个现象如今已经成为一个全球性的常见问题，它已被列入政府部门和国际组织的议程之中。由于工业技术无所不在，它的发展几乎天天都在改变着人们的日常生活，这就自然会引起一种有关技术实体甚至是技术“自治体”的新意识，并由此产生多少有组织的抵抗：技术引起的反应，以及国家或“决策阶层”为了消减反应而采取的共同措施，都在日益强化（吉尔对此有过论述）。这个现象清楚地表明了一种不断加深的困境，尽管对这种困境的解释应有尽有，然而我们当今所认识的现代技术正是在这种困境中产生的。

8. 持续革新：技术和科学的新型关系

如果我们从这个观点出发，把某些假设推向极端，那么我们甚至可以得出：法国大革命与其说标志着保护人权意识的觉醒或资产阶级夺取政权的行为，不如说是当时社会通过韦伯所说的**自由劳动**的充分发展，以适应一种全新的技术体系。以上所有的使我们能够建立这种假设的分析，给予工程师阶层一个非常重要的位置：对技术体系的管理就是干预经济和社会转变，这种干预远比一般老百姓、政治机构或管理专家们想象的一般意义上的决定性深刻得多。如今技术体系和经济体系在世界范围内的交汇，从**技术-经济**的意义上提出了增长的问题。

以上，我们出于分析技术发明的主要特征的需要，突出科学发现和技术发明之间的区别。现在必须强调指出的是，科学和技术之间的紧密联系是当代技术的本质特征之一——它甚至改变了科学发现自身的条件。自现代技术时代以来，由科学发现转化为技术发明并进而转化为技术革新所需要的时间大大缩短了："从运用于照相术的物理现象的发现到照相术本身，曾经需要一百零二年(1727—1829)"，而"电话的应用只需要五十六年，无线电需要三十五年，电视需要十二年，雷达需要十四年，原子弹需要六年，晶体管为五年"[19]。这个期限的缩短是韦伯、马尔库兹和哈贝马斯等人所说的"理性化"的结果。它的代价就是由经济手段建立起来的科学和技术(及政治)之间的新型关系。

技术进化存在着四大要素：以发明为标志的技术进步，以革新为标志的技术进步，经济和社会的进步，科学的进步。自从工业革命(瓦特和布尔东)，尤其是自当代工业技术诞生以来，经济进程是建立在持续革新的基础之上的：日益加速的技术体系的转变，随之引起的"其他体系"的转变，这就是说，技术和科学的关系发生了变化。在科学进步、发明、革新和经济-社会的进步之间，吉尔确立了两种组合形式：

——由科学进步到发明再到革新；

——由发明到革新再到增长。[20]

第一种组合把科学进步当作压力，它以发明为中介，聚合在(工业)革新之中。原动力来自科学，工业仅仅实现其价值。在第二种组合中，革新成了中介，原动力具有更多的经济意义，科学研究被包含在企业的内部，科学受经济发展要求的支配。在这种情况下，压力似乎"更多地来自增长的需求，或是为了促成一个新技术体系的建立，或是为了纠正技术体系、经济体系或社会体系发展的失调。在所有的领域中，我们都面临一种集体行为。这里企业家比发明家起着更重要的作用，因为，企业家有决策权，并能够协调各种不同的革新倾向"。

19 《技术史》，第39页。

20 同上，第70页。

我们由此看到现代意义上的研究-发展模式，它最初属于人们所说的技术科学范畴。正是在这种由科学、技术体系和经济体系之间的新型关系构成的基础之上，发展起来了以“技术专家体制”或“技术专家统制”为主体的国家机构，其主要功能就是调节各种体系的转换进程。海德格尔从存在的历史的角度出发，在《世界图像的时代》一文中分析了这个转换过程。[21]由于在当代技术中，“科学的进步和技术的进步是紧密相连的”，而且“革新和经济发展不可分离”，因而就**改变了技术发展的一般程式：革新已不再是发明的结果，它激发发明的整体进程，是诱导发明产生的原因**。“以前，一项发明要被应用必须等待技术、经济、社会等一系列条件成熟。革新随之而生。而如今则是革新的需求促成发明。”[22]所谓发展研究就是建立在这种转变的基础之上的，这种现象最好的例证就是菲利普公司的创始人奥尔斯特博士，他开创了真正的工业研究时代，具备自己的实验室，这才是名副其实的技术科学。

转换期限的缩短这一当代科学的基本特征导致了技术发明和科学发现的合并。研究的取向基本上是由工业目的控制的。从整体上说，预见主要是由对投资的测算决定的：集体的决策、时间化等，一句话，**命运**服从于调节计算的技术-经济指令。这种现象代表了一种占统治地位的对时间的新理解，并提出了一个越来越值得深思的问题：随着科学、发明和革新之间的关系的转变，技术的进化速度已达到了与以往一切技术体系不可比拟的地步，怎样协调这种新技术体系和“其他体系”（我们在“引论”中曾笼统地称之为“文化”）之间的关系？尽管吉尔未能将各体系之间协调的困难归结于发展的速度，但是他却意识到人们尚未充分重视这个问题，他提出必须重新理解人和技术之间的关系。“如果说，我们现在正走向一个新的技术体系，那么问题的关键就不仅

21　载《林中路》。

22　《技术史》，第74页。

仅是在于保持体系内部的协调，而且还在于保持它和其他体系之间的和谐”。他认为，这一必然性集中体现于旨在规划社会的技术逻辑转化的“第五个五年计划”之中。随着持续革新的节奏，一切偶然性都变得不可能，面对各体系相互配合、相互补充的和谐整体可能崩溃的危险，必须控制一切变化。可见，这里实际上涉及如何安排未来，也就是如何安排时间的重要问题：

“现在的问题已不再是服从于随机实现的技术发展、无条件地接受技术领域的新成就，并勉强加以适当的应用等。必须在包括经济和军事等一切领域中安排未来。”[23]

所谓安排的问题就是使技术的进步**程序化**，这就意味着把时间作为**计算**。在不否认这一事实的前提下，吉尔对人们尚未足够重视这一变化可能带来的后果以致忽略当今社会各基础体系的发展的统筹规划而表示不安。吉尔之后，西蒙栋将这一忧虑解释为一种新的技术文化的必要性：

“当技术的发展途径是随机的或呈随机之状时，技术体系和其他体系之间的调节只能通过各种力量的自由组合将就而成，这就难免产生许多失误或倒退的可能，直至一个相应的平衡建立为止。假如从今往后技术的发展无论就事实还是就时空的意义上说都进入了程序化——即被指令——过程，那么程序化必须渗透一切可及的范围，不仅包括经济这类经常被提出的领域，同样还包括社会、文化等各类领域。如果没有这方面的研究，强加技术发展是徒劳的，因为它不能适应一个总体平衡的必要条件。”[24]

然而，如果技术体系真的如我们所说进入了一个不断转变的和结构不稳定的时代，我们就可以假定，这个问题应该放在另一个范畴中来

23 《技术史》，第77页。

24 同上，第78页。

讨论：把人和技术之间的原始关系作为时间现象来重新考察。

9. 技术的普遍性

我们是否应当讨论技术的**理性**？若是，首先就要证明技术逻辑的**普遍性**。这个问题，吉尔非但没有论述，他甚至都没有提出。相反，它却是勒鲁瓦-古兰思想的前提。我们已经看到，吉尔从历史学的角度主要探讨了两方面的问题：一方面是成体系的技术的内在动力，它的理性化和决定论的运行逻辑；另一方面是这个能动的体系和其他体系之间的关系，并将它融合在历史的整体之中。勒鲁瓦-古兰不是从历史学的角度，而是从民族学的角度来考察这些问题的。他在《人与物质》一书中提出了**技术趋势**的论点：技术趋势具有**普遍性**，虽然构成趋势的一系列**技术事件**具体地实现于各种不同的种族区域中，但是**趋势**本身却独立于种族的文化区域。勒鲁瓦-古兰从这个论点出发，同时考察了技术的内在动力及其和其他体系之间的关系两个方面的问题：普遍性的趋势和各种造就技术事件的特殊的种族实体结成复杂的关系，尽管技术趋势必须同技术事件区别开，然而前者又只能呈现于后者之中。趋势在“穿越”各种族环境的过程中“衍射”为无数不同的事件，这就提出了《环境和技术》一书所研究的问题：以普遍性的趋势为本质的**技术**与以特殊性掩盖普遍性的**种族**之间的关系。他以此为基础重新讨论技术发明的问题。书中所有关于技术进化的论点都是根据与生物学、动物学的类比而建立的。在此，吉尔已经提出关于组合的论题，这个论题在此更明确地与**技术形式优选论**联结在一起，而这一优选过程是根据组合的可能性实现的。

作为人类学家，勒鲁瓦-古兰观察的是各类事件，他要寻找事件之间的联系，并进而试图解释这些联系的原则。在技术学的领域里，这些原则也是进化的动力。然而民族学的错误则通常在于：不是把呈现在事件联系中的普遍性原则归结于真正意义上的**技术趋势**，而是归结于个别的**文化特性**，即归结于印-欧文化特性。技术趋势的概念是同这种根据所谓的“同心圆”理论建立的种族中心主义的幻影根本对立的。显然，作为历史学家的吉尔和作为人类学家的勒鲁瓦-古兰之间有一个共同点：他们都认为技术发明不属于某个民族的特性，或至少民族特性在技术进化中的作用是微不足道的；但是必须承认体系性的作用，体系推动趋势，体系实现于人和物质的耦合。下面让我来澄清这种耦合的意义。

10. 人与物质的耦合

《人与物质》一书提出了“**建立在第一物质基础上的技术形态学**”的原则，其根据是关于所谓“原始部落”的研究。这些部落散布全球偏远角落，有些部落甚至几乎从来没有和其他种族有过任何往来，我们所拥有的关于这些部落的资料也极其有限，并且由于他们是“无文字”的人群，所以没有任何历史的记载。这种史前环境中的技术也就自然比有史以后的技术简单得多。

勒鲁瓦-古兰的人种-人类学的**基础**是对技术现象的解释。在他看来，技术现象是人类的首要特征，因技术在不同种族之间造成的差别远比因人种或宗教文化因素造成的差别重要。他的研究有两个目的：其一，提供一套在很大程度上和**技术起源**理论相符合的**人类起源**理论，关于这一点我们将在第三章中从古人类学的角度进一步研究；其二，以此为基础进而认识不同种族间的文化**差异化**现象。

勒鲁瓦-古兰用趋势这个概念（得自柏格森思想的启示，他偶尔也引用柏氏[25]）来解释技术现象，并因此使他的技术形态学的设想得以成

25　技术趋势的概念在很大程度上受益于柏格森在《创造性进化》中（转下页）

（接上页）阐述的思想，而且这不仅仅限于柏氏的生物学思想：柏格森把物质作为一种趋势来分析，即“构成可以分离的不同体系，并可用几何方法加以研究的趋势。[……]但是这仅仅是一种趋势。物质不可能彻底实现这种趋势，而且分离也不可能完全彻底”。柏格森关于有机和无机的关系的分析，进一步确证了以人和物质的耦合为特征的技术趋势的概念已经被包含在他的物质趋势的概念之中：“生命首先体现为一种作用于天然物质的趋势。这种行为的意思显然不是预先决定的，由此才会产生生命在进化过程中展示的各种不可预见的变化形式。但是这种行为总是在不同程度上带有一定的偶然性；它至少隐含了选择的痕迹。然而，选择意味着各种可能行为的超前表达。所以，行为的各种可能性就必须在它实现之前向生命存在展示自己。”

勒鲁瓦-古兰把技术自身进化的第一因素植根于动物学领域的远古时代，从而把他的遗传学理论建立在这样一种基本观点之上：“生命以成熟有机体为中介实现从一个萌芽向另一个萌芽过渡的进程。似乎有机体本身不过是一种赘瘤，它的隆起完全依赖一个萌芽向另一个萌芽的转生。关键在于无限扩展的进化是连续的，在无形的进化中，有形的有机体在各自短暂的生命期限内相互交替。”勒鲁瓦-古兰的独特之处在于：他借助人类学的“生命意向”把生命进程的分析运用在有机体之外，即有机化的无机物领域。

正如技术趋势一样，生物趋势也是不可预见的，“我们越是考察生命的连续性就越会发现，有机体的进化近似于这样一种意识：过去促动现在并因而并发一种和以往的过去不可比的新形式。不可否认，一个植物或一个动物种系的出现是有其确切的原因的。然而必须指出，虽然我们能够在事后详尽地认识这个原因，并由此解释新生的种系，但是却无法预见种系的产生”。这种不可预见性是和趋势的不可逆转性相关的：“毫无疑问，伴随我们思维的仅仅是我们的过去的一小部分。然而伴随我们的欲望、意志和行为的却是我们的过去的整体，包括灵魂深处的细节。因此，我们的过去是通过自身的冲动以趋势的形式向我们展现它的整体，虽然它仅有一小部分呈于表象。这种去而犹存的过去使得意识不可能两次重蹈同一个境地。尽管场合可能同样，但同样的场合却不再作用于同一个人，因为同一场合中的人已处于不同的历史时刻”。

尤有甚者，趋势既提出了我们将会在西蒙栋那里重新遇到的个体化问题，也提出了吉尔关于与技术体系的能动性相关的冲突竞争问题：“生物学家很容易根据几何学的原则指责我们在此无法给个体性下一个精确并具有一般性意义的定义。完整的定义只能适用于一个既成的现实，而生命的属性是永远不会完全实现的，它们总是处于实现的过程之中，它们与其说是一种状态，不如说是一种趋势。一种趋势只有在不被另一种趋势干扰的条件下才能实现其全部的内容：这种情况在生命的领域中如何体现呢？正如我们将要指出的那样，生命领域包含许多相互冲突的趋势。尤其是在个体性这个情况下，虽然个体化的趋势在有机界无处不在，但是我们可以说无处不受到再生趋势的冲击。一个完善的个体的前提是：有机体的每一个部分都不可能被独立分割。然而，这（转下页）

立，也就是把人类学的研究同十七至十九世纪的植物学和动物学的研究加以比较：植物学和动物学在当时“绝大部分种系尚待发现”[26]的条件下，竟然能够建立起各自的分类原则——而且这些原则已被证明是定型的；同样，大半个世纪以来，人类学也在分类，“它区分了不同的人种、技术、民族，每一次新的尝试的经验都证实了某些古老概念的可靠性。归根结底：动物学和人类学一样，都具有趋势的稳定性特征”。不仅如此，他还引用系谱——或根系——的概念，以便提出技术继替的系谱，从而也就提出了“选择”（即决定论）这个吉尔已经讨论过的问题：

“鱼类或石器的**理想原型**就像是根据某个预定的系谱进化：由鱼类进化到两栖类、爬行类、哺乳类或鸟类；由简单的石器进化到石磨刀、铜刀和钢刀。注意不要误解：**这些系谱仅仅提供生命的一个方面，也就是环境向生命物质提供的不可避免的、有限的选择。**”[27]

（接上页）就会使再生产成为不可能。再生产不正意味着一个新的有机体与一个从旧的有机体中分离出来的因素的重组吗？所以，个体性自身包容了它的对立因素。在时间中延续，这就是个体性的需要，这就迫使它永远不可能在空间中尽善尽美。在这每一种情况下，只有靠生物学家来权衡两种趋势的轻重”。西蒙栋在当代技术体系层次上提出的个体化问题也可以从另一个方面来解释：“个体化的趋势在到处受到冲击的同时又被一种既和它对立又对它作补充的联合趋势完善，这恰如一个多重生命的统一体在被引向多样化的同时，努力地向自身回归”。

最后，如上所述，关于趋势的主题显然是同种系发生学理论紧密相连的。我们以下将会看到这个理论在勒鲁瓦-古兰的技术进化思想中所起的巨大作用。“我们在动植物界发现的生殖和被生殖的关系正是如此：在祖先传给后代共有的纹案上，每一个后代都绣上了自己独特的图形。的确，上下代之间的区别是极其微弱的，我们可以怀疑同一种生命物质是否具有足够的可塑性，以便相继变换不同的形状，恰如我们在鱼类、爬行类和鸟类中见到的那样。然而这个疑问已被有关观察破解了：这些观察表明，直至胚胎发育的某个阶段，鸟类胚胎和爬行类胚胎之间的差别是细微的。个体在胚胎发育的一般进程中展开一系列的变形，这些变形可以同物种进化论所说的由一个种系向另一个种系过渡的变形相提并论。”（第23页）

26　《人与物质》，第13页，Albin Michel，1943年版。

27　同上。

这种技术界和动物界、技术物体和动物之间的类比，对以下将要展开的论点具有决定性的意义。解释技术现象就是要把人（生物）和作为技术形式的载体的“原始物质”（无机物）之间的关系，当作**动物学的一个特殊情况**来分析。勒鲁瓦-古兰在这个问题上提出的近似生物决定论的观点是吉尔不曾提出的，但是这样一来，发明的途径也就相当有限，“由于生命必须在水和空气之间，在游水、爬行或奔走之间选择，所以生命只有几种有限的进化系谱”。同样的限制以及同样的生物对无机物条件的依赖原则也决定了工具的形式。比如，木材决定了刀刃和刀柄的形式，“**技术决定论**和动物决定论具有同样的标志：居维叶曾经因为在一堆石膏中发现美洲负鼠的颌骨，邀请当时尚半信半疑的同行们继续发掘寻找负鼠遗骨，并因此预言将会发现袋类动物骨骼；同样，民族学可以**在一定的范围内**根据某一工具的刃形来推测该工具的手柄形状及其用途”[28]。

技术进化是人与物耦合的结果，这种耦合尚待澄清。在此，技术的体系性建立在“动物技术学”的决定论之上：由于这种关系的一方（人）具有动物的属性，所以耦合现象必须从生命历史的角度来考察。诚然，技术物体构成的结果属于无机物的领域，因为它们是被动的，但是它们同时又被有机化了。我们由此可以理解：从物质与有机组织之间关系的角度，对其有机化的一般性意思进行反思，是完全必要的。也有必要对所谓的“器官”进行反思，它表示肌体的一部分或作为技术器械的**器具**。这项研究通过和动物学类比的方法进行，关键在于这种类比的**界限**。

11. 趋势和事件

对人和物质的耦合的有机化组织和过程，可以在一定的范围内运

28 《人与物质》，第13—14页。

用动物学的概念并从技术的普遍趋势的角度进行分析，这种分析构成这项研究的基本公理。第二个观点就是要把握技术进化的多样化事实，就如同我们可以在人类学和考古学的素材中找到的痕迹一样。问题就在于把技术趋势从技术事件中区分出来。趋势在事件中实现，考察各事件的联系可以告诉我们趋势实现的条件。所以要对事件进行分类，发掘隐藏在事件的多样性背后的同一性。

这里有一个困难，根据我们采取的解决方法，它直接牵涉到对一般性技术发展的解释的选择。居维叶由于没有在他的领域中明确地在决定性的趋势和物质事件之间建立本质的区别，所以也遇到了类似的难题。"有些**一般性**的趋势可以产生相互间没有物质亲缘关系的相同的技术"，也就是说，这些技术赖以产生的民族之间没有交往，并且，"无论地理区域如何接近，事件本身总是个别、单一的"[29]。尽管组成事件的技术物体属于同一个趋势，然而它们却是多种多样的。因此我们必须在一般趋势以外去寻找这些不依赖于趋势的多样性的原因，这些原因通常和它们的技术经济体系联系在一起。这就需要区分普遍决定性的趋势和带有种族"特性"的地域化的趋势。

这里就遇到了技术和种族之间的关系问题："我们在阿拉斯加的爱斯基摩人、巴西的印第安人和非洲的黑人那里，都发现了把木簪或骨簪穿缀于下唇的习俗。其中一定存在着某种技术同一性，但是至今为止，还没有一项严谨的研究能证明这些民族之间存在着亲缘关系。"似乎它们之间有一个既定的趋势，或者是一个普遍的事件，这种普遍性不能用种族之间的文化影响来解释，因为它们之间没有任何往来。相反，"马来西亚、日本和中国三个国家的耕犁呈现三种近似的造型，这当然和三个国家的古老历史有关：每一种造型都因土壤、安装、套辕以及该

29 《人与物质》，第14页。

造型所反映的符号和社会的意义等因素的不同而各具匠心和风格”[30]。在此，我们试图在比较各种事件的同时，得出一些关于同一种原型传播在各种特殊造型中的条件的结论，这些结论介乎两种观点之间：一种是简单化的决定论观点，它看不到事件的复杂性；另一种是历史-文化的观点，它力图寻找一个发明的根源和影响其他民族形式的某个民族特性。由此就很容易得出一个更一般性的观点：技术发明以几个文明区域为起点，以同心圆的方式向外传播。最后，“一切都似乎证明了存在着一个‘耕犁’的趋势，它于某时某地实现于某个单一的事件之中，同样，这个趋势也往往在相当大的时空范围内实现于一定的历史关系之中”。

存在着两种不同的因果关系：一是各种文化之间的传播和互相影响的现象，这就说明了为什么一个技术事件在一定的时空范围内具有不同的表现形式；另一种因果关系是人与物质之间的几乎是动物决定论式的关系。困难就在于把二者区别开。“稍有不慎，就可能从一个极端跳到另一个极端，以致失去现实的准则。”[31]实际上这两种不能混同的因果关系是并存的，一方面是显而易见的外来的文化传播，另一方面是技术自身的发展趋势。虽然后者比前者更隐蔽、间接，但它是更本质性的，从一般生命历史的角度说，它构成了技术现象的原则。

首先必须确立这种决定论观点的合理根据，**然后才能在这种观点之中**来解释由文化影响造成的传播这一不可否认的历史现象。问题的关键是对技术现象和技术进化条件加以解释。“文化主义”的观点会给这个解释染上神秘的、非现实的，并且完全属于种族中心主义的色彩。这种观点赋予一个或几个民族以技术和文明的特有禀性，并认为

30 《人与物质》，第14页。

31 同上，第14—15页。

这就是技术继替系列的最终根源。勒鲁瓦-古兰认为，这种观点根本歪曲了以决定性的趋势为原则的技术现象的本质。技术现象的根源并没有什么"民族特性"。事件在各民族的环境中获得了技术物体的具体形式。然而，它们的产生却取决于一种更深层的决定性趋势，唯有这个深层的决定因素才能解释超越一切种族特性的技术趋势的普遍性这一举世共睹的事实。技术现象有其自身的必然性，那些随机的多样化形式是由趋势和不同的种族的交往引起的。技术现象来自比民族特性更深层的体系性，它的根源和动物学的逻辑是一致的。与达尔文进化论奠定的动物学系谱**相似**，"技术学系谱"体现了人和物质之间的关系。

人与物质之间的动物-技术学的关系是生命物体和环境之间的关系的一种特殊形式，即人借助有机化的被动物质（技术物体）而与环境发生关系。独特之处在于，技术物体这种有机化的被动物质**在其自身的机制中进化**：因此它既不是一种简单的被动物体，也不能被归于生命物体。它是有机化的无机物，正如生命物体在与环境的相互作用中演变一样，它也随时间的推移而演变。不仅如此，它还成为人借以和环境相互作用的中介。

这种物质的奥秘有些类似古希腊人所说的具有动力的材料。物质作为一种能量体现在它的造形之中。由此我们似乎可以认为，物质的有机组织就是它作为能量呈现出来的形式。然而这并不单单是一个物质形态的问题：根据技术形态组织起来的物质不是被动的，**趋势并不仅仅来自人的有机化动力，它不是人在和物质耦合之前具有的某种构造意向的产物，并且，它不依属于任何主宰意志。趋势在人与物质的交往中自然形成，这种交往使人在有机地组织物质的同时也改造自身，在这种关系中，任何一方都不占有主导地位**。这种技术现象就是人与环境的关系。从这个意义上说，必须从动物学逻辑的角度来把握人的本质，同时又不能简单地把它等同于动物学的法则。

12. 种族差异和技术分化

“人类社会的技术结构”[32]表明：尽管我们必须“在一定的限度内”依照古生物学的(也就是动物学的)方法来分析技术化的人类现实，但是这种方法很快就会遇到它的局限性，因为人类的技术性是独一无二的，它使人类在动物世界中占有独特的地位。

与别的种类相比，人类似乎完全满足了古生物学的愿望：“如果说，古生物学研究者们的愿望就是要像认识马类和犀牛类的过去一样认识人类的种属，那么这种好奇心已经远远得到了满足。”[33]但是，这仅仅是一个虚幻。人作为技术的存在，不能简单地从生理学和(动物学意义上的)特殊性的角度来定义。人类现象的复杂多样性决定我们在**把人当作人**而不仅仅是有生命存在以进行研究时，有可能获得一般科学意义上的满足。从这个观点出发，“古生物学的方法不适用于民族学，**因为如果把人类社会现象放进古生物界，就好比一群脊椎动物在漫长的岁月中相互交换了各自所长：似乎出现了用翅膀换取甲壳、以长鼻换取某些补充性脊椎的现象**”[34]。

这里提出的问题是，人**在本质上**作为技术性存在，怎样进化。尽管动物属性是技术现象的重要组成部分之一，并且蕴藏着技术的奥秘，但是这里所涉及的不仅仅是生物进化。这是一种代具[35]的进化。代具

32 《人与物质》，第23页等。

33 同上，第24页。

34 同上。黑体字系作者表示强调。

35 代具(prothèse)：从字面上说，“prothèse”是指用于代替肢体的器具(假肢)。由此引申，它标志了失去某个肢体的躯体对某种不属于躯体本身的外部条件的依赖。根据作者的观点，人的最本质的属性就是没有属性。和其他动物不同，人的身体没有任何特定的、使人可以赖以生存的机能。所以为了生存，人只有依靠技术、运用工具，以补身体的不足。所以，代具在此从广义上泛指一切人身体以外的技术物体。没有代具，(转下页)

本身没有生命，但是它决定了生命存在之一的人的特征并构成人类进化的现实。生命的历史似乎只有借助生命以外的非生命的方法来延续。生命的悖论就在于：它必须借助于非生命的形式（或它在非生命物中留下的痕迹）来确定自己的生命形式。由此可见，技术进化决定论虽然如上所述，十分类似动物进化决定论，但是包含了非生命的因素。

人与人之间特有的交换在动物界是不可思议的，这种交换凸显了不同文化之间的联系，并提供了关于人类生命的组合进化图景，它完全不同于只遵循统计规则、受自然选择支配的基因组合的进化。“不同种类的动物之间的互相混合的可能性是非常有限的。比如，猫类和熊类可以比邻进化几千年，却从不会相互混杂。相反，人类所有种族都可以混杂，所有民族都可以交融，所有的文明都是不稳定的。”[36] 人类进化遵循的是技术逻辑，它不受封闭的遗传基因的支配，因为基因遗传的根本在于保证动物种类的单纯和稳定。这就表明了技术进化中动物成分的有限性和技术进化的能动原则。这个原则就是：事件的多样性，它不仅丰富，而且贯穿并实现了另一个更深层的原则：即决定性的趋势。由此看来，技术和种族之间的关系问题就显得尤其重要。因为，被普遍性的趋势贯穿的种族的分化，就是技术本身分化的根源。趋势切实地实现于这种分化之中，也就是说，趋势在分化中通过最优技术形式的选择得以完成。生命历史就在这样的新规则的支配下行进：由于人类群体不同于动物群体，在不同的种族关系中，展开了多种多样的技术事件，技术趋势的普遍性就是在这种事件的多样性中得到具体的实现，并逐渐地波及整个生态系统。

现在的问题就是弄清这种“混杂”是怎样实现的。它涉及整个传

（接上页）人就不可能生存。“代具”是作者对普罗米修斯神话解释的基本概念之一。它和另一个概念“缺陷”是紧密相关的。——译注

36 《人与物质》，第24—25页。

播的问题，并且由于民族学方面的资料支离破碎而带来许多困难。

在趋势潜移默化的推动下，技术分化在种族的层次或者通过发明，或者通过引用，以**事件**而实现：

“趋势是必然的、可预见的和直线性的。在它的推动下，石器逐渐被装配了手柄，搬运由轮轴代替了滑板，社会从母系制渐渐地发展到父系制。”[37]

趋势像规则一样贯穿各区域的技术-生态体系，并引导进化的总体进程，即引导区域间的**交换**，至于进化是通过发明还是通过引用来实现，这是无关紧要的。[38]这就意味着，文化决定论主张的单向或双向事件影响同体系决定论的观点从本质上并不矛盾。根据这种观点，技术的扩散是通过真正的**灌输**方式实现的，所以引用和发明没有根本的区别：关键在于一项发明——无论是外来的还是本民族的——必须对一个“民族的现状”[39]来说不仅是可接受的，而且是必需的，即已成为勒鲁瓦-古兰所说的逻辑秩序。

困难在于：当逻辑和历史碰巧吻合，并且我们不具有关于进化的实际根源的凭证时，如何区别逻辑和历史？然而无论这个根据是什么，**它只有在趋势的基点上才成为可能，因为趋势是技术事件的可能性的条件。**

“与趋势相反，**事件**是不可预见的并且是随机的。它或是来自趋势和无数环境巧合的相遇——即发明，或是来自纯粹向另一个民族的**引用**。事件是单一的，不可伸展的。它是**建立在趋势和环境之间的不稳定的妥协**。”[40]

正如在吉尔的理论中一样，在此，事件作为进化的实现激发潜在的

37 《人与物质》，第27页。

38 参阅《不断进化》第39页。

39 《人与物质》，第28页。

40 同上。

进化因素。它就是趋势的具体化，通过事件，各种不受趋势支配，但由文化和物理**环境体系**决定的因素相互达成协议，并因而掩盖了趋势的普遍性。

多样性“掩盖”普遍性，并使之染上多样性色彩的过程可以被分成不同的层次，这些层次构成**事件的等级**。**第一等级**是纯粹技术性的，**它体现趋势本身**，但又不完全实现趋势；其他等级构成了一个生态和种族的氛围，**它们是第一等级的多样化和区域化的土壤，事件就实现于这个现实的土壤之中**。换言之，事件有一个技术性的**核心**和一个民族性的**外瓤**。这样我们就进一步明确了技术、种族技术和种族之间的关系：它们之间与其说是一种对立关系，不如说是一种构造关系，似乎在事件中体现的普遍趋势和它们的地区特性之间的妥协，既抑制了冲突的可能性，又将趋势的普遍性本质掩盖、收藏起来。

事件的**第一等级**表现了趋势的普遍性原型。趋势的具体化、区域化或趋势作为技术进化的实际进程在空间的实现取决于其他等级，它们标志着“事件的逐渐个体化机制”[41]。比如，一种叫“推进器”的狩猎装置表明，**第二等级**代表了由技术生态系统因素决定的区域化现象，这就是说，我们可以根据“最大限度的差异因素（地理和物理环境、猎物、葬礼、居住、石器、宗教等）”来理解不同地理中心之间的聚合现象，比如“驯鹿时代”同爱斯基摩人之间的聚合。技术生态系统的区域化吸收了种族单元的区域化。种族单元又进而分化成次单元，技术事件在次单元中重新实现**第三等级**的个体化，即“种族群体内部的大分裂”[42]。最后，**第四等级**“导向关于事件细节的描述，并限定其所在的具体种族范围，它可以表现第三等级事件之间发生的关系”[43]。

41　《人与物质》，第32页。

42　同上，第34页。

43　同上，第35页。

那些包含技术核心层次的种族属于技术进化的各个“阶段”：

“因为**技术不是单一的**，而是由一系列机械、物理、化学等一般性的知识控制的技术群体。人们一旦懂得了轮子的技术原则，也就同时具备了车、瓷轴、滑盘、木轴的技术原则；人们一旦掌握了裁缝技术，就不仅会裁缝一定样式的衣服，同时也会缝制树皮囊、帐篷、帆船；人们一旦知道利用空气压缩技术，那么也就会使用吹管、活塞打火、活塞风箱和注射管等。”[44]

技术群便如此确定技术进化的不同时期，以及“各民族的技术状态”。勒鲁瓦-古兰将这些状态由低级到高级分为五类：极简陋、简陋、半简陋、半工业化和工业化。

13. 作为根源的地理因素和作为“一体化进程”的种族特性

勒鲁瓦-古兰在《环境与技术》一书的最后两章中研究了技术分化、发明以及传播的条件，这些研究的出发点就是种族。在此，他又一次与众不同地以一个种族的未来而不是它的过去来确定该种族的特性，这种定义方法的颠倒使他撇开了根源的问题，或者说，无论是技术的根源还是技术在其中发展的民族根源问题，都没有以传统的方式被提出来。

这些研究的目的在于：澄清技术现象的地理区域化得以形成的事件群；建立一种和（仅仅与某些种族相关的）高等文明的技术中心论相对立的理论，这种技术中心论根据文化影响的向心运动来解释文明的传播，而勒鲁瓦-古兰的解释则更偏重于地理因素。“人类历史之初，主要的技术都分布在一块相对狭窄的地理区域，即横贯温带欧亚大陆的

44 《人与物质》，第41页。

轴心地区。”接下来的问题就是解释传播现象。关于这一点，值得注意的是，“在技术的领域中，只有那些能够改善操作的技术因素才能通过引用的途径传播。人们可以引用一种不太实用的语言，一种更原始的宗教，但人们却不会用锄来取代犁”[45]。生物是不会倒退的，基因组合必不可免地会增加它的负熵，同样，技术也只能进步。和趋势的原则相关联的技术具有目的论的意义。我们在吉尔的论著中已经遇到过这一类观点，他认为，技术体系总是朝着更加复杂、更加完整的方向发展。西蒙栋也提出同样的理论，他认为，工业技术物体作为一种（技术的）具体化现象，总是不断走向完善的。

大凡重要的技术，总是同有利于该技术产生的地理区域有关的。然而，技术进步——发明或引用——的种族条件也是同样重要的（种族特征本身也在很大程度上取决于地理强加给某个民族的生存条件）。因为发明和引用作为实现趋势的进程，“和种族的特性有着密切的联系”[46]，所以现在必须明确种族概念的含义。

首先要弄清在一般性人类现象和种族群体之间存在着何种关系。换言之，一个种族以什么方式来标明自己的特殊性？比如，语言是人类共有的，一般性的语言现象怎样产生各个种族所特有的个别性语言现象？“在语言学专业中，共识早已形成：一种语言和人类学意义上的现实没有必然的逻辑联系”，也就是说，一种语言和某个人类群体——比如澳大利亚人和中国人——的动物特征的结合完全是偶然的。相反，人们已经注意到：语言、技术、宗教和社会制度等现象却通常和地理位置有关。比如现在的中国，它的聚合并不来自中华民族的动物学共性，因为众所周知，“所谓‘中华民族’是各种差异分子的组合，如果分析这些分子，就会发现它们之间存在着极大的差别，诸如方言、颅骨、住房构

45 《环境与技术》，Albin Michel，1945年版，第303—304页。

46 同上，第306页。

造以及社会规范等，以致会怀疑中华民族的现实性”[47]。什么因素造成了一个民族的统一性？这个统一性是通过什么途径产生的？为什么要经过这种途径？为什么一种技术现象会在某个民族中发展、以何种方法发展？

决定一个种族统一体的是一个人类群体和时间的关系，更确切地说，是和一个共同的未来的关系，这个共同的未来的效应造成了一个共同发展的现实：

“一个种族与其说是过去，不如说是发展。久远的政治统一体留下的最初特征，如果没有完全消失的话，也变得模糊不清了。为了形成一个民族，一群彼此相异的人必须在语言、社会、技术和人类学等各方面合成一体。”[48]

这个观点与海德格尔把未来放在首位的时间观念是完全相通的。当然，二者用语完全不同，我们将会探讨二者之间的相似之处。

一个种族统一体从本质上说总是暂时的，因为它永远处于变化发展之中。它不是一种既成事实，因为种族本身并不来自一个构成这一种族的人们共有的根源。种族的统一体是约定俗成的东西，除了神话传说之外，它没有别的根源。这个观点显然和种族向心论截然相反。种族向心论认为，技术特性是某些比其他种族“更具天赋”的种族特有的，这些种族从动物学的角度上说，进化得更完善，因此就获得了文化主宰的优越条件。

由此可见，这种从人和物质关系的方面来理解技术发展逻辑的决定论首先是地理决定论。正如吉尔在讨论埃及和美索不达米亚时指出的那样，地貌地理体系从根本上和技术体系结成了密切的联系。和种族向心论相反，勒鲁瓦-古兰认为：“如果我们全面地考察近三千年来的

47 《环境与技术》，第307页。

48 同上，第308页。

世界地理就会发现：并不是中亚原点向外传播文明，文明实现于从大不列颠到日本这样一个贯穿整个温度适中、寒暑有节的地带。”[49]当勒鲁瓦-古兰把这种地貌地理体系加入种族现实中一起研究时，他所考察的是一个人文地理因素。稍后，他又用环境这个地理和历史文化的含混定义概念来表示这种人文地理体系。环境本身又分为内在环境和外在环境两种情况。在这些地理条件的制约下，有些民族和其他地理条件不优越的民族相比，成了技术趋势的推动者，它们创造发明或者最充分地利用了外民族的发明，因而是技术进化的主要动力。它们形成了一些强有力的种族统一体——它们的民族特性就是具备实现本民族一体化的力量。[50]

14. 技术动力的内在环境和外在环境

在旧石器时代末，随着农业和冶金的出现，最早的技术中心产生在欧亚大陆这片沃土之上。在新石器革命之前，存在着两个群体：驯鹿群体和驯骆驯牛群体。后一群体生存的气候条件便于人们转向农牧技术的使用，从而最终进入有史时代。技术对一般历史的决定性是显而易见的，这就再一次提出了勒菲佛尔·德·诺埃特的问题：如果我们可以在语言学、艺术和宗教史、社会学等领域中不考虑“野蛮”和“文明”之间的区别的话，那么“在技术比较的领域中，我们不得不承认这种区别，而且既然政治问题最终是由工具来解决的，那么我们由此也对历史学的问题看得更清楚了：一般意义上的历史实际就是那些具备了翻土和制造刀剑的先进工具的民族的历史”[51]。

49 《环境与技术》，第311页。

50 同上，第314页。

51 同上，第320页。

技术的优势是历史上许多民族“优势”的深层现实。同样，所谓“文明”与其说是狭义的伦理文化、宗教、艺术、科学，甚或政治，不如说是一种技术状态，一种技术力量的关系。剩下的问题是：这种作为“文明”基本要素的“技术状态”产生的原因是什么？

我们也可以使用另一种分类，即把人类群体分为静态和动态两类。澳大利亚人和中国人都属于静态类型：前者受特殊的地理条件限制，后者则由于文化环境抑制了技术体系。

为了理解技术的静态和动态模式的条件，必须根据“内在”和“外在”环境的双重条件来分析人这种技术性动物的行为。“内在环境”和“外在环境”的概念也是从生物学中引用过来的，根据这两个概念，种族被视为一个生命整体——在此，比喻便成了真正的类比：

“人类群体在自然中的行为就像是一个生命肌体，[……]它通过一层物体（工具、器械）的中介来适应自己的环境。人类用斧头砍伐，用箭、刀、锅、匙来取食肉类。人类就在这样一种中间层之中取食、自我保护、休息和行动。[……]关于这一层人为外壳的研究构成了技术学，关于它的发展规律的研究属于技术经济学的领域。”[52]

这就是要把人类从群体的角度上作为**一个**运行肌体来理解。也正是因为技术物体依赖于技术体系，所以技术的进化必须从人类群体的角度来理解，而不是单一的个体，个别人的特性不足以理解技术的发明。由此，技术经济学所研究的技术发展的规律，就是人类群体这种生命肌体的“人为外壳”，这也说明了为什么技术几乎是遵循了动物学法则进化的。

通过**外在环境**的概念，“人们首先要把握的是人的周围的物质环境：地理条件、气候、动植物。还要[……]把这个定义扩展到物质凭证

---

52 《环境与技术》，第333页。

和可能来自其他群体的观念”[53]。通过**内在环境**的概念，“人们所要把握的不是一个人与生俱来的东西，而是对一个特定的人类群体（它通常没有完全限定）来说，每时每刻都构成这个群体的精神财富的东西，这是一个非常复杂的精神传统的混合”[54]。内在环境就是**社会化的记忆**、共同的过去，即所谓的“文化”。这种记忆不是遗传的，它外在于个体生命肌体，由非动物性的团体化物质机制所承载。但是它的运行和进化又几乎近似于生物的环境，这就是说，可以从中分析“吐故、保留、内分泌、同一肌体其他分子产生的激素，以及外来维生素等”。外在环境是自然的、被动的环境，但也包括“不同人类群体的物质和思想的载体”。作为被动的环境，“它仅仅提供可消费的物质，而一个群体之完全成熟的技术外壳的标志就在于：它可以使群体在内在环境的条件许可下，最大限度地利用外在环境提供的消费物质”。至于和外界群体的关系，“这些群体就如同维生素一样，它们激发内在环境作出反应，以便恰当地吸收”[55]。

这里需要澄清的问题是：内在环境在外在环境的地理、文化因素的混合作用下，实现转化的条件是什么？它们之间的交换和变化是怎样发生的？正如生物学中“分子内在环境的可塑性”一样，一个群体对外来文化影响的接受条件是什么[56]？有些变化无须外来文化影响，而只和地理的外在环境有关。然而，一项技术革新是来自引用还是来自发明这个问题在此是次要的，因为接受一项发明的前提就是“内在环境已经具备接受的条件。由此我们可以把接受行为本身放在几乎是从属的地位上，而重要的因素则在于群体自身必须处于接受或（假如无物可

53 《环境与技术》，第333页。

54 同上，第334页。

55 同上。

56 同上。

取)发明的状态中”[57]。吉尔的技术体系理论也会得出同样的结论:一个体系内部的潜在可能性的积累——在极限形式中也是一样——必然包含革新。在此,我们又回到技术趋势的概念,当趋势遇到一定的有利条件的汇合时,**便可以激发一个群体**对引用或发明的**潜在的接受性**。这就需要理解内在和外在环境是如何相互作用,并因此决定事件、“解放”趋势的潜在力量的。不同群体的内在和外在环境也是不同的,因此趋势从来不以自己的纯粹形式体现出来,而是呈现在各种事件之中。但是,只有这种比种族特征更**深层**的趋势现象才能解释一切进化的可能性,并确定两种环境之间的关系的本质:技术逻辑的组合是有限的,与之对应的、构成一切趋势和事件之**背景**的各类可能性组合的结果也是有限的。

15. 趋势的两个方面

为了“突出‘内在-外在环境’相互作用的结果的可预见性这个技术进化独特的属性”,勒鲁瓦-古兰从自己的观点出发,使用了“趋势”这个哲学范畴,通过这个范畴,他要表明“**一个发自内在环境的、逐渐攫取外在环境的运动**”[58]。这种攫取运动非常近似于确定肌体在自身的环境中的形态发生的运动,它排除了任何对趋势作出先验分类的可能性。这种运动只能呈现于事件之中,趋势“只有在物质化,并因而丧失趋势之本性时才变得明晰。正因为如此,我们才将特殊的趋势和事件的第一等级等同”[59]。这也就是说,形式不先于物质,这一点我们还将在西蒙栋的理论中遇到。所以,我们必须对构成技术进化的个体化进程——

57 《环境与技术》,第335页。

58 同上,第336页。

59 同上,第337页。

分化——作新的范畴规定。但是根据西蒙栋的观点，**工业**技术物体无须内在环境的干预而**自身**具体化。这种具体化的动力通过各类功能的复合和多重限定而臻于技术逻辑的完美，并包含了一个新的环境概念：复合环境。内在环境不复存在了，因为，工业化的技术物体造成了内在环境融于外在环境的结果，同时，这个一般性的环境也不复为外在。

在勒鲁瓦-古兰的理论中则相反，趋势总是来自意向性和物质性两种根源的结合，即来自内在和外在两种环境（这个理论的局限就在于忽视了工业时代的特征）。两种环境的汇合实际上就是社会性的人和地理性的物质的耦合，这完全类似于生物和它的生态系统的结构性耦合。[60]内在环境和外在环境的关系是在群体层次上人与物质耦合的表现，所以应当视作最佳可能性结果的选择，其中，趋势作为选择的**标准**和**动力**总是把这个标准的基点放在自然自身的规律之上的。趋势的这一层次对应着**技术聚合**的概念：

“每一个工具、武器等，一句话，每一件物品——从篮子到房子——无一不对应着一个平衡的建筑构造，它的主要轮廓为理性的几何学或机械学规律提供了线索。所以技术趋势的主要作用之一在于构建世界本身。从这个意义上说，房顶向两边倾斜、斧头带手柄、箭身三分之一长度的平衡等，就和螺类具有螺纹贝壳一样自然。[……]技术聚合是

60 “古生物学研究表明：动物种类的构造线条经过多种渠道自身改变，以便实现和外在环境更有效的联系。这些变化的形式总是可以用数学的方式分析的，因为，每个存在在其发展的某一个特定时期内，都构成保证平衡状态的众多物理法则的一个组成部分。每一个细微的变化都会带来其他因素的变化。

“鱼类的梭状体形、螺类的螺纹贝壳、陆栖动物足趾的分裂等，都属于一般性的构造线条，对此，不同种类在各自的生活环境中以协调的方式作出反应。例如，这些一般性的线条使鱼类、爬行类、水栖哺乳类具有相似的造形——长形躯干。趋势作用于这些一般性线条，通过这种作用，一个本来和陆栖哺乳类没有多少区别的水栖哺乳动物，由于水栖生活而逐渐获得一个越来越流体动力化的躯干。”《环境与技术》，第337页。

和生物聚合并列的，它从民族学的开端就部分否弃了接触论。”[61]

我们将会在西蒙栋的论述中看到，组合环境的概念使上述假设复杂化：技术趋势造成了自然的变形。代表我们时代特征的生态困难的意义也正在此：涌现了一个新的、由技术-物理和技术-文化因素决定的环境，但是它的平衡规律还悬而未决。技术聚合创造**新的现实和价值**，然而我们同样可以设想它同时产生一些未知的分歧形式。

在此，趋势体现为使内在和外在两种环境相互符合的双重运动。该运动的各样条件服从于勒鲁瓦-古兰所谓的“狭义趋势”或“趋势的障碍”，这些条件就是使趋势转化为各类事件的区域现象，它构成了区域的特殊性和趋势的普遍性的对抗。

趋势的另一个方面——即动力——来自内在环境：正如石头不会自己堆砌成墙，趋势的决定论绝对不等同于机械论。由于趋势的动力来自内在环境的神秘的意念，因此它衍射成五花八门的事件，如同一束光透过一层液体被反射一样。从这个意思上看，趋势的决定论是“松散”的，其中的理性也是神秘和“弥散”的。它是这样一种“技术意向性”：它透过区域的混浊“衍射”出来，在此，区域不仅仅是物质因素，也包括了人的因素：

“趋势是内在环境固有的，外在环境的趋势是不存在的。比如：风并不能让房屋盖上相应的屋顶，是人给自己的屋顶设计了一个最佳的形式。[……]外在环境就像一个完全被动的物体一样起作用，趋势与其撞击而碎裂，趋势的物质事实就凝聚在这个撞击之上。[……]本质上是普遍性的趋势包含了一般规律可表示的所有可能性，它穿过内在环境并因此而浸透着每一个人类群体的精神传统；它从中获取特别的属性，就如同穿过不同的物体而获得不同的色彩一样；它又遇到内在环

61 《环境与技术》，第338页。

境和外在环境的交接点,凝结了物质化的薄膜,这就是人类的物器。"[62]

在内在环境内部形成了一个同时作为意向之代表和衍射之调节因素的子环境,这就是**技术环境**。

16. 技术环境作为冲淡内在环境的因素

必须根据群体成员"面对未来"的方式来理解群体的统一性,它建筑在社会和谐的整体之上,和谐因素之间又集中体现为一个总的和谐状态,并像一个细胞一样,处于不停的变化之中。在一个被作为内在环境的种族群体内部,我们可以将技术环境独立。这个由"技术体"有机构成的子环境同其他子环境相结合,它们类似吉尔所说的"其他体系",都具有"不同的发展节奏"。种族群体就是一个特定的人群在一定时段内的复合体,在这一时段内,构成群体的诸种因素保持着相互间的平行关系。技术环境就其具体形式而言,来自普遍的技术趋势,技术环境和其他子环境的结合,使趋势只能在不同的技术事件中实现,并且,"每一个种族群具有和其他种族群完全不同的技术物体"[63]。为了把趋势从技术环境中区分出来,就必须把它从带有"整个内在环境痕迹"的物体中抽象出来。[64]问题在于澄清:技术环境的动力的条件是什么?它具有怎样的"渗透性"?"似乎技术环境始终受技术的一切可能效应的影响,似乎决定性的趋势不断地将自己所有的刺激因素投向技术环境。"假如"技术环境的渗透性是可变的",那么技术动力的负熵就必然要不断上升。

在此我们已提前涉及了西蒙栋有关技术理论的一个问题:趋势的

62 《环境与技术》,第339页。

63 同上,第342页。

64 同上。

渗透过程是否也会导致内在环境越来越多地稀释于外在环境之中——并反之亦然？因为，不同的内在环境之间接触点的增加，将通过整体的渗透性，更容易形成所有群体的技术趋势。

正如吉尔的技术体系是由各种技术因素之间相互从属的关系构成的一样，技术环境是**连续**的。技术的连续性排除了“无根源的纯粹发明”[65]。这里我们再一次看到，发明的特性是组合化的，近似于“生命的逻辑”：进化——也包括技术的进化——必须从“再生”的范畴中来理解。这也是连续性概念的含义，它既是历时性的，也是共时性的，即使断裂效应在我们看来是技术进化最明显的现象，也不改变连续性的实质。因为连续性观念并不排除突变。突变是本质的连续性内部发生的灾变现象，它恰恰因组合的连续而成为可能。

正如内在环境中分离出技术环境一样，一个种族群中分离出一个技术子群。同样，“种族群是内在环境的物质表现，技术群是贯穿技术中心的趋势之物质化过程”[66]。由此我们可以追问：技术群如今是否仍然属于种族群？或者说，技术群是否完全遮蔽了种族群，以致动摇了它的统一性？比如，那些非区域化和文化渗透现象就是明显的例证。技术-工业统一体的世界化使得技术群似乎趋于摆脱种族群而独立。因此，“毫无疑问，如果说技术环境是连续的，那么，技术群在外在环境——它非但包含地理因素，而且包含了外来文化的影响——中获得了很大程度的断裂性”[67]。这个断裂性首先作用于技术环境本身，但是其反作用也会影响到整个内在环境。我们由此可以假设技术群**领先**于种族群。而在当今技术进化愈演愈烈，以致“其他体系”无法适应的情况下，这种技术领先的设想意味着我们面临文化（即整个内在环境）和技术由分

65 《环境与技术》，第344页。

66 同上，第347页。

67 同上。

化到逐渐趋向对立的过程。技术不再是内在环境的一个子环境，它成为**以世界化技术为本的外在环境**：内在环境稀释于本质上技术化的外在环境之中。这种技术化的外在环境首先体现为媒体外界：电讯、电视、无线电传播、电脑联网等。这些媒体缩短了空间的距离和时间的期限。技术化的外在环境也体现为全球性的工业生产体系。当然，勒鲁瓦-古兰本人并没有提出这样的思想，但是他指出：外在环境如何通过技术群来扰乱并重新组织内在环境，技术群在一定的时候可以同内在环境发生冲突，以便于趋势的渗透，即促成来自外在环境的结果的实现。

为了分析技术群对内在环境的冲击，首先必须对那些不包含外来影响——即不包含技术引用——的外在环境作专门的研究，这项研究的结果对趋势决定论的论证具有决定性的作用。在趋势的论点最终建立之后，紧接着就要力图认识技术引用的逻辑及其作用范围的问题。

17. 进化的持续性

必须在“同一外在环境的不同群体之间”把“真正的引用”和“单纯的聚合”区别开。[68]然而为了认识引用，就不能对它做特殊化处理，因为，由外在环境导入的外来文化因素的影响和一般意义上的外在环境对内在环境的影响，从根本上是一致的。从这一点出发，发明和引用这两种事件之间就没有根本性的区别了。两种事件所涉及的都是技术环境的可塑性问题。

在理解了上述引用和发明的一致性的基础上，我们现在可以看看与某种技术转变的节奏和后果有关的一些情况：

“引用嵌入某个技术环境，但又不明显地损害这个技术环境：引用

68　《环境与技术》，第355页。

在不给人以技术转变的印象的条件下丰富技术环境。[……]它在潜移默化中逐渐积累,最终导致内在环境的变化。[……]为方便起见,我们可以考察另一个极端,如农业的引用可以在非常短的时期内造成技术环境中一个相当重要的部分的完全突变。实际上,这不是一种质的差别,而是一种量的比差。"[69]

我们在此又一次遇到了连续性的论点,它使人联想到莱布尼茨的单子知觉概念,**上述关于引用的论述对于发明同样有效**。在技术体系的进化过程中,一定存在着"灾变"效应,它使技术从一个体系转化到另一个体系(或者用西蒙栋的话说:从一个具体化阶段转向另一个具体化阶段)。但这并不和连续性的观点矛盾,因为连续性是指:进化的动力是体系化的,因而也是**持续**的,正如莱布尼茨的观点一样,任何一个(由引用或发明引起的)转变的结果都对未来产生影响,并扩展其效应,当然这些效应的具体化的时刻会骤然而至,并且会引起技术环境,乃至整个内在环境的剧烈的重新组合。**剧烈**不等于**断裂**,它在此是指**迅速**,所以还是回到速度的问题。

速度的问题属于转变的逻辑问题,这是由内在环境及其包含的技术环境和技术群所决定的。从根本上说,引用的可能性总是首先来自内在环境本身,并且,它必须被作为对一般外在环境的冲击的反作用来对待。正如一定的地理环境造成一定的岩石层,引用确切地说不能被当作一种文化的影响,而应当被当作一种来自外在环境的现象。对于这个外在环境,内在环境依据技术环境提供的渗透性赋予其技术趋势。比如石头若不是从内在环境中获得趋势就不会自动筑立成墙,同样,文化影响永远不会对一个自身不做任何努力的内在环境起作用。因为,只有这些努力才能使外在影响或是在潜移默化中,或是在某个危机到来时丰富内在环境和技术群。把引用当作发明的现象对待,或相反把

69 《环境与技术》,第364页。

发明当作引用的现象对待，这实际上就是把外来的影响和发明当作外在环境影响的一般现象来对待，而这种外来环境是由其他群体的技术因素和自然因素构成的。

当各种族群之间的联络发达到它们之间可以不受时间和距离的限制频繁交往的地步时，外在环境又会随着现代技术发生什么变化呢？当“自然”的地理环境被人类——即技术——开发殆尽，原始意义上的外在环境不复存在，内在和外在环境之间的主要关系都由技术体系为媒介来实现，从而在技术之外再无被遗忘的“自然”角落，在这种情形下，又会产生什么现象呢？试问：在这样的条件下，世界化的技术体系是否形成一个氛围，其中内在和外在环境的区分由于它们之间关系的改变而成了问题？技术群是否从此由古老的种族群的残余中彻底地解脱出来？

对于上述疑问，勒鲁瓦-古兰在一九四五年以前曾作出否定的回答；但是在一九六五年之后，他的观点发生了转变，并提出了超级种族的范畴。

影响并不必然地产生效应，各群体可以抵制技术趋势的实现并维持彼此间的差异。这是多样性的一个保证。但是，既然外来影响的现象必须被作为一般意义上的外在环境现象对待，既然它们也具有制约内在环境的同样的可能性（比如阿拉斯加的严寒迫使印第安人发展雪上技术），既然技术体系在世界化、大众化，以及成为决定性因素的条件下对内在环境起着越来越大的制约作用，那么我们至少应当设想，不同群体在自身条件下实现彼此间的分化的可能性已经根本改变了，尤其是群体的种族定义正在消失。勒鲁瓦-古兰否认这一假设，因为在他看来，这种观点必不可免地要导致种族中心主义的目的论，即断定一些技术-文化中心通过同心圆的作用方式逐渐同化周围的种族。然而，如果从具体化过程的角度，也就是从工业技术物体动力的角度重新定义趋势的概念，那么就不难得出取消群体的种族结构的观点。这个观点否认那种必然导致归一现象并消毁多样性的所谓文化种族中心论的逻辑，它提出关于增殖、再生和多样化的新型条件的设想。

18. 工业技术的进化必然要求放弃技术理论中的人类学假设

如上所述，勒鲁瓦-古兰通过人与物质耦合的范畴来解释以趋势为中心的技术进化。这个解释的一个重要部分——即来自内在环境的意向因素——仍然**是由人类学方法决定的**。到了西蒙栋，这个内在环境消失了。趋势不再含有人类学意义上的根源。技术进化完全取决于技术物体本身。人不再是技术动力的**发动者**，而是它的**操纵者**。

西蒙栋研究的是出现于十八世纪的工业技术物体，它的产生改变了整个技术进化的条件。《技术物体的存在形式》一书的目的就是“激发一种关于技术物体的意思的认识”[70]。这种认识之所以必要，是因为自机器产生以来，“文化形成了一个抵抗技术的防卫体系；而这种防卫又通常地体现为人类防卫，因为它假定技术物体不包含任何人类的现实”[71]。西蒙栋则认为：“如果说技术会带来人（或文化）的异化，那么其原因并不在于机器，而在于人们对技术的本性和实质的不理解。”认识机器的本质，并**进而**认识一般意义上的技术，这就是认识**人在“技术整体”中的位置**。人们通常都公认自工业革命以来，技术的性质发生了变化，因为它产生了**机器装置**，从而动摇了人和技术的传统关系。为了面对这一转变，并首先确认其实质，就必须要建立一门属于“技术学”专业的新知识。

要理解机器，就必须铲除“机器拜物教”式的观点。这些观点认

70 《技术物体的存在形式》，Aubier，1958年版，第9页。

71 “文化在技术现实中看不到人类现实”。同上。

为："机器的完善程度和它的自动化程度成正比。[……]然而实际上自动化仅仅处于机器之完善过程的初级阶段。为了使一台机器自动化，就必须牺牲[……]许多可能的用途。"[72]用自动化来定义机器的观点歪曲了机器的功效和它作为工业技术物体的完善性，这种工业技术物体的完善性才是它真正的自治性，也即它的**不确定性**。不确定性使一台机器对其他机器的机能有所**感应**，从而加入技术整体。人的位置就在这个技术整体之中，在各类物体配合运作的有机组织之中。尽管机器这种工业技术物体只有在有效安排其机能的不确定余地的条件下才能达到自身的完善，它在工业技术中的任务却在于确定自己在技术整体中的机能，协调不确定的技术物体之间的配合。

在这一套技术发生学理论中，人的位置显然比在勒鲁瓦-古兰的民族技术学中的位置次要得多。在大工业时代，人并不是一系列分散的技术物体（机器）的意向性根源。更确切地说，人仅仅执行技术物体自身具备的"意向"。

19. 机械学：关于工业物体具体化过程的科学

在当代技术和文化之间之所以存在着差距，是因为文化没有能够吸收技术物体带来的新的动力，这就造成了"技术体系"和"其他体系"之间的不协调。"现有的文化是古老的文化，它的动力模式来自古代的手工业和农业技术状态。"[73]

根据技术的要求来调整文化，就意味着采纳现行技术的"动力模式"，抛弃那种如今已找不到现实基础的"动力模式"。这同时就是承认技术动力**领先**于社会动力，技术将自己的动力强加给社会。分析新的动

72 "文化在技术现实中看不到人类现实"。《技术物体的存在形式》，第11页。

73 同上。

力模式,理解工业技术动力**领先**社会其他领域的必然性,这就是能够使我们理顺人和技术整体关系的新型知识的任务。这既不是传统的工人的专长,也不是工程师、企业家们的专长,因为这些人和机器的关系过于密切,或者说过于功利化了。这里的问题是:**要像建立社会学或心理学那样建立一门技术学**。技术物体所包含的动力既不属于心理因素,也不属于社会因素,但是,这个动力同心理因素和社会因素一样,在人类发展的过程中起着决定性的作用,因而也就必须像它们一样加以研究。**物体动力学**和**工业技术学**一样,同属**关于机器的科学**,所以我们称之为**机械学**。

"机器所包容的因素"无疑只能是"人类的现实,即凝固在构成运行结构中的人类活动"。但是,尽管工业技术物体是人实现的,然而它们却取决于**技术物体自身包含**的创造性。正是从**这个意义上**——而不是从自动化的意义上——我们说机器具有**自治性**:即对于**自身起源**的自治。机器的机能的不确定性由此而来。关于技术逻辑自身动力的分析比技术趋势的理论走得更远,它超出了个体和群体的意志,并将人类的意志置于技术进化规律的支配之下。在此,技术进化不仅操纵物质世界的规律,而且操纵人类普遍的意向,这个意向在技术的进化中不再占主导地位。放弃人类学的方法,从技术发展进程的概念来把握技术的动力,这就意味着停止把技术物体当作器具或方法看待,从"它自身"出发来定义技术物体。用具的特征就是它的被动性。而技术物体自身的创造性就是通过机能的多重决定性实现的**具体化**。具体化就是技术物体的历史,"它使技术物体在进化中获得厚度,从而证明了技术物体不是纯粹的用具"[74]。工业技术物体不是被动的。它隐含了自身特有的**遗传**逻辑,这就是它的"存在形式"。这种逻辑既不是人类行为的结果,也不是人的安排,相反,人仅仅记录并执行它的训示。机器的训示就是原始意义上的**发明**,即**发掘**。

74 《技术物体的存在形式》,第15页。

技术可分为要素、个体、整体三个层次。要素指工具，即分散的器官；个体使分散的要素发挥作用；整体协调个体。工业技术的特征就在于技术个体的变化，它使我们得以理解现今这种人与机器关系的产生和消亡。现代技术历史发轫于十八世纪，起初洋溢着乐观主义，接着产生了危机，继而出现了采用热力机的工业技术。在工业革命之前，不是机器代替了人，而是人顶了机器的空缺。然而作为一种工具的持有者，机器的出现也就意味着一种新的技术个体的出现。它不仅剥夺了人的技术个体的资格，而且也剥夺了它的使用权。[75]到了二十世纪，控制论系统的机器及其制造负熵的机能带来了新的乐观前景。比机器剥夺人类的技术个体资格更深刻的是，熵的威胁，它给人们带来了面临工业技术进化的恐惧。相反，彻底的乐观主义的依据是关于生命的思想，因为技术的进化呈现为一个分化、秩序化和抗拒死亡的过程。

机器的诞生带来了技术和文化间的差距，因为人不再是“工具的持有者”。为了调解文化和技术间的关系，必须澄清“机器持有工具”的含义，即这个命题相对于机器本身和人的位置的含义。我们的时代需要关于这种新型关系的思想，它自身明晰地体现出技术的积极性。这就是说，技术在我们这个时代已成为一种调节因素，而调节的功能正是文化之本。所以西蒙栋指出：“成为一种调节因素的技术现实和本质为调节的文化融为一体。”[76]

20. 作为运行物质的工业物体的遗传学

机器作为**个体**而具备自身的动力：技术学和机械学一样，研究工

75 “机器取代了人的位置，因为人过去一直占据了机器的职能，即工具的持有者。”《技术物体的存在形式》，第15页。

76 同上，第16页。

业技术物体的机器动力，即运行的物体。运行物体通过综合来完成一定的功能。综合包含了**整合**的双重意义：通过功能性的多种条件的决定而实现物体的具体化过程和通过物体**再生**以便取而代之。然而再生在此的意义和生命领域一样，产生一个新的、单一的个体，它既保留前辈个体的遗传，同时又完全独特。

物体的具体化，或者说，它的功能通过多项决定的整合，是物体自身的历史，这个历史完全超出了它的物质性，因而也是完全独特的。认识机器的技术个体性就是认识它的起源。把这个起源作为一种和谐与个体性的发展来认识，就必须考察物体从**抽象**到**具体**的转化过程。为了认识一个**具体**物体，如果我们试图建立物体的系列并对它们作分类，“我们就很难根据技术物体的种系来下定义[……]，因为，没有任何固定的结构能和确定的用途对应”[77]。不确定性是现代机器固有的属性，但它也体现了一切技术物体的本质。这种不确定性杜绝了根据技术物体的**用途这类外在标准**来对它们进行分析的可能性。构成技术物体类别的不是它们的用途本身，而是实现于各类用途的广泛领域中的方法。“同一个结果可以来自完全不同的机能和结构”，正因为如此，所以“发条马达和弓之间的相似之处尤甚于它和蒸汽机马达之间的相似之处”[78]。我们可以在物体的系列中观察具体化完成的过程，也即具体物体的起源。这些系列的根据就在于它们的方法。由用途引起的误解的根据就在于，它把物体归属于完全外在于物体的人类学逻辑，它把各种异质的结构和机能混杂在种属的范畴下，而这些范畴的意义则取自物体机能和人类行为机能之间的关系[79]。由此可见，人类机能总是要将技术物体纳入用途的规范，所以必须完全**独立**于人类机能去理解技术物体

77 《技术物体的存在形式》，第19页。

78 同上。

79 同上。

的起源。

无论其表面现象如何，这种不确定性实际上并不与技术趋势的决定论相矛盾。在勒鲁瓦-古兰本人的论著中，技术趋势确切地表现为不确定性和适应性的趋势。在《记忆和节奏》一书中，他描述了记忆的外在化趋势如何在二十世纪具体实现在神经系统的机器外化之中，提花织布机的**可编程性**就是这种外化的预示。再者，在内在环境中，确定趋势的并非用途，而是几乎是动物学意义上的功能。当然，和勒鲁瓦-古兰从人与物质的关系的角度作出关于技术趋势的分析相比，西蒙栋的工业技术物体的动力的范畴具有相对于人类自身的动力更大的自治性。在此，我们可以撇开这层关系中的人的因素，而专门考察属于物质动力的因素，**这个物质为完成一种功能而运行**。这就是有机化的无机物的动力，作为工具的持有者，它释放出一种既不属于动物系统（人类也包括在内），也不属于生态系统（风、水……）的力量，这就是**工业力量**，它是**不受任何区域限制的自由力量**。

技术机能只能从技术**个体**的层次加以考察。而技术个体又只能从它们的**起源**的角度来认识：技术物体的个性在起源的过程中发生**变化**、获得发展；它的个性本身就是这些变化的**历史**和**动因**：

"我们只能从起源的标准出发，才能定义技术物体的个体性和特殊性：技术物体的个体并不是一样**突如其来的**东西，它具有一个起源。技术物体的同一体、它的个体性和特殊性都是它的起源之坚固和聚合的特征。技术物体的起源是它存在的一个部分。"[80]

由此可见，技术物体具有一定的**历史性**，所以我们不能像讨论一堆被动物体那样讨论技术物体。这种无机物体**自身**发生有机化。在有机化的同时，它变成了一个不可分割的整体，并获得某种类似自我性的动力因。注意，有机化的历史绝不是人类"制造"物体的历史。生物从种系——或

80 《技术物体的存在形式》，第19—20页。

种系生成——所负载的遗传的意义上看，具有一个群体的历史；生物也同时具有个体——后生成[81]——的历史，生物独特的生存环境造成了它的不确定性，并制约其形态生成。同样，技术物体建立了一套自身固有的规律。尽管同生物界一样，这些规律只有在一定的环境条件下——在此即是指人和其他技术物体的影响——才起作用，然而，“正如种系生成系列一样，进化的每一个特定阶段自身都包含了外形进化法则规定的结构和布局。**技术存在物通过自身的聚合和适应来进化；它根据一种内在的共鸣原则在其内部集为一体**”[82]。这就是具体化过程。由于具体化过程体现了作为个体的技术物体的特征，而技术物体的本质只能从生成起源的意义上把握，所以，这种过程展示的动力基本还属于生物的系统。但它又不完全是生物性的：生物**维持**自身的同一，而技术物体则**趋向**同一：如同一个种族处在发自“传统结晶体”的历史的一体化运动中。

具体化的动力就是在自我适应中的形态生成运动，是一系列器官的多重功能决定性实现的聚合，这些器官一旦彼此分割，就难以考察。在物体生成的有机化过程中，这些器官的运行越来越整体化。我们可以通过像内燃机这样一件技术物体从抽象到具体之间的比较，来揭示这种动力：“现在的马达中，每一个重要的部件都和其他部件紧密相关，并相互交换能量，以致它们不如此便不能运行。”[83]构成一个物体的部件具有该物体固有的**必然形式**。具体化过程就是这种必然性的实现、展开和完善，即**发明**。技术物体的具体化，也就是它的个体化，**形成个体**。换言之，它**形成一个不可分割的组织**。正如在勒鲁瓦-古兰的理论中一样，这种决定论需要聚合的观点，意味着技术可能的答案之数量是有限

81　后生成（épigenèse）：这个概念和“épiphylogenèse”是紧密相关的。它是指一个生物不依赖胚胎的后天特性的形成过程。作者认为，技术物体的形成过程遵循后生成的规则。——译注

82　《技术物体的存在形式》，第20页。

83　同上，第21页。

的。作为一种趋势的要素，这个决定论同样包含了和“技术趋势”理论相通的目的论倾向。然而在此，趋势完全在于物质的一方，是**物质发明了它的形式**；趋势完全处于**传导**的过程中，关于“传导”我们将在第二卷中分析。这样定义的趋势，必然摆脱人类学的瓜葛。它所含的目的论成分，绝不是指人类变迁的未来。

21. 技术在工业社会变迁中的主导地位

技术物体的具体化和一体化限制了不同类型的数量：具体、聚合的技术物体是标准化的物体。正是标准化的倾向——即生产越来越完备的类型的倾向——为工业化提供了可能：因为技术进化的一般过程具有这种标准化的趋势，所以大工业才得以产生，**而不是相反**，由于大工业的出现带来了标准化的倾向。[84]标准物体的形式不来自工业化的**意向**。“手工制造的技术物体是零散的”，零散的原因来自技术物体的内部，但同时也是和确定其“特制”规范的外在条件的零散性相对应的。由于这类物体没有具体化，所以它们的用途是确定的，它们必须适应带有强制性的、特定的背景条件，一旦脱离了这个背景，它们就不起作用了。表面看来，这是矛盾的，因为物体越是具体，对于“强制”规范就越不确定。一个物体应该内在地固有普遍性和必然性，即适应**自己本身**而不被周围外界确定。但是，“**强制的技术物体不具备内在的强制规范**”，即没有**自我确定性的规范**。工业化是对技术必然性的肯定，它标志着技术物体对工业社会、技术进化对一般性的发展，以及“技术体系”对“其他体系”的巨大权威。“工业化阶段，[……]需求的体系和物体体系相比是较松散的，需求依照**工业技术物体**而形成，**后者因此获得了塑造文明的权力**”[85]。

84 “工业化的可能性来自稳定类型的形成”。《技术物体的存在形式》，第24页。

85 《技术物体的存在形式》，第24页。

技术物体的真正规范就是具体化，具体化的过程就是生成的过程，这个过程的每一个极限就像在吉尔的技术体系理论中一样，起着动力的作用。“技术物体的进化经历了从孤立的分析阶段到统一的综合阶段的过程”，这个进化的原因就在于“抽象的技术物体的缺陷”。

“在一个内燃机马达中，冷却系统可以由一个完全独立的部件实现；如果这个部件停止运转，马达就会受损；相反，如果冷却系统是通过一个整体协调机能实现的，那么马达的机能本身就包含了冷却功能。”[86]

多重功能确定的关系是一种联结物体之构造因素、发自物体本身的**客观**蕴含关系。这种蕴含不是逻辑的，它只能在经验中实现。因此技术物体的进化不取决于非技术性的“其他体系”的环境。诚然，存在着一种所有体系共有的动力，如“经济制约（物质、劳动、能量等）和技术固有要求之间的聚合”。但是，只有技术体系——尤其是该体系中的技术物体的动力——才是真正的动因：技术固有的要求“支配进化”[87]。在此还需要把吉尔和勒鲁瓦-古兰关于技术进化的分析向前推进，使之更加彻底。技术体系以及负载的普遍性趋势已不再是“其他体系”的陪伴，技术物体规定其固有的规律，确立其独立自治的地位。在工业化时代，社会的其他领域只能无条件地依照技术物体的规律来调节自己。用途的不确定性为“物体体系”的调节留下可能的余地。实际上，物体提供一切可能性的境界，它从本质上领先固定的用途。

22. 技术物体发展的不可预测性

极限的动力作用意味着，间断性是以具体化为实质的进化的起源。断裂划分出各自相继的进化时代，在每一个时代里，技术物体获得自治

86 《技术物体的存在形式》，第25页。

87 同上，第26页。

性。这些时代都是物体自我规范的结果，它是从抽象到具体的“自我因果”[88]，这种自我规范打乱了亚里士多德关于物理存在和技术存在的分类。“相继的和谐体系”建立了带有生物特征的**互为因果关系**，因为生物肌体的部分不能脱离整体而生存。这个**互为因果关系**实现于物体的机能，因而必然明确物体的极限，即构成和谐体系的极限：

“随着各部分的分体系逐渐达到饱和状态，就会出现不兼容性，极限的作用就在于此，逾越极限就是进步；但是极限的本质决定了这种逾越只能是跳跃性的。”[89]

间断以一定的连续、个体化和历史为背景，脱离了这个背景，间断就无从谈起：互为因果关系的实质是各功能的相互蕴含，即复合。功能的复合不是简单化的现象，复合使技术物体分化，从而“消除过去构成障碍的副作用（把副作用兼容在机能之中）”。消除原有的副作用就意味着一个极限的突破和一个新秩序的诞生。西蒙栋曾以电子管技术为例来分析这个现象。他认为，四极管的发明是三极管的内在必然，同样，五极管是四极管的必然。

和生物形态的生成一样，“功能的专职化不是以功能为个体分别形成的，它是各功能协作的结果；在技术物体中，真正构成物体部分个体的不是单个的功能，而是诸功能的协调群体”[90]。多重功能决定性是指：部分之所以为部分就在于它被兼容于整体之中。技术物体的具体存在——即作为形态生成动向的“技术存在”——的本质就是：物体“不再作自我冲撞，因为它不再含有损害整体机能的副作用，没有任何游离整体机能之外的副作用”[91]。工业技术物体的特征就是集各部分为一体的趋势，这个一体化运动并不是一种人为地根据各功能的构思制造物

88 《技术物体的存在形式》，第27页。

89 同上。

90 同上，第34页。

91 同上。

体的活动，它服从一种通常不可预测的协调必然性，这个必然性在机能运行中体现于物体的内部，这就是说，技术物体独立于"制造意向"而自我发明：

"在具体的物体中，每一个部件其实已不再仅仅是为了完成制造者所要求的某一个功能，而是一个体系的一部分，该体系实施着多重的力量，并产生独立于'制造意向的效应'。"[92]

勒鲁瓦-古兰提出的技术趋势概念有其人类学的基础，尽管趋势只能通过物质的规律来实现，这个人类学基础则接受"制造意向"的冲击。然而在具体化趋势中，产生工业技术物体的是**有机化**的物质，也即技术物体本身和它构成的制约体系。这个体系通过极限效应和不同力量的组合，每一次都**发放**新的可能性——发明新的可能趋势。这里涉及真正的技术学意义上的**助产术**。诚然，从现存的物体出发来发明、发掘、澄清或"公布于世"新的可能性的现象，在物理规律中也是存在的，但那还仅仅属于一种可能性。一旦被发放出来，它们就不再是一种可能性，而是**不可逆转地**成为现实，由纯粹的可能性转化为现在我们必须注重的效应。这些新的可能性只有借助技术物体潜在的发明性才能转化为现实，人在这个具体化过程中已不再是发明者，而是**操作者**；或者说，如果人仍然扮演发明者的角色，那么他像演员一样，听从物体本身提供的台词，遵循物质的念白。如此比喻，显然演员不是作者——正因为这样，现存的技术物体从来不可能完全具体，它们永远不会被有意识地构思并实现。具体化的"逻辑"是**经验性**和**实验性**的，它是一种几乎具有生存意义的逻辑（物体的**存在形式**）。所谓生存意义是指：它只有在物体实现的过程中、在物体自身的经验中展现出来；换言之，它形成于舞台上而不是构思中。因此，正如莫奴里指出的那样，发明的逻辑从本质上说是不可预测的，这就是"技术物体永远不可能被完全认识"的

92 《技术物体的存在形式》，第35页。

原因。同样，它既不可能是完全理性的，也不可能是"完全具体的，除非偶然的巧合"[93]。从此以后，具体化要求技术转化为技术科学并以技术科学来取代科学。但是这也就意味着用技术科学的**实验**来取代科学的**推理**。

这种以经验为本的动力可以同将有机物和无机物区别开的因素相比拟，这个因素曾经是生物学独立于物理化学的依据。机械学之所以必要，是因为物理学、社会学、心理学的规律——无论其分散还是组合——都不足以解释以个体生成和建立新秩序为本的技术物体现象。但是从另一个角度看，生物学不可能成为关于机器的科学，因为生物学考察的有机物总是已经完成个体化的有机物。区别无机物、有机化物体和有机物的难度，和限定生物学区别于物理化学的专业的难度是一样的。然而这里涉及的却是第三类现象（既非有机，也非无机）所特有的困难。

我们所谓的技术物体的经验所特有的经验主义**助产术**——即它的**机能**——在此同样和一定的**组合筛选**有关。在偶然性的背景中，这种助产术依循具有必然性的种系系列，并以其必然性为前景。这些系列包含突变的间断，每一个突变都标志着一个偶然效应转化为机能的新原则。[94]

23. 工业物体的突变、系谱和自然发展

有两种不同类型的改善：一种是主要的，"它改变功能的布局，明显地提高运行的协调性"；另一种是次要的，"它在不改变原有布局的条

93 《技术物体的存在形式》，第35页。

94 同样，一个基因遗传的错误会在生物中产生变体。

件下，减小残余冲突的不良影响”[95]。然而，这类消减本身是有害的，因为它阻碍了技术物体的极限系列给技术制造断裂。这种情况就像经济体系通过保护政策人为地减少一个技术体系的薄弱环节一样。轻微的改善在掩盖技术发展的间断性的同时，抹杀了技术物体的动力的深层意义，正如在一定的时段内，生物之偏差遗传的表面连续性会掩盖突变这一进化的现实。当然，这些“突变”是在一定的系谱线之中展开的，它们的背景是连续的。具体化就实现于物体的系列之中，这些系列的最终环节——也是永不可及的环节——就是完全具体的物体。现在的问题就在于弄清什么是我们可以赖以“追溯某个专门的技术现实的诞生”的第一环节。

技术物体的存在意义不仅在于“它的机能在外界机制中产生的结果”，而且也在于它所载有的、使它获得“后代”的“未饱和”现象的“生殖性”。既然如此，一个系列的第一个环节——“原始的技术物体”——便可定义为“未饱和体系”；具体化的过程就是定义物体的复合现象逐渐“饱和”的过程。在进化的过程中，技术物体构成一个物体系列、系谱或系谱线：这是一个以“原始技术物体”为祖先的“家族”，即由“自然的技术进化”造成的繁衍。在系谱之初，是“技术本质的构造性综合发明行为”。技术本质就是系谱的**同一性**、它的家族环境，以及规定其独特发展形式的内涵：“技术本质就在于它稳定地贯穿于系谱的进化过程，它非但稳定，而且通过内在的发展和逐渐的饱和创造新的结构和功能。”[96]我们之所以可以谈论“**自然**的技术进化”，是因为具体化是技术物体的**自然化**之路：抽象的技术物体在具体化的过程中走向自然性，这个自然性使它得以摆脱与知识家族的子亲关系，而知识家族又未必能使技术超出它赖以诞生的“理性体系”。由

95 《技术物体的存在形式》，第38页。

96 同上，第43页。

此，自然存在和技术之间的区别变得模糊了，似乎工业技术物体带来了**第三种环境**，在这个环境中，技术物体“变得越来越近似于自然物体。起初，这种物体需要一个外在的调节因素：实验室、车间或工厂；渐渐地［……］它摆脱了对这种人为环境的依赖”[97]。正如生物不仅限于它们的物理化学成分一样，技术物体也**超出**构造其存在的科学原则的总和，它证实了“某种机能和兼容性的形式**先于其预期原则**而构成。物体的兼容性不存在于构造物体的、分散的科学原则之中，它是在经验中揭示出来的”[98]。如同“自发生成的物体”一样，必须对技术存在作归纳研究，这属于一门“关于组合关系及其变换的科学，这就是一般性的技术学或机械学”。它与其说近似于物理学，不如说更近似于生物学。[99]但是应当避免“在技术物体和自然物体，尤其是生物之间作夸张的类比”。“机械学”不能等同于控制论，因为，我们不能“建立一门孤立的科学，它只研究现成的自动装置的指令和调节机构”，和维也纳尔的主张相反，“我们只能断定，技术物体趋向具体化，而像生物这样的自然物体则生来就是具体的”。有机组织的原则存在于作为趋势、目标和目的的技术物体。这种趋势的动力原则在于人，因为，“没有人**推动**和**实现目的**，物理的因果性不可能独立地产生积极有效的具体化”[100]。因此，生物和无机物之间的关系问题又一次被重新提了出来。工业技术物体导致我们消除技术逻辑的动力中人的意向因素。然而无论怎样，人虽然不**指令**，他却**操作**。我们已经指出，物体在“自然化”的过程中创造一个第三种环境，它超越了自然存在和技术的对立。只有回到这个第三种环境，才能揭示操作行为的本质。

97 《技术物体的存在形式》，第47页。

98 同上，第48页。

99 同上，第47—48页。

100 同上，第49页。黑体字系作者表示强调。

24. 超前是组合环境产生的条件

物体的自然化以及由此形成自己特有的环境使它避免了功能超常现象，这种现象会限制它的不确定性，并因此使它从属于一个人为的环境。功能超常是指“技术物体过度专门化，以致不能适应在使用或制造条件内的甚至极微弱的变化”[101]。

技术物体是**技术**和**地理**两种环境的汇合，所以必须渗透二者之中。它是二者之间的调和。比如电动机车就有两个方面的意义：一方面在技术环境中，它把电网系统的电能转化为机械能；另一方面在地理环境中，机车的性能和铁轨网络使机械能适应地形条件的变化。电动机车因此体现了两种环境的相互作用。假如我们把电动机车和工厂的电动马达比较，就会注意到，后者“几乎完全在技术环境中运行”，它不需要适应非技术的环境，因为，它的运行条件是严格确定的，正因为它被专业化了，所以就不能具体化。相反，“不属于某个特定的环境，适应使两个各自处于进化中的环境发生关系的功能，这种要求必然会限制物体的适应性，并确定了它的自治性和具体性”[102]。技术物体应当具有摆脱一切专门化的趋势，这**正如人类**由于其器官的**可变性**总是倾向于最大限度地适应各种不同的环境。

干巴尔（Guimbal）涡轮机一例便可确证这个问题的重要意义，我们可以由此引出**组合环境**的概念，并指出一般性的具体化过程会引起何种生态系统。“这种涡轮机浸没在和发电机直接配对的压力管中，它的体积很小，安装在一个充满油压的机匣之中。”浸泡在水中的涡轮机的特点是，为它“提供能量”并使之运转的水属于自然环境，技术运转

101 《技术物体的存在形式》，第50页。

102 同上，第53页。

本身使水成为“多功能”的因素，因为“水散发了电机产生的热量”。但是机油作为技术环境的产物，在与属于自然环境的水的关系中，同样也成为多功能的因素：

“机油润滑电机，隔绝线圈，并把线圈的热量传向机匣，使之在机匣中通过水释放出来；最后，机油还可以防止水进入机匣[……]。超压本身就是多功能的；油在高压中不断地润滑轴承，同时防水，从而弥补了轴承封闭不足的缺陷。[……]这种具体化的实现和多重关系的结合是以多重功能性为前提的。”

换言之，这里的“自然”环境本身被整合，并受到多重功能的决定：具体化在物体之外实现，物体并不简单地将技术环境和地理环境堆砌，它和人类活动一样，创造自己特有的环境——组合环境超出地理和技术两种环境的总和。

“**决定一个环境之诞生的是适应—具体化过程**，而不是**现成的环境**。这个决定性的因素在新生环境被发明之前，仅仅是一种潜在的存在；发明之所以产生，是因为有跳跃，这个跳跃的实现根据就是它创造的环境的内部关系：涡轮和发电机配对的**可能性前提**恰恰就是它自身的实现。”[103]

物体自我决定它的机能，即自己提供机能的条件，这就抑制了功能超常现象。技术物体作为环境的创造者对自然形成构架。自然的水流动在技术物体之中：它并不仅仅服从物体的机能，而是促进这个机能（干巴尔涡轮机提供了海德格尔曾经提及的莱茵河水坝的深层意义）。技术物体把它的“自然环境”验之以理，并因此而自然化，它通过和这个环境的紧密结合而实现自身的具体化，因此也根本地改造了自然环境。这种生态现象可以在当代技术的信息空间中观察，即当代技术发展了普遍化的同时性（比如实况转播和实时处理机制，以及由此产

103　《技术物体的存在形式》，第55页。

生的模拟倒置技术等)，但是被整合进具体化过程的主要因素是人化环境——人文地理，而不是纯自然的地理。在此，关于具体化过程的思考不能仅仅停留于物体的水平，要上升到体系的范围。

开创自己特有的环境就是构造。由于技术已经信息化，并在机器的机能方面开辟了最大限度的不确定性，也就是说，既最大限度地减少了功能超常，同时也使组合环境普遍化，所以，这种意义上的构造并不是“自然的人化”，因为它不是人为的构造。具体化物体趋向它的自然本性，“这个过程完全可以体现为人的自然化”。然而，西蒙栋加入了一个中心论题：

“在人和自然之间产生了一个技术地理环境，它之所以可能，完全是由于人类的理智：通过机能的结果实现某种格调的自我限定必须以**超前**这个发明性的功能为前提，而超前既不存在于自然中，也不存在于现成的技术物体中。”[104]

尽管趋向具体化的技术物体自身具备具体化的动力，但是它仍然要以超前的可能性为前提。而这种可能性取决于操作者、发动者或动力因，即人。

在此我们将试图提出：这种超前能力**本身要以技术物体为前提**，就像形式不先于物质一样，超前不先于技术物体。

104 《技术物体的存在形式》，第57页。

第二章

技术学和人类学

人既带来和平也发动战争，他用自己的双手撰写法典，为诸神竖立祭坛和雕像，建造船舶，刻制箫笛、竖琴，打造刀钳，制造所有艺术器具；在文字中，人类留下了这些技术的理论记忆，以致借助文字记载和手工，人们可以同柏拉图、亚里士多德、希波克拉底之类的古人交谈。

——加利安

1. 作为时间问题提出的技术问题的悖论

吉尔提出：在技术体系决定技术发明的论点下，我们为何、怎样从一开始就从**体系**的概念出发来思考技术的进化。

勒鲁瓦-古兰试图把体系当作有机组织来考察，它的进化受**技术趋势**支配，而趋势包含两个侧面：人的意向和物质规律。

西蒙栋分析的是大工业阶段，其中的技术决定性和进化，都服从独立于人类意向的技术物体自身的动力规则：技术物体是一种有机化的无机物，它不断地趋向自然化。虽然这个有机化的动力机制已不从属于人类意向，但它仍然需要一个超前的操作动力。物体虽然不是人的产物,它至少需要人的超前性:问题的根本即是时间。

何为物体?电动机车**连同**它的车厢、轨道、电缆、信号系统、车站等不也构成**一个**物体吗?这个物体和供电网络不是又构成了一个新的物体吗?当代技术**体系**本身,从某种程度上看不是也可以当作一个趋向具体化的物体吗?如果是这样,如果说具体化的过程本质地趋向一个组合环境的时代,那么,当代技术特有的第三环境究竟是什么呢?

在此不难断定,海德格尔关于技术问题的看法,比黑格尔和西蒙栋更高明些。当然必须补充的是,技术体系只有从机器个体的独立性出发,才是可以理解的,体系本身作为构架服从具体化动力的安排和调动。此外,我们又一次遇到了生物学形式主义的难题:部分(生物)和作为整体的个体的关系问题。

我们在上一章中曾经指出,这种主要作用于信息领域的具体化现象,通过人类地理环境的整合和功能的多项确定而实现,它直接影响到超前的能力,并对它们作多项确定。如果照西蒙栋所说,超前仅仅停留于具体化过程中人的一方,那么这种意义上的进化就造成真正的断裂。我们在"引论"中已经指出,当代技术的进化遭受一定的抵抗反应,它集中体现为这样一种情绪,即认为进化的断裂恰恰打击了人类决策的可能性本身,因此,人类的命运被技术的"命运"异化了,"构架"留审人类理性本身。关键是要弄清,超前是否**从一开始就形成于物体的技术性之中**?所以,当前的断代概念应予以修正。

在第一章中,我们将技术问题放在时间中考察,并由此展开了本书论点的第一部分论据:把技术作为时间——或者先谨慎地说把技术作为**时间的问题**——来分析。在此,我们还将从人类学的观点出发来研究作为时间问题的技术的问题:假如照西蒙栋所说,工业物体的技术动力来自超前者——人的动力,那么我们就要在古人类学(即关于超前者的起源和进化的科学)和古技术学(即关于技术物体的起源和进化的科学)之间做比较,所以本章命题为"技术学和人类学"。在此,我们将深入研究勒鲁瓦-古兰《手势和语言》一书中的有关章节。他在该书中概括并丰富了自己在民族学研究中提出的观点。

古生物学提出了关于人类起源的最深层的问题，对于这个问题，勒鲁瓦-古兰非但没有回避，而且毫不犹豫地投入最思辨性的研究，同时也试图避免落入形而上学的圈套。他是否如愿了呢？虽然他非常注重实物证据，把它们作为每一个步骤的第一载体，并借以推演某些最大胆的假设，但是他从未因此而沉醉于纯粹的实物实证的幻想，其实，那不过是对最平庸的形而上学实证论的盲从。所以我们在他的论著中看到的，不是关于起源的科学研究（史前史和考古学）和关于先验问题研究的冲突，而是二者不断地相互感染。我们对作为时间问题提出的技术的问题的人类学思考，不久将会引向一种纯粹哲学性的认识。

《手势和语言》把我们推向古生物学思想的最前沿，而且这一思想遗产至今尚未被生物学和哲学完全接纳。这种后继无人的现象不单单由于该学科的庞杂，而且主要因为它触及了一系列巨大的难题，提出了以往任何研究都没有涉及的新课题。

勒鲁瓦-古兰在着手这项纲领性的研究工作时，矛头直指卢梭和他的“唯脑论”。卢梭对动物学原则一无所知，而这个学科恰恰是从整个生命历史的角度来认识人类产生——最终也即技术产生——现象所必不可少的（尼采曾用另一种方式对卢梭的人类学思想以及康德的有关论述进行了批判）。[1]但是卢梭所要求的是一种**先验**的论证方法，正是在这个前提下，他排除纷杂的事实，针对实际的事实，根据在纯粹自然之声中展示的原始清晰性，提出对人类起源作虚构陈述的权利。我们将会看到，这个虚构陈述断定：从经验事实出发对人类起源问题的认识总是过时的。卢梭这个论点的基点是经验和先验的截然分界（因而也假定了存在和变化的对立）。勒鲁瓦-古兰的有力论证动摇了这种分界。

1　尼采：《哲学家的原罪》，《人性，太人性》。

但是他自己又遇到了无法逾越的困难，以致不得不重新建立这一分界，因而在不同的前提下重蹈卢梭的旧辙。

在本章中，我们将讨论一个当代技术的悖论：技术既是人类自身的**力量**也是人类**自我毁灭**的力量。从这个悖论及其引起的起源（时间）问题出发，我们将通过关于技术学和人类学的临时性定义进入卢梭的先验人类学提出的有关问题及其矛盾。由此，我们便可以考察勒鲁瓦-古兰批判先验人类学的论据，并进而在下一章中探讨关于南方古猿和尼安德特人之间实现的人化过程的总体假设。

2. 技术（给我们带来）的问题

在“构架”的技术化含义中，生命的一切领域普遍地被卷入“技术化”的潮流。在以上已经引用过的《第五个五年计划》推行的研究规划中，社会现代化的主题异常突出。自一九七三年能源危机，尤其是八十年代以来，无论在法国还是在其他国家，遍及世界东南西北各地，尽管观点千差万别，这个主题却主导了所有官方和民间的公开言论。

在很早就实现工业化并具有“民主”传统的国家里，出现了一批“技术极”。人们曾试图重新评估技术教育。“宫片涅技术大学”即是随着这类新要求诞生的新型大学。本书的部分研究工作就是在该校实现的。

技术产生了各种各样前所未有的新型装置：机器被应用于流通、交往、视、声、娱乐、计算、工作、“思维”等一切领域，在不久的将来，它还会被应用于感觉、替身（遥控显像、遥感、模拟现实）以及毁灭。生命机器：类似“狮身人面兽”的**生命奇观**现在不仅触及无机物的组织，而且也影响到有机物的再组织。

但是却存在着这样一个矛盾现象：一方面是普遍化的机器系统所具有的巨大活力（它以每天产生的新体系回答在工业经济中占统治地

位的不断革新的规律），另一方面是技术主导一切的升平景象的彻底破产。技术装置带来了数不胜数的问题：由强化交通和改进速度而引起的交通阻塞和危险性的上升；不仅由于实物输送器械，而且由于信息传送网络引起的普遍“紧急状态”；“信息内容”的贫困化、文盲、孤独、人与人之间的疏远、个体性的枯竭、区域概念的消亡；失业，机器人不仅不能使人摆脱劳动，反而把人逼向贫困或神经质的境地；由于人把决策过程委托给机器，所以人的选择和超前也因此受到威胁，这种对机器的依赖是必然的——因为人已无法控制信息交流的过程（比如电子控制的股市网络），而一旦它与毁灭性的机器相吻合就是十分可怕的——比如遥控导弹（常规或非常规）的战争网足以对人类构成毁灭性的打击；知识的代理也是令人担忧的，因为这不仅从根本上改变了知识的传播方式，而且似乎构成一种知识消亡的威胁：人们都对计算器将给后几代人类的计算能力带来的危害而担忧，自动拼写纠正程序同属一类；但是问题不止于此，它一直延伸到更复杂、更“科学”的技术装置：信息库、专家系统、知识库系统和电脑辅助决策系统等。震动更大的是媒体对社会集体行为造成的强烈影响。这些媒体控制了直接传播给具有不同文化根源的广大民众的实况新闻生产，这一生产权操纵在职业人员手中，他们的行为完全根据越来越规范化的工业体制内部的纯粹商业的标准而“理性化”了（一种恐怖主义和赤裸裸的宣传精神寄栖于这个体制之中，它们不单单是一些孤立的小集团的特有现象，而且已成为一种名副其实的国家政策——该现象并不仅停留于所谓贫穷或“极权专制”的国家）。但是与此同时，一切**地区**政治计划似乎都服从于一种激进的世界化公共舆论的**指引**。在此，我们尚未敢论及对自然资源的成体系的开发和对“大自然”的破坏，生态问题在如此短暂的时间中得以普及并占主导地位：土地和能源枯竭，水的污染，臭氧层被破坏，城镇失控，各类病菌感染等。

然而，技术发展最耸人听闻的成果无疑是遗传操纵，这引起了一系列无可奈何的争论：比干脆毁灭人类的可能性更令人担忧的是，遗传学的操纵使制造“新型人”或“假人”不仅可以想象，而且是可能的；在此，我们姑且不讨论这类操纵可能带来的科幻式的可怕后果，但毫无疑问，就在精神分析学和人类学从**心灵与社会团体**的方面完成对亲缘问题的构造层面的研究的同时，遗传学的操纵的应用足以摧毁类似“亲缘”等人类最古老的信念。母子、父子关系，辈分关系等已不再属于不可触犯的现实领域(冷冻精液、试管授精、胚胎移植等开创了新的市场)。马尔万·明斯基建议发展一套微型技术器械计划——微型技术——以便用于人脑内部的研究，使大脑和新型的人造器官连接，并通过在大脑皮层加入遥控显示系统和“智能”的自动组件指令，扩展大脑对运动的感觉和计算的功能。在许多第三世界地区，大批流浪儿童被绑架，五脏六腑被割取，这种肆无忌惮的器官买卖已发展到了令人发指的地步。与此同时，新的动物实验热正在兴起，人类“ADN”成为一个大规模的研究规划，其目的在于生产出可申请专利和赢利的“产品”。遗传基因的操纵直接影响到人类个体的生理组织，人特有的记忆和基因的未来，也就是影响到人类“最自然”的实体和本性。

什么是“本性”？

上述关于当代技术发展现状的悲观而又实事求是的概述，其目的在于从本体论的角度(如果还可以使用“本体论”一词)，明确澄清人类学和技术学之间的关系的紧迫性，这种紧迫感虽然尚未形成清楚的意识，但已被普遍地感受到了。如今，它第一次直接从根本上触及了“什么是人类的本性”这一类问题本身的提问方式。

技术的问题首先是技术给我们提出的问题。也许海德格尔从《存在与时间》到《时间与存在》的思辨发展过程不过是对一种转折的实现，假如，现代技术确实是形而上学的完结、形而上学是存在历史的完结、存在历史是存在本身的完结、存在是“我们自身的存在者”对自己提出存在的问题的完结，那么相反，从这个转折开始，必须“不通过存在者来思想存在"[2],这就是说,不通过此在,不通过"我们自身的存在者"。

3. 人成为宇宙秩序[3]及其自我毁灭的力量

在当今的技术时代,技术的力量具有毁灭整个人类的危险,这就是以上悲观陈述理应得出的结论。技术造成了种族的非区域化(也即区域概念的消亡),新的知识、自然、政治(不仅指决策的代理而且指民主"市场化")、经济(由电子系统主宰的金融活动的一切领域),时间和空间的变迁(不仅指个体间的时空:诸如电讯网、实况转播、实时和"直接"技术等手段展开的全球化时空,而且指"身体"的时空,如遥感、遥控显像等,这些新名词本身就包含了许多矛盾,我们将试着研究),诸如此类现象,将摧毁劳动、家庭等传统的社会模式。如果我们真的理解"人"、"身体"、"自然"、"区域"、"空间"和"时间"等概念的意义,那么理应作出以上判断。

暂时将人类的本性是否受到变质甚或毁灭的威胁这一问题搁置一边,首先要弄清楚的是:人类是否有这么一个本性?观察当今人类世界

2　海德格尔:《时间与存在》,《问题IV》。

3　宇宙秩序(astre)和灾乱(désastre):"astre"在法语中出现于十四世纪,来自拉丁语中的"astrum","astrum"则来自古希腊语中的"astron",它的通常意思是指天体、星宿以及占星术所指的天体对人类的影响。"désastre"则形成于十六世纪,来自意大利语中的"disastro"。"disastro"是拉丁语中"dis"和"astro"的组合,原义是指"在不祥的星宿下出生"。现在"désastre"在法语中通常指灾难、灾害、祸乱等。作者在此将这一对貌似同源(似乎"désastre"就是对"astre"的否定)、实则互不相干的词连用,在法语中是很少见的。他的目的在于赋予这一对词以新的含义。"astre"在此已不限于"天体"的意思,而是在更广泛的意义上表示一切来自自然的秩序和力量。作者认为,在现代技术产生之前,人仅仅是在这个"不以人的意志为转移"的秩序中生活;但是现代技术使人也成为天体的一员,人参与改变这个自然的秩序。与"astre"相对应,"désastre"是指这种由人参与改变的自然秩序所带来的混乱、变动和迷失方向。本书的第二卷就以"迷失方向"命题。——译注

所发生的一切，首先要提出的问题是：人类世界**曾经**是个什么样子？根据莫里斯·布朗肖的观点，如今这类问题以特别的方式不可避免地提了出来，它们从根本上涉及我们的时间本身：**它起初是人们依照天体运动建立的地球计时**，直至现在**人本身也成为参与宇宙秩序的天体**：

“如果说，我们从希罗多德的著作中获得了转折的启示，那么当今世界中所发生的一切难道不足以使我们确信正处于一个重大的变动时代吗？这个时代现象已不是我们习以为常的‘历史’概念所能容纳的，它们属于另一个我们尚未认识的范畴。

“[……]当今我们遇到的现象具有一种根本的特征，即非人格的力量，它体现为：群体事件作用、机器至上、物质的构造性力量。三者统称为：现代技术。因为技术的范畴包含了三个内容：为在全球范围内设立精确计划的世界性组织，机械化和自动化，最后（也是最关键的）是原子能的应用。一些直到目前为止只有在天体范围内才能实现的现象，人在自己的范围内也做到了。所以说人类也成了天体的一员。这个新兴的天体时代已不再属于历史的尺度范围。”[4]

历史学的尺度是：把人类的活动和天体的活动区分开并由此来构造人类世界。人类（人类世界）曾经就是历史（希罗多德的世界）。人类（人类世界）已经成为天体的一员（人类世界成为作为天体的人的世界）。在此，天体是力量的标志，它宣告了一个时代的变更和现代技术的到来。然而这是谁的力量？换言之，这是什么力量？是人的力量，还是现代技术本身“非人格化的力量”？

人类曾经就是历史，历史是人类的**第二起源**（人类先于历史），也即是如今正在普及全球的西方世界的起源。这个第二起源已经成为**全人类**的起源，因为西方世界已完成了全面的世界化扩张。西方人的起源

4　莫里斯·布朗肖：《论时代的变化》，《未完结的对话》，Gallimard，1969年版，第396页。

是指：西方人的文字和理性思维，他们在理性的**发展**中，实现了自己所在世界的发展——地域扩张或实现非地域化运动。这是**彻头彻尾的技术扩张**，而西方的文字作为一门**技术**从一开始——**起源**——就是西方世界获得以扩张和征服为本的西方理性的基础。[5]

历史作为人类的第二起源标志着一个世界——西方世界——的开端，它在人类天体化的纪元已成为全人类共有的世界，就其全球扩张运动而言，这个世界已经完成或“实现”，因为它**以全球性的扩张运动为特征**。所谓完成也就是终结、完结、消亡或正在消亡（“时代的变更”）。当代技术实施的根本性变化就在这种完成中来临。这个伸向全球的世界，就是西方的科学和技术的世界，它在经过美洲处女地之后，实现了一种新型的关系，即**技术科学**的世界。

人类成为天体以及技术科学的想象，不仅仅体现于当今人类能在地球范围内实现“至今为止只有天体运动才能实现的变化”。天体物理学家于贝尔·利弗斯[6]在设想人类针对太阳最终**消亡**后带来的困难寻求解决方法时，曾假设一种人类加之于天体运动的技术干预。这个“虚构”同另一种非常“严格”的科学假设相比，各有千秋，这种“严格”的假设通过所谓的第二生物圈的模拟科学和工业文化操作而盛行于媒体传播界。

西方世界的总体完成意味着它调动了一切能量：不仅包括了地质和地理的能量，而且包括历史-精神方面的能量；并且，在不久的将来，它还将调动天体本身的能量。这种能量调动的结果就是：技术力量——首先作为人的力量——获得前所未有的、无法计算的，并在短期内无法预见的增长。然而如此西方世界的总体完成，却带来了这样一种奇怪的现象：人类越是强大，世界就越是趋向“非人化”发展。人类

5 参阅布朗肖《拉斯科洞穴之兽》。

6 《地球的未来》，原载*Patience dans l'Azur*，第135—140页。

对自然——同时也就是对自己本性——越来越多的干预明显地表示：人类的力量是一种摧毁人类(世界)、使人类自身非自然化的力量。但是这个论断的前提是：人类的本质是在世性，而在世性的特征[7]似乎已被技术科学"世界"所摧毁；并且，人类的生物肉体本身也成为技术**干预**的对象；这一前提是一个**临近**的可能性。所谓"时代的变更"正体现在这种紧迫性中。只有从这种紧迫性出发，我们才能再一次提问："**人是什么？**""**如果在世性即是技术性、技术的力量和行为，那么人类世界又是什么？**"而且我们**最终**要问："作为人类的力量——**有力量的人类**——的**技术是什么**？"

4. 技术的问题就是干预的问题：无度和尺度、天体秩序和灾乱

利弗斯的论述和米歇尔·德基的一篇间接地回应利弗斯的文章[8]，都从不同的角度提出了干预这个根本性的，而且是西方世界特有的问题。干预问题之所以出现在西方世界，是因为这个世界来自一种和诡辩论对立(并存)的哲学传统。它指责诡辩论把逻各斯器具化，因而篡改了逻各斯的真理性本质，使之成为对大众观念强加干预的力量的工具。这一指责是和人们试图面对天地间的无度筑立一个尺度的悲剧性意向分不开的，在与天体的本质关系中，这种论点总是作为**定理**而出现，它把一切存在当作固定不变的存在者，并因此而推出诸如存在与变化的关系、感觉和理智的对立等问题。这种哲学立场至今仍然主宰着

7 这就是说世界的基本形式：是否可以在不触及亲缘关系、身体本身，以及距离所需要的清晰的临界点等因素的条件下，改变世界的基本形式，并由此展示出一个不变的基础？

8 关于天体秩序和人类天体化的问题，米歇尔·德基撰文评论了《世界报》上一篇关于"空间艺术"的文章，见《思辨的时代》第六号，Gallimard，1985年版，第189—190页。

当代哲学言论，它试图在技术科学的理性范围内来分析技术-人类学的发展。在这种哲学传统中形成的关于技术的特定理解支配着几乎所有的话语领域（哲学、人类学、科学、专家政治、媒体政治、艺术等），这种理解建立在诸如**目的和手段、主体和对象、自然和文化**等对立范畴之上，并且只有在此类范畴的对立中才有意义。

勒鲁瓦-古兰的人类学——**只能作为技术学成立的人类学**——从根本上动摇了这种对立范畴系列，并有废除这些范畴的可能。以往的历史学理性企图用这类范畴来把握技术实在，现在它们的过时是同人类的天体化分不开的（所谓的天体化就是干预问题，如果说《手势和语言》第一卷主要考察了人性的技术学**根源**，那么第二卷则同样从技术学的角度预示了人性的**终结**）。这些**历史**范畴的过时（我们将在第二卷中详细讨论过时的问题），是人类天体化付出的代价，它构成"时代变迁"的深层意义。**变化**的因素就是如今被作为体系、趋势、具体化或构架等理解的技术。变化引起混乱。混乱并不一定指灾难，而是指**迷失方向**。天体是向导。迷失方向就是失去向导。而向导只能体现为**自身的差异**（与众不同）、上帝、纲常、解脱末日，一句话，是首脑的混乱。差异在技术潜在的无限性中消失。人类受到自身力量的威胁，而且通过这种对自身本性的威胁，人类也威胁大自然本身。这是对"自然之本性的威胁，对存在的威胁"。

人类是否应当以人类中心论——它一直受到哲学理性（起初针对诡辩论）的批判——的名义抵制技术，也就是说，抵制人类自身的力量？所谓**人类中心论即是：不仅断定人类有其"本性"**，而且断定人类的"本性"或**人类本身面临着毁灭的危险**。从哲学上说，我们不能无条件地接受这个假设。人类是否构成生命变化的**尽头、目标**、目的或终结？或者说，自达尔文以后，人类是否发现了其他起源？人类中心论中真正需要批驳的，并非所谓的"人类尺度"这个已经被废除的观点，而是把人类作为自然的目的——或者完成、终结——的**目的论**观点。

然而还有另一个问题：人类在消亡的同时是否应当毁灭自然？人类中心论反对变化、注重**存在**有何道理？存在的问题是否应当从人类变化（维护存在）的问题出发来思考？甚或相反，这个问题是否应当作为自然和维护自然——**尤其**包含了维护人类的本性——的问题来思考？

和人类中心论相对应，"技术中心论"是否也会对自然构成威胁？尤其是否会对人类本性构成威胁？不过这个问题在此退居第二位，人类不必再以人类中心论的名义来抵制技术。技术中心论是指：技术为"自己"发展，它的发展以自己为目的，技术完全自立、自为法则，它甚至因此而为万物立法。这种发展一直被人们视为无度本身，即是异化的外力，它使作为自由存在的人丧失"自由"，在排除未来或变化因素的同时，终止时间。但是，技术中心论**同样**而且**仍然**属于人类中心论的一个变种类，因为它的实质就是要掌握并占有自然。

这里所说的自然首先是指人类的自然（本性）。西蒙栋把人作为技术机制的操作者，那么在技术成体系的、实现的具体化的过程中，我们同样看到了技术取消（或更换）操作者的可能性。探讨人类的本性首先意味着探讨人类的起源。这实际上正是人类学所要做的工作。但是我们在此要对这个问题本身的形式提出疑问。我们不再像人类学那样假设人类有一个固定的本性（或起源）。比如列维-施特劳斯就曾提出：人类学的任务在于解决一个"不变性的问题"，它以"现代的形式提出了一个古老的疑问，即人类本质的普遍性"[9]。我们之所以对勒鲁瓦-古兰感兴趣，恰恰因为他把人类学当作技术学来研究，这是一个例外。

5. 技术学

技术学的第一个定义是：关于技术的学问。技术是指什么？通常

9 克劳德·列维-施特劳斯：《结构人类学》，Plon，1978年版，第2卷，第35页。

地说，技术是指当今人类生活中和工具、器具，甚至仅仅是和机器有关的一个狭窄的特殊领域（门富尔德就是从机器开始思考整个器具性问题的）。

但是技术首先是指一种才能。什么东西不属于才能的范围呢？礼貌、风度、烹饪等都是一种才能。不过在最后所举的烹饪才能中，涉及一种生产行为，即使物质材料转换，从“原材料”转化为“第二材料”或“成品”。正因为如此，人们才更容易把烹饪归于技术的一种，比如柏拉图在《高尔吉亚斯篇》中就作此归类。它是一种生产才能，赋予物质一种新的形式。这是一种手工模式，工匠是制造或生产的操作者（动力因），由此便有四因论，传统的技术概念由此而来。

舞蹈生产表演。高雅的风度不也是一种表演吗？舞蹈是一种技术。正如高雅的风度一样，舞蹈并不一定是为他人“生产”（好比社交或商业演出），舞蹈和其他技术一样，完全可以仅仅为了满足“动力因”本身的爱好。修辞学和诗歌同样是技术。一切语言都蕴藏着诗意或修辞艺术。语言作为一种才能难道不也是一种技术，并可以被买卖交易吗？说话需要才能，尽管它不属于说话者的“专业”，它也是一种生产，即生产语句。语句和一切技术产品一样，可以被用于（或不用于）买卖。可见给技术领域划定界线是很难的。

人类的一切行为都含有和技术有关的因素，所以从某种程度上说，人类行为即是技术。但是尽管如此，在人类所有的行为中，“技术”却被单独地区分出来。它通常指一些不能被所有的人掌握的才能。由此便产生了工匠技术、医生技术、建筑师技术、工程师技术、哲学家技术、艺术家技术、修辞家技术等。技术是一项特殊的才能，它并不是个人本能所必不可少的。我们试图在这一部分中指出，这种对技术的理解是不充分的、狭隘的和片面的。然而正是这种差异（专业化）使得技术在种族环境中构成自己特殊的环境，并逐渐脱离了区域的界限。

所以，技术学是一种描述和解释特殊技术、技艺和职业等特殊方法的学问。它或者只涉及某些特定的方法和技术，或者涉及成体系的技术整体，在后一种情况下，技术学就是关于技术体系进化的学问。

可是目前人们又常常以**技术学**一词来泛指和传统的前科学的技术相对立的、自身包含科学的技术。随着作为“实用科学”的技术而产生的是工程师集团。从这个流行的技术学意思派生出技术科学的概念，它是指技术和科学互为依存、理性服从于实用——在哈贝马斯看来，资本的实用性就是“理性相对于一个目的的行为”。这是对哲学最初认识论模式的倒置或破坏。在认识论模式中，理论——即科学的本质——的定义就是独立于实用的、人类中心论的目的性。而技术科学是否服务于人或技术本身呢？究竟是否实用性在支配着具体化过程？长期以来，技术一直被作为进步的同义语。假如技术不再必然地被视为一种进步，或者更确切地说，假如进步的意义不再必然地符合人类的利益[10]（这是促使各类抵制技术发展反应的深层情绪），我们是否还可以断言技术科学使理论服从实用的目的性（实用当然是指对人类有用）？

照此说，技术将是它自己的目的。许多学者在作出这个假设后，都认为技术的自我目的化，从本体论的角度看，会给存在者或“应当存在者”带来既可怕又可恶的可能性。但是，这类分析仍然把方法和目的相对立，因而仍然自缚于**已不能用来说明**什么是技术的范畴之中。既然技术**能够**自我目的化，这就意味着目的和方法的对立范畴对它已是鞭长莫及了。

6. 人类学

关于当代技术的占主导地位的认识仍然陷于承自形而上学的对立性原则，因而也就必然受到人类中心论和技术中心论这一错误的两难

10 参阅里奥达尔《非人》，Galilée，1988年版。

命题的制约，并简单地将人和技术**对立**。

如果我们现在要提出人类之本性的问题，并且，假设一个实体的本性、本质或原则取决于它的起源，那么我们就要对人类的起源提出疑问，而且我们还没有逃脱怀疑这个问题本身之可能性的危险。

然而，在对人类的可能性、人类的起源或人类的一种起源之可能性提出疑问时，不能忘记对一般意义上的起源的可能性提出疑问。讨论人类的起源实际上就是在自觉或不自觉地讨论一般意义的起源——即**存在之物**、存在者的原则、存在者的起源。起源问题就是探讨原则，探讨最原始的因素，探讨自始至终而且永远为存在者建立在它的存在之上的东西。起源问题就是存在问题。如果这里探讨的是人类的存在——决定人之所以在、它的“本性”或它的“自然”的起源，那么就必须懂得在人身上区分两种因素：一种是人的**本质**存在，是人之为人而**始终具有**的、**一成不变**的因素；另一种是人的**偶然性**存在。一句话，把人的本质定义和偶然定义区分开。同样还必须认清关于人类之**变化**的问题所要遵循的依据。假如我们能够确立人的本质就是技术的观点，那么，在此就已经可以预感到上述对任何实在都必不可少的区分，以及使这些区分成为可能的**本体论**，有可能在“我们自己的存在者”面前碰得粉碎。

起源的问题——包括人类起源的问题——不能用简单的历史学模式研究：关键并不在于寻找最初的存在痕迹。我们永远找不到最初的存在者的原则片段或痕迹。如果说最初的思想家们——研究起源的思想家——如此推断（万物之初是存在者的一部分：水、气等），这并不是因为他们对此做了历史的研究，这个推断从理性的原则出发，而理性即是自身的原则：存在的原则就是推理的原则，唯有理性的原则才能识别不同年代的一切痕迹。这类推断不仅神秘，而且和形而上学一样古老。说它神秘，是因为它通常从**沉沦**着手来探讨起源问题。从柏拉图到卢梭乃至卢梭之后都是如此。如果“沉沦论”是指：沉入物质世界，那么这同时也就是指（而且主要是指）：沉入技术世界。诚然，柏拉图没有这样直截了当地一语道破，但是卢梭却明了得多了。沉沦的存在从起源开始就掉进偶然性之中，偶然性**低于天体**，它属于变化、遮蔽、掩盖，是对存在的遗忘：沉沦是一种**遗忘**。沉沦的是**灵魂**。灵魂有其自身的运动原则，即自我原则——而我们将在亚里士多德的《物理学》中看到，技术从根本上说不具备自身的运动原则。灵魂也具有意识：起初，在我们这个世界的源头、在变化世界的开端，灵魂从永恒的、天体世界的位置，沉入了现在这个世界。这是向肉体、情欲、个别利益的沉沦：沉入感觉这个唯一存在着真伪冲突的领域。柏拉图的哲学理论建立在感觉和理智的对立之上，也就是在天体世界和凡尘世界的对立之上。换言之，**本质的人**或灵魂的本质即是认识，而**技术**的本质是无知，即自我运动的绝对丧失。显然，对于这样一种思想而言，技术的自我运动只能是一种幻觉。但是对于我们来说，这样明晰的理性，无论是直接的（通过一般观点）还是间接的（通过哲学讨论），都是不存在的。

这种论述的雏形和初始阶段（灵魂来源说）出自苏格拉底向美诺讲述的佩尔赛福涅[11]神话，它的完成（灵魂的沉沦）——就柏拉图的观点而言——见于《斐德罗斯篇》。《美诺篇》是关于起源问题的最早的哲学陈述，而且它第一次肯定了先验知识的绝对必要性。什么是善？苏格拉底告诉美诺，这个问题是无法用事例来回答的。我们不可能把善的定义**建立**在经验之上。经验只为我们提供了不同的事例，但是任何事例都不可能包含所有事例同一的规则；只有在道出善的本质，即在真

11　佩尔赛福涅（Perséphone）是古希腊神话中谷物神得墨忒耳（Déméter）的女儿，冥王哈得斯（Hadés）的妻子。传说佩尔赛福涅在采花时，脚下的土地突然开裂，哈得斯把她强抢回地狱成亲。得墨忒耳失去女儿后悲痛万分，致使大地谷物枯死。最后宙斯出面，决定佩尔赛福涅每年有一半的时间走出地狱和母亲一起生活，另一半时间则要在地底陪伴哈得斯。柏拉图用佩尔赛福涅的神话形象来阐述灵魂和肉体的关系，以及灵魂对“前生”的记忆。——译注

正回答了**什么是**善这个问题之后，我们才可能陈述多样性的事例的同一性，揭示使所有事例从道理上而不是从事实上成为善之事例的**理性**，从而把握多样性中的普遍性。然而这种普遍性和本质性并不**就其本来面目**呈现于经验的多样性之中，它不现成地体现在经验之中，因为经验总是多种多样的。这并不排除事例可以帮助我们找到本质。但是启发性的原则不在事例之中。实际上，苏格拉底不过是借助这个问题来提出"**什么是存在**"的问题。什么是关于存在的认识？什么是真的论述？对这些问题的回答致使柏拉图讲述了开形而上学之先河的佩尔赛福涅神话。

这个神话反驳了美诺对苏格拉底关于本质问题论述提出的诘难。美诺认为：假如你不依靠经验，假如这个依靠对于本质的探讨在原则上是不可能成立的，"那么，苏格拉底，你将怎样着手寻找一个你自己根本不认识的东西？在所有你不认识的事物中，你觉得应当找哪一样呢？甚至可以假设，你由于机缘巧合碰上了你要找的东西，可是由于你从来不认识它，你又怎么知道这就是你寻找的对象呢？"

苏格拉底重述了这个诘难以便澄清其重要性，并回答道：美诺，在你看来，"一个人既不可能寻找他知道的东西，也不可能寻找他不知道的东西。一方面，他所知之物，无须寻找，因为他已经知道了；另一方面，他不知之物，他根本不知道要找什么（因为不知其为何物）"[12]。

这个在哲学史上占有重要地位的诘难提出了关于本质——起源、事物之所以**开始存在**的原则——的反思的困难。其意义是巨大的：如果说真理可以获得——即在对话中获得，那么我们什么也学不到，没有任何新的内容，我们关于存在无话可说。如果关于真理的言论不是简单的事例堆砌，而是把事例汇集在**揭示它们共同的起源**的同一性中，这样的言论只能是一种圈套。如果哲学对美诺的诘难无言以答，这将是

12　参阅《柏拉图全集》，Pléiade，1950年版。

诡辩论的彻底胜利。

试图回答这个诘难，这本身就是哲学史一切思想，尤其是现代思想的动力：笛卡尔、康德、黑格尔、胡塞尔、尼采、海德格尔等，无一不探讨这个问题。现代哲学，从康德开始，把这个诘难命名为先验性问题。

苏格拉底的回答是：由于这个问题是绝对的，它从**道理**上说先于一切问题，并决定了提问题本身的可能性，因此它是一个**极限问题或根本性的问题**，它只能通过“向极限的过渡”被接受。苏格拉底通过一种独特的论述来实现这个过渡，这就是引用当时祭司和诗人们流传的佩尔赛福涅神话。

“灵魂是不死的。有时它会消失，这时就是我们所说的死亡。有时它又重新出现。灵魂永远不会灭亡。正因为如此，所以应当尽量净化自己的生命[……]。

“灵魂不死，它经历许多次生命，见识了现世和地狱的一切，因而它无所不知。既然如此，灵魂可以在类似善等问题上回忆起它以前认识的东西也就不足为奇了。既然一切都在自然中，灵魂认识一切，那么灵魂在唤起对某一事物的记忆——即人们所说的学习——的同时不可避免地要在自身之中寻找其他一切知识，条件是勇于探索、孜孜不倦。探索和学习不是别的，就是回忆。所以不能听从你（指美诺——译者）的诡辩，它培养人的惰性，只有懒汉才喜欢听。而我的方法则相反，它使人振奋，激励人们去探索。正因为我对这种方法充满信心，所以我愿意和你一起来探索善的问题。”[13]

由此可见，存在着一种**根本性的知识**，没有它，一切知识都是不可能的，康德在二十三个世纪之后，又用另一种方式重复了这个观点。这是灵魂在沉沦之前就获得的知识，《斐德罗斯篇》进而指出：灵魂沉入肉体就如同掉进了自己的坟墓（真正的生命在肉体之外），沉沦使它一

13 参阅《柏拉图全集》。

下子把一切都忘了。没有这种最初被遗忘的原始的知识，没有对存在的知识的根本性发现或再发现，任何知识都无从谈起。古希腊称这种原始的知识为理念（mathésis——学习之本），康德称之为**先验的综合判断**。先验的综合判断是原始的认识，它决定了其他一切知识的获取。就这个原始的知识而言，真知是一种回忆（柏拉图）：所有的认识都是一种回忆。在康德那里，它是一种先验的知识：不仅先于经验，而且废除经验。它不以经验性为依据，因为先验性恰恰是一切经验之可能性的条件和基础：事件只能是事件，它们不是被制造就是被构造，所以它们只能通过超越事件之外的阐释的可能性而显现出来。正如在柏拉图的理论中，不死的灵魂**先于**沉沦的知识，**先于**经验的知识是**先验**的。苏格拉底在讲解神话之蕴意时，已经列举了一个数学的例子，即在天象观测中回忆理念知识。

如此定义的理念显示了它的原始性特征和思维的独特性，正因为如此，思维必须自身具备其运动的原则（原型archè）。由于它是自己的起源——自身包含了最初的原型，思维的灵魂不从外界获得任何东西，它在自身之中找回一切，它是一种自我运动，这恰恰是技术物体不具备的。

西蒙栋是否也向我们陈述了类似的观点？当然不是。如果超前确实是运动的必要条件，它却不是充分条件，运动的真正现实是不同因素间的组合。这就是说，自我运动是**不存在**的，运动只能在异质事物之间产生。

但是在柏拉图那里，回忆——它在《美诺篇》中尚带神话答疑的色彩，在《斐德罗斯篇》之后则成为哲学教条——不能在灵魂不死论之外找到其他“解释”。所谓不死是指：灵魂属于纯粹存在的世界、理智的世界、天体的世界，它是不变的。**死亡**属于偶然性、遗忘和变化：情欲、苦难等都不属于自身的原则。通向存在的道路只能是通向一成不变的、神圣的存在的道路。存在不为变化而**牵动**，存在不**沉入**人为和随机的物质世界，这个世界是谬误、腐败和实际的世界，一句话，是非存在。

7. 从《美诺篇》到《斐德罗斯篇》直至卢梭："形而上学"

所有关于起源的陈述都带有神话的色彩，因为它涉及存在。陈述绝对的存在，也就是承受永远不可能正面回答的美诺诘难。起源只能来自变化，起源问题不可能在纯粹的存在世界中提出来。然而，要在变化中把握存在——即把握始终自我一致的、本质的同一性，就必须停滞于极限而不是超越极限。这就是卢梭在探讨原始的人——自然的、**先于**一切变化限定的人——时所遇到的困难。这也是我们在此提出的问题所遇到的困难：人和技术。人始于何处终于何处？技术始于何处终于何处？

在柏拉图的《美诺篇》中，回忆尚带有神话答疑的色彩，它是一个奥秘、一个画面。奥秘的画面必须被作为奥秘来接受，并在奥秘中作一个**区分**；在此之后，神话变成了哲学的教条，它不再是须经确证的极限，而是和沉沦相**对立**的关于起源的一种**图解**。在《斐德罗斯篇》中，关于灵魂的神话进而转换为一种"形而上学"，理智和感觉的对立成为**现实**，存在现实地和变化相**对立**，灵魂和肉体的对立从此成为一切哲学论述的基石——并由此产生了自然与文化、人和技术的对立。在《斐德罗斯篇》中，技术问题同样被作为文字问题提出。形而上学就意味着：在极限面前退步，否认美诺诘难，哲学在自己提出的问题的无限性面前，以教条的形式为自己提供方便。卢梭《论人类不平等的起源》就属于这个传统。根据这个传统，人类的起源就是因沉沦而脱离起源，这就是起源的矛盾；在这个传统中，美诺诘难最终总是在这样一个神话的对立上显得异常尖锐：即纯洁和沉沦——以前和以后——的对立，而这个对立的分界点总是被淡化了。这个传统代表了哲学关于技术的陈述的典范，它借助一种虚构或神话，讲述纯粹自然的人怎样被沉沦、文化、技术和社会化的人取代。根据列维-施特劳斯的观点，这个哲学传统是现代**科学**人类学的基础。它处于两种知识或两种知识结构的交界点，人类学的作用就是将两者区别开。

先有起源，然后有沉沦、遗忘和遗失。但是**区分**起源和沉沦——**也就是说区分起源和沉沦的起源**——是十分困难的。这一点在卢梭那里尤其如此。无论如何，必须作一个区分：这是征服怀疑论的代价。这个区分是其他一切区分的依靠。问题却在于弄清楚：是以简单的差别形式还是以对立的形式来建立这个区分？并且，不对立的区分是否可能？我们是否能够想象一种非对立性的差异？我们将要指出：**相关差异**这个概念怎样避免使差异对立，把差异作为一个运动的统一体，使自身建立在运动之上，它的意义就是变为其他。

我们已经提出了人的本质问题。这同时也就是人的起源的问题。这是卢梭提出的问题。但是自然的问题显然先决于人类起源的问题。柏拉图将自然的问题混同于存在的问题。但是它并不等同于人的问题。柏拉图对人的问题不感兴趣：只要还没有澄清什么是存在（变化）的问题，人的问题就无从谈起。正因为如此，所以要抛弃普罗塔戈拉斯的人类中心论。人类学不是古希腊的传统。而且起先也不属于哲学。古希腊的思想是逻辑的（辩证的），也就是说是本体论（一语道破真理的对话即是一语道破存在的对话）。哲学就是要回答**先验**的问题（即使是经验主义——如休谟哲学——也要回答先验的问题）。[14]而人类学不是

14　显然，我们不是指休谟哲学从本质上说属于先验论。然而从通过经验的概念来探索原则的角度来说，他的理论是哲学性的，其目的在于实现一种构造，正是从这个意义上，胡塞尔可以自诩为休谟一派。休谟哲学中的主体“发明并有信仰，它在经验要素中自我构造，这种自我构造的方法即是对经验要素本身进行综合，使之成为一个体系。[……]在这样的问题中，我们看到了经验论的绝对本质。就哲学的一般意义而言，我们可以说休谟哲学一直在寻找一种分析的方法，以便实行对意识结构的考察（或批判），并（转下页）

先验论。(诡辩论)人类学的问题——以及它所带来的科学人类学的问题——废除了先验问题本身,但这并不意味着它摆脱了先验论。

无论休谟、卢梭还是康德,他们的理论都包含了哲学人类学的成分,但这并不是科学意义上的人类学,或者说"人文科学",因为他们的哲学人类学**来源**于形而上学,它接受了形而上学的影响,实际上就是先验性问题的**发展**,或者用更切合经验论哲学的术语说,是反思问题的发展。新兴的、作为人文科学的人类学则相反,它把先验性的问题悬置一旁。它首先是一种描述的科学,即可以对人类本质的问题作"解释性"的、经验演绎描述。这是关于人是什么或一切人的"不变"的因素的**解释**。

但是,所谓"人文"科学代表的启发性人类学中心论不久就遇到了自己的对立面,以致产生中心位移:

"在知识的领域中,一旦人构成一种积极的因素,那么反思(先验)认识或者说自我思维的思想所享有的古老的特权就不能不消失了。事实上,对于一种要遍观人的全貌的客观思维来说,它不可避免地会遇到那些恰恰不能被反思或意识容纳的因素:模糊的机制、无形象的确定性、一切人们直接或间接地称为无意识的阴影。"[15]

(接上页)证实经验整体。这是一种首先和批判哲学对立的方法。如果我们从一种在方法上回归到本质的确定性的观点出发,提问:经验要素是怎样产生的?事物怎样才能给主体提供经验?主体又怎样获得一个事实?这些问题实际上就属于先验的批判。在此,批判的要求也就是建造逻辑的要求,它在先验的综合判断中找到自己的范型。相反,经验批判关于主体提出的问题是:主体怎样在经验要素中构造自我?这种提问的观点是纯粹内在的,在这个观点之下,一种在可确定的假设中建立自己的规则并在物质世界中获得自己模式的描述是完全可能的。先验批判的构造具有对等的地位。在经验批判中,经验要素不再是主体的要素,主体在经验要素中自我构造。休谟的贡献就在于把这个问题赤裸裸地提了出来,并使它和先验论、心理学相分离"(吉尔·德罗兹:《经验主义和主体性》,第92页)。由此看来,休谟哲学是第一个非诡辩论的人类学。

15 米歇尔·福柯:《词与物》,Gallimard,1960年版,第337页。

现代思想完成了**人的发明**，这项发明使思想本身进入需要新的批判思想来唤醒的“人类学沉睡”：

“人类学似乎构造了一种从康德至今一直支配并主导哲学思想的基础理论。这个基础理论是本质性的，因为它已成为我们的历史的组成部分；但是它正在我们眼前分化，因为我们开始从中认识到，并以批判的方式揭示出，它已经遗忘了开放性——这个使它自身成为可能的条件［批判的哲学和终结的发现］，同时也已成为顽固地抵抗新一代思想的障碍。对于所有仍然想谈论人、人的统治和人的解放的人，对于所有仍然想从本质上思考人是什么的问题的人，对于所有想从人着手来把握真理的人，对于所有相反把一切认识都归于人的真理本身的人，对于所有不想离开人类学来探讨人的问题的人，对于所有不想在非神秘化之外探讨神话的人，对于所有不愿摆脱人类思维来思考的人，对于所有这些幼稚可笑的思想，我们只能报之以哲学的冷笑，从某种程度上说就是报之以沉默。”[16]

上述尼采式的论调揭露了人类学反对变化的逆流。如果说先验论反对的是以变化万能的借口推行诡辩主义怀疑论的思想（诡辩论的伎俩就是：以变化为理由来否认存在本身，从而否认关于存在的论述；通过这样的逻辑，否认事件和道理、真理和观点等区别）；如果我们在上述引文中发现福柯在**维护变化**的同时仍然运用**先验论**，是因为福柯所反对的与其说是批判哲学，不如说是一种将存在和变化对立的先验论思想，这种思想的基础就是形而上学和诡辩论**共有**的人类中心论，人文科学乏味的实证论便由此产生。对于尼采来说，不能仅仅提问人是**谁**，而且要问“谁**超越人**”。“满腹忧虑的人们如今担心：怎样保存人？而查拉图斯特拉则问：怎样超越人？”“人是一种只能自我超越的存在。”[17]

16　《词与物》，第351页。

17　尼采：《查拉图斯特拉如是说》，Gallimard，1958年版，第323页。

“不要以为超人[……]是人的升级[……]。超人是通过一种新的感觉方法来定义：不同于人的另一种主体，不同于人的类型的另一种类型。这是一种新的思维方式。”[18]

《人性，太人性》一书以同样的口吻把矛头直指卢梭哲学：

“哲学家们有一个通病，即他们从现有的人性出发，以为可以通过关于人的分析达到自己的目的。他们在无意中大致把‘人’视作永恒的真理，作为一切纷繁漩涡中不变的实在，作为万物可靠的尺度。然而哲学家们关于人的一切论断只不过是在一个极有限的时间范围内对人的见证。缺乏历史意识，这是所有哲学家的原罪；许多人甚至把人类的最新特征作为起步的固定基点，比如由一定的宗教影响，甚或政治事件造成的人类的某些特征。他们不愿意理解人是一种变化的结果，而且人的认识能力也是变化的结果；相反，他们中间的某些人恰恰使整个世界取决于这个认识能力。然而，人类进化的一切本质发生在时间的前夜，即远远超出我们所了解的大致四千年的历史；人在这最后四千年中显然没有什么大的变化。但是哲学家们却从现代人身上来管窥人类的‘本性’，断定这些本性是人类永恒不变的现实，他们甚至以此为认识一般性世界的敲门砖[卢梭]；整个目的论都建立在这样一个基础之上：人们把最近四千年的人作为永恒不变的人来考察，世间万物都自然而然地始终以此为准绳。但是，一切都来自变化；既没有永恒的现实，也没有绝对的真理。从今往后，历史哲学是我们必不可少的，它教给我们谦虚的美德。”[19]

8. 卢梭和人类学

卢梭成了关注的目标，因为他是人类学之父，尤其是他第一次把人

18　德罗兹：《尼采和哲学》，PUF，1962年版，第187—188页。

19　尼采：《哲学家的原罪》，《人性，太人性》，第2卷，第28—29页。

是什么的问题引进哲学问题的领域，也就是把它作为先验的问题提出。根据列维–施特劳斯的观点，卢梭同样也是科学人类学之父。卢梭处于哲学人类学问题和科学人类学理论的连接点：

“卢梭不仅是对乡村生活深具洞察力的观察家、游记书籍的热心读者和关于异族风俗与宗教信仰的见多识广的分析家，而且我们可以毫无疑虑地说，这个当时尚未形成的民族学，卢梭早在它产生的一个世纪之前，就已有构思、酝酿和论述，使它进入当时已经构成的自然和人文科学的行列。”[20]

列维–施特劳斯继而引用了《论人类不平等的起源》中的第十条注释。在这个注释中，卢梭对当时的冒险家们大加赞扬：他们在遍访了欧洲在启蒙时期刚刚发现（根据航海记述）的各种民族之后，尤其是在发现了最野蛮的民族之后，“记述了他们耳闻目睹的自然、伦理和政治的历史，我们因而在他们的笔下看到了一个新世界的出现，并借以认识我们自己的世界”[21]。

卢梭在此提出的正是民族学的原则：通过不同人种间的差异、人性的各种文化形式来把握不变的人性。这确实也是值得钦佩的：在非我中，通过对非我的认识来认识自我，通过趋向非我的运动来回答该书首页就引用的一句千古名言：“自己认识自己。”列维–施特劳斯进而补充道：

“卢梭不仅仅预见了民族学，而且为其奠定了基础。首先，他非常实际地在《论人类不平等的起源》一书中提出了**自然和文化的关系问题**，在这部著作中，我们可以看到一般民族学的最初论述；其次，他异常简要地把民族学特有的对象同伦理学和历史学的对象区别开：‘当我们

20　列维–施特劳斯：《让–雅克 · 卢梭，人文科学的奠基者》，《结构人类学》，第2卷，第44页。

21　卢梭：《论人类不平等的起源》，Seuil，1971年版，第257页。

要研究具体的人时，必须观察自己周围的人；但是为了研究人类，就必须学会把眼光放得远一些；必须首先观察各种差异，以便发掘它们的属性。'（《论语言的起源》第八章）"[22]

无论怎样，即使卢梭"奠定了人文科学的基础"，他的人类学本身并不属于人文科学：它是一种先验人类学。表面上看，卢梭提出的问题的确是列维-施特劳斯和人类学家们提出的问题：**人是什么？**或：**人类的本质是什么？**但是如果撇开表面现象，这个问题在卢梭看来是不能用事实来回答的。因为，探讨事实——当然指人类事实——实际上就是**从文化和历史的角度出发**来探讨**先于**文化历史的本质。所以就必须依靠先验的方法。卢梭"悬置"（或试图悬置）历史的命题（尼采以为这是一个失败的尝试）。他要求从得自"还原"的先验的"明晰性"出发而不是从事实出发来定义人的本质。"还原"出来的不是**我思**，而是**感觉**、**我感觉**，或者是**痛苦**，这就是卢梭的成就。

9. 平等、力量和差异

"我觉得最有用而又最落后的人类认识就是关于人的认识。"[23]这就是《论人类不平等的起源》一书的开卷语。"如果我们不从认识人本身、人类的共性开始"，"怎么能够认识人类不平等的起源"？怎么能够认识人与人之间产生差异、分化和变化的因素呢？一方面是存在和起源，另一方面是时间以及脱离起源的沉沦："人怎样才能透过时间和事实在它原本的构造中造成的变化，从而最终看到自己的自然状态呢？"人怎样才能"把自身的本质或本性从环境和进化在人的原始状态上加入的诸如文化、实际性、技术等因素中分离出来"？"人类灵魂［……］的外

22 列维-施特劳斯：《让-雅克·卢梭，人文科学的奠基者》，第47页。

23 《论人类不平等的起源》，第208页。

表已变得面目全非了。”最初是一个完整而纯粹的起源，随之而来的是变质、腐败、混杂和沉沦，这就是卢梭首先要明确的观点。人类的本质不在变化中。人具有或应当具有先于变化的人类本质。人类灵魂已变得“面目全非”，造成这个现象的原因就是隐藏在社会和文化名义背后的技术：进化使人不断地远离自己的根源。[24]这个论断提出了我们关于人类认识——先验认识——的有效性问题。

“我们积累的新认识越多，就越是远离获得最重要的认识的方法；[……]从某种意义上说，关于人的研究使我们陷入无法认识人的困境。”[25]

这个观点远远超出了对进化的批判，它是对理性的批判。

应当到时间和变化之中、到“人类构造的相继变化之中去寻找使人与人之间产生区别和差异的第一根源”。如果进化从根本上说是一种**退化**，是因为差异并不标志着力量（道德、勇气）或多样性所具有的奇妙而巨大的能量，而是代表了弱肉强食规律的不平等性。弱肉强食规律以及它所必然带来的差异并非原始性的。自然本身是平等的：**万物**原本没有差异。自然不遵循弱肉强食规律，这就是《论人类不平等的起源》的论点。不要忘记，在此，哲学意义上的最高信念就是否认原始的差异，并由此明确在沉沦**之后**产生的权利和事实（或重新命名为自然和文化）之间的差异。这种反对差异性的论述本身又经历了差异化，从而也成为一种**赞同**差异的论述。起初是没有差异的，而是有一种原始的平等：必须在**沉沦之后**确立起源和非起源之间的根本性差异，这就需要在我们自身中唤醒、再现、复活那无差异的起源。问题就在于“在人类现在的本质中分辨原始性的因素和人为性的因素”（建立这种差异的可能性仍然来自无差异的起源——它依然和我们交流）。

24　“人种的一切进化都使之远离最原始的状态。”——卢梭

25　《论人类不平等的起源》，第208页。

这不是“轻而易举的”。“分辨”是指什么？原始性是否和人为性对立？或者只是一种先验的区分而不是对立？答案是复杂的，问题本身也十分“混乱”。无论怎样，原始性的东西应当存在，而且必须说出它是什么：非人性的东西是存在的，并非一切都可允许，历史就来自必须给予揭露的丑恶。在怎样一种同非原始的关系中，这种“纯粹性”可以被称为起源？原始性是否只需要和人为性相对立？或者是否应当**默认**这种对立？

10. 起源的不确实性、自然之声（“分辨”的含义）以及加勒比人的回忆

卢梭把区别和对立细致地区分开来，有些思想只涉及区别，而有些区别则**仅仅作为对立**才有意义。区别是建立在各种不同而又不相互排斥的因素的前提之下的，同样，一个**原始性的状态**在它自身的**变换**中持续；对立则是不同因素间的**排斥**：要么就是原始状态，要么就是失去原始状态的变换。在这个问题上卢梭是很谨慎的，或者是很狡猾的：他要求从人的现有本质出发，把原始性的因素从人为性的因素中区分出来，“并认清那个已经不存在的状态，**这个状态或许从未存在过，也许永远不会存在，但是它对于我们建立正确的观念、给我们现在的状态作出公正的判断是必不可少的**”[26]。即使起源是不确实的，即使人类的本性是一个**虚构**（“它可能从未存在过”），但是这是一个**必不可少**的虚构。言语遇到了自己的极限，就需要一种“特殊”的论述方式：尽管原始性和人为性从未在事实上区分过，尽管这种区分甚至从未存在过，为了在人的本性问题中将二者区分，就不得不借助虚构，编造一个故事（在古希腊是借助神话）。卢梭虽然不生活在古希腊时代，他的方法却同苏格拉

26 《论人类不平等的起源》，第210页，黑体字系作者表示强调。

底回答美诺诘难的方法不无相似之处。他首先编述一个区别，并由此将权利从事实中——从事实的力量或力量的事实中——拯救出来。然而虚构不也是一种人为化吗？人为方式成了将自然本性和人为性区分开的必由之路。那么人为化是否会引起新的混乱、掩盖其他事实？它是否也会抹杀权利、歪曲真理呢？虚构是必须的，因为"对人的研究使我们陷入无法认识人的境地"，而且有些东西已无可挽回地丧失了：在此，沉沦仍然是对起源的遗忘。本质（起源）由于不能在事实（沉沦）中寻找，就必须借助对自然之声的倾听，即先验的回忆。分辨就是在倾听自然中回忆。

在强调这种区别的困难的同时，卢梭借助于一个区别的实验性实践："为了达到对自然人的认识，哪些是必要的经验？在一个社会的内部，实现这些经验的方法是什么？"但是，实验的结果只能后验地、间接地完善由另一条先验而直接的途径获得的结论：原始的平等，这就是自然的权利；然而自然的规律，正因为它是自然的，所以必须"由自然之声直接"传送。自然之物直接地呈现在原始的明晰性之中。问题在于起源、原则等最古老的东西，用布朗肖的话说就是那些"古老得可怕的东西"。为了进入这个原始的直接性，我们的向导、光标——或者，我们**后验**提出的回归问题中唯一返溯起源的**可能性**——就是原始的明晰性，自我呈现，也即内在的、保持在自我判断形式中的东西，而非外在的、被文化和社会的偏见改装的东西。丧失这个光标将会导致灾乱。然而我们面临着这样一种矛盾现象：尽管最初的原则或"自然之声"和我们直接对话，我们却无法本能地唤起对它的回忆，直接的东西并非直接地在我们手下，我们只能对它作**后验**的领会。

如果说自然规律是直接呈现的，它的基础不能是哲学通过烦琐的——如果不是诡辩的——"形而上学"建立其原则的人为化和烦琐的推理，那么，丧失这种直接的自然之声的可能性也是同样直接的：我们处于沉沦和遗忘中，回忆是我们唯一的依靠。倾听自然之声成了问题。然而自然规律之所以自然，就在于我们每一个人都必须对它作直接的、根本性的倾听和理解，而无须依靠离奇烦琐的推理。自然之声必然先于理性、先于（哲学、形而上学以及所有人为的）推理。每一个人——无论有没有文化——都理应听到自然之声。但是一个人越是有文化，就越是难听到它，因为他的文化掩盖了自然规律的自然性（“理性的不断进展扼杀了自然”）。所以，文化人必须借助回忆（撇开科学书本，因为它们“只能教我们认识人自己塑造的模样”）。最根本的东西也是最熟悉的、最亲近的东西，因而它们在文化中成为最遥远、最隐蔽的东西。这是一个通常的结构：最简单的东西是最不易被察觉的。亚里士多德在《论灵魂》中这样论述鱼类：“水栖动物无法感觉到一个湿润物体和另一个湿润物体的接触”[27]，对它们来说，**一切**接触、一切存在**都是湿的**。它们能感到湿，也就是说湿是它们唯一感觉不到的现象。同样，柏拉图在《蒂迈欧篇》中指出：假如世界是用黄金造成，黄金就成了我们唯一无法认识的东西，因为我们无以与之对立，无以与之**对比**，也就没有任何概念；但是，黄金却将是我们唯一可以从**真理**意义上把握的东西，因为只有黄金**才是**真理，它是一切事物的真理，或者说是存在本身。

直接是无以**对比**的，在这个意义上也就是**不确实**的，因为我们通常只有在区别和对比中来确认某个事物，所以直接是最难倾听的，甚至严格地说，它无声无息，它直接被各种间接的——可对比和确实的——物体所覆盖。但是，我们又确实必须听到直接，根据同样的道理，鱼类生活在水中，这使鱼类不知道水是什么，然而却只有鱼类才会在水中生活。

越是自然的东西就越是被深深地埋藏在“古老得可怕”的事物之中：为了回忆，找回沉沦**之前**的明晰性，就必须**忘掉**理性。所以，**与其说**

27　亚里士多德：《论灵魂》，423A。

我思故我在，**不如说**我感觉、受苦故我在。

在“**无须加入社会性原则**”的条件下，自我保存和怜悯是先于理性的原则，这些原则在自然之声中鸣响和组合，它们成为“一切自然权利的规则的根源”。理性在自身的不断发展过程中，一方面扼杀、遗忘、离弃自然，并使其间接化，另一方面“**又把自然的规则建立在新的基础之上**”。人类的本性既非理性也非社会性。**原始**的人既不是理性或会说话的动物，也不是政治或社会化的动物。尽管从某种意义上说，原始的人是一种虚构，尽管这个虚构带有神秘性，尽管原始的人的形象已被永远地失去和遗忘，尽管我们只能对这种形象做非描述性的表示，然而，这个虚构的形象却是我们最切近和固有的，它是我们的本质的、真实的形象，因而是**强制性**的。这种只能在虚构中才能描述的本质的原始纯洁性和我们的传统完全对立，所以必须批驳哲学为了认识自然权利而加入的间接和烦琐的推理：将人“政治化”、“理性化”、“社会化”和“语言化”的哲学传统对应着一种人化的明晰性。启蒙时代发现的野蛮人既没有理性也没有社会。加勒比人就是这种神秘形象的真实写照。显然，这个考证也是成问题的，因为卢梭拒绝将自己的论述建立在现实的事实之上。但是加勒比人并不是一个简单的事实，卢梭并没有把这个现象作为一个简单的例证：他从中得到启示，加勒比人提供了追忆和促成的素材。虽然原始的形象已经败坏，但是加勒比人却在不直接呈现它的同时对它提出了设想。由此我们可以理解列维-施特劳斯对这种论证方法的沉迷：在西方内部，人们第一次不仅提出，而且指责我们自己的“种族中心主义”。

11. 思维先于创造

在《论人类不平等的起源》中，卢梭在论述起源问题之前，首先在引论的第二部分中解释了为什么需要虚构起源的原因。

在引论中，卢梭首先批判了以往哲学家们在描述自然状态时加入的“来自社会现象的观念”：这个批判后来又被尼采用来批判卢梭自己。尼采指出，卢梭自以为与哲学传统背道而驰，其实他看不到时间、历史、变化的意义，所以犯了同样的错误。

卢梭是这样论述的：“我们之中的大多数人甚至没有想过怀疑自然状态曾经存在。然而所有的经典都明确地指出：第一个直接从上帝那里获得智慧和法律的人并没有经过这个状态，而且基督教哲学家们在对摩西经典赋予信仰的同时，否认人——甚至是在大洪水之前的人——曾经处在**纯粹**的自然状态之中，除非人类由于不同寻常的遭遇而落入这种状态：这是一个难以辩护，而且完全不可能证实的悖论。”[28]

正因为人类纯粹的本质是不可能的和自相矛盾的，所以它只能借助于虚构和人为的描述。卢梭所寻求的人类绝对平等的起源先于第一个真实的人。“首先要撇开一切事实，因为它们和我们探讨的问题无关”，所以不能对我们有所帮助。我们所关心的不是历史纪事。但是我们又不处于**单纯**的虚构之中，因为指导这种虚构陈述的是一种明晰性。这种明晰性先于一切事实：先验性。它甚至超越宗教信仰的领域，同时又是宗教信仰所要求的：原罪说承认沉沦前的**瞬间**，然而沉沦又和人的产生一样原始，[29]上帝安排下这样一个“瞬间”和“之后”之谜（“上帝自己在创造了人类之后即刻又把人从自然状态中取出来”）。但是宗教并不禁止我们设想：假如上帝没有“在创造了人类之后即刻又把人类从自然状态中取出来”，那么这种自然状态会是，或应该是个什么样子。我们曾经佩服卢梭的审慎，现在则要佩服他的胆识了。纯粹的自然，本

---

28 《论人类不平等的起源》，第212页。

29 “宗教强迫我们相信：由于上帝自己在创造了人类之后即刻又把人类从自然状态中取出来，所以人类是不平等的，这是上帝的意愿。但是，假如人类从一开始就被上帝抛弃，它又会变成什么样子呢？关于这个问题，宗教并没有禁止我们仅仅根据人的本性和它周围的存在而作出臆测。”《论人类不平等的起源》。

质的人**先于创造**。脱离纯粹自然的沉沦就是创造。他的胆识仍然忠于宗教和原罪说的精神实质：沉沦的过程和向不平等的灾乱的谪贬只能用上帝的意愿所引起的意外事故——天命——来解释；正如《论语言的起源》一书一样，上帝执掌沉浮的手指引人间的四季变化和方言差异。接下来要讨论的问题是：创造**之前**存在过什么？

12. 脚和手

人的本性成了这样一个基点：创造必须经过它，但是不停留在它之上，因为创造本身已经是沉沦，上帝为了使人间有不平等，因而没有丢下人类不顾。这个极限是无法从正面思考的。所以，卢梭可以不受当时比较解剖学发展不足的限制。他在卷首就提醒人们：

"比较解剖学的发展还非常有限[……]，以致我们不可能在此基础上建立可靠的推理。[……]我假定[人的]形体历来就和我们今天一样，双脚行走，双手做事。"[30]

尼采曾经指出："整个目的论都建立在这样一种基础之上：人们把最近四千年的人作为永恒不变的人来考察，世间万物都自然而然地始终以此为准绳。"这个被尼采批判的基础恰恰是卢梭需要的，就好像他有意给尼采的批判留下话柄。卢梭的一切论据的前提是人的一成不变性（自然之声），存在不等同于变化。这也正是尼采批驳的观点。我们将在分析古生物学关于四百万年前的人类的研究时，把这个问题重新提出来讨论。[31]卢梭假定原始（虚构）的人"和我们一样：双脚行走，两手做事"；但是他是否能够把这个假设贯彻到底——或者更确切地说，

30 《论人类不平等的起源》，第212—213页。

31 关于人的问题的矛盾性构造，参阅莫里斯·布朗肖《需要的时刻》，以及罗歇·拉波尔特在《古老，可怕的古老》一文中的有关评论，第36—37页，Fata Morgana，1987年版。

他是否意识到这个假设的后果？我们将会看到，“**双脚行走**”带来了一系列和技术密切相关的变化。卢梭当然可以决定无视事实，但是他却不能和事实完全矛盾。确认人用双脚行走也就是确认双脚所包含的一切后果。人起始于脚，勒鲁瓦-古兰曾指出：人起始于脚而不是大脑。然而直立行走的含义和结果恰恰是同卢梭关于人之起源的讲述——人从一开始就“双脚行走，两手做事”——不相容的。因为**两手做事**——即变爪为手——就意味着操作，而被手操作的就是工具或器具。手之为手就在于它打开了技艺、人为、技术之门。脚之为脚——行走、运动——就在于：它在承受全身重量的同时，不仅使手得到解放、实行手的使命、获得操作的可能性，而且建立了手和面部的新型关系，这个关系即是勒鲁瓦-古兰所说的手势和语言的关系。关于原始人“双脚行走，两手做事”的假定是同卢梭论述的下文相矛盾的：他在开始讲述虚构时，力图为人剥去“一切在漫长的发展中获得的人为化的功能”，这样的原始人之所以有根本性，是因为它没有被人化的、间接的、技术化的、**代具**式的因素感染：

“一旦为这个存在剥去一切它在漫长的发展中获得的超自然的禀性和人为的功能，一句话，一旦还其出于自然之手的本来面目[自然有手以便创造]，呈现在我眼前的是一种不如其他动物强壮、灵活，但从整体上又是最会合理安排生存的动物：它在橡树下充饥，就近用溪水解渴，在自己饱餐的树下就寝；就这样，它的一切需要得到了满足。”[32]

13. 一切上到手头

原始人几乎是不动的：它在橡树下充饥，又在“同一棵树下就寝”，它不用走动，不穿越空间，不寻求占有空间，更不寻求占有越来越大的

32 《论人类不平等的起源》，第213页。

空间；它不动的原因无非是它没有真正的冲动，它没有激情：它具有自然、生存的需求，为了满足这些需求，它可以拾取伸手可得的自然果实。这双手只用来拾取而不操作，因而，这个器官的功能不是制造，而是拿取。

“**从未遭斧钺之摧**的自然沃土和无边的原始森林的每一寸土地都为所有种类的动物提供了取食和栖身的场所。人散居于动物之中，观察和模仿各类动物的技能，因而培养了动物的本能；然而人的优势在于：每一种动物都有自身特有的本能，人由于没有任何属于自己的本能，所以它化一切为己所有。”[33]

对于这个一切都举手可得的原始人来说，自然之声和原始的果实一样直接地呈现在它面前，它除了自我保存和怜悯的本能以外，一无所知。非自然化将是自我的外化，即自我的**依附性变异**，是从原始的、真实的自我向实际的、技术的和无生气的人为自我的异化。这些异化的因素，构成了对象的社会性世界和差异性世界的中介性。与对象的差异也就是和主体的差异，因为从此以后，自我只能根据自己的对象（它所具有的对象）来定义自己，所以它不再是自我。真实向实际的异化，也即向手下之物的异化——关于手下之物的问题，我们将有机会重新讨论，讨论此在之手。一切都上到手头的原始人实际上什么也没有：这个人是大全，集一切于己身，无所不有，因而这双“一切上到手头”的手实际上并不是手，因为它们不操作、不劳动。这种人没有欲望，它不需要使自己寻求快乐的要求服从自然的原则，这一点卢梭是清楚的。[34]纯粹自然的人没有激情，它也不会被依附性所固有的**纵欲**、破裂和差异所侵蚀，所以它不向自然加入任何非自然的东西，它仅仅模仿动物。它孤

33　《论人类不平等的起源》，黑体字系作者表示强调。

34　卢梭在《论人类不平等的起源》中写道：“每个人劳动的目的就是为了能够休息。”第521页。

独地生活在自己栖息的树下；纯粹自然的人是分散的，所以**群体**不是原始性的。

14. 集一切于自身

“模仿动物”是人类超出动物的优势，它化一切动物的本能为己有，却“没有任何属于自己的本能”。在普罗米修斯(《普罗塔戈拉斯篇》)的神话中，人仅仅因为一个遗忘才诞生，这就是爱比米修斯的遗忘：他在分配“属性”时，忘记了给人留一个属性，以致人赤身裸体，一无所有，所以人缺乏存在，或者说，尚未开始存在。它的存在条件就是以代具或器具来补救这个原始的缺陷。卢梭正是要指出：原始的缺陷和代具性是不存在的；人并不是因为没有爪牙才用石块来代替；即使人使用的石块也不是雕凿制造的产物，因为它们现成在手，不需要任何间接的过程。自然人没有代具，所以很强壮——这是人类最强壮的时期，文明使人变得虚弱：

“人生来就要适应各种恶劣的环境和严酷的气候，要竭尽全力地干活，而且要**赤手空拳**地和凶禽猛兽搏斗以保护自己的生命和食物，所以这样的人具有**强壮**的，或**几乎无懈可击**的体格。后代不仅继承了先辈的优越体格结构，而且通过同样的劳动强化自己的体格，所以这样的人具有人类最健康的活力。”

对于原始的人来说，教育没有新的内容，甚至根本没有教育，因为那是不必要的：一切都一成不变地重复，这种同一性保证了同一体的不断**强化**，即保证人类的最佳状态。**最佳状态**存在于人类的起源，沉沦即是**退化**，由衰败而引起的解体、病变。自然对原始人的后代“就像斯巴达城邦法典对斯巴达的后代一样，它使体格优良的人身强体壮，灭绝其他不良因素”，但是这并不是弱肉强食的原则：自然通过这种方法来确保所有人之间的绝对平等，排除差异。这个时期的人**还不处于**社会之中，邪恶、弱肉强食、社会规范和非自然的原则都是随着社会化的产生而出现的。在社会化的条件下，“国家在把后代的负担交给父亲[也就是使后代依附于父亲]的同时，实际上就是在出世之前扼杀后代”[35]。原始的人处于最佳状态，所以无须代具。原始人的身体“是它唯一认识的器具，它的身体被用于各种如今由于缺乏使用而已经丧失的功能。**我们的工业不得不为我们提供的，恰恰是被工业剥夺的人类固有的力量和灵敏**”。换言之，技术在剥夺了我们原有的力量的同时，把我们引向衰落。在此，**力量**和**技术**、智慧、**理性**格格不入；理性即技术，技术即理性。早在一七五四年，所谓“技术科学”已被卢梭认定必将使人类变得**脆弱**。假如“原始人具有斧头，他的手还能折断粗枝吗”？斧头、弹弓、梯子、马具等人为的东西都已经具有机器、自动器具的意义：它们已经包含了技术的一切命运，即**代替**孤独的人的自然、原始的力量。它们构成一种人的虚幻的力量，这个力量超出现成在手的范围，不能被随意调动，而且是间接的，它需要准备、转运、整合并将人封闭于其中。文明的人类依赖随时可以不属于自己的机器，相反，野蛮时期的特点在于“**人不断地支配一切力量**，它总是可以应付一切现象，这就是说，**人集一切于自身**”。

代具不是不平等的起源。纯粹自然的人就是大全，它集一切于自身，它的身体是“它唯一认识的器具”，所以它不缺乏任何东西，任何外在的差异化或（内在化的）“外在”差异都不能引起它的蜕变：原始人不依靠外在世界。必须明确地指出这一点，因为卢梭明白：**一旦不再集一切于自身，哪怕只失去一丝一毫，那么它的存在就会发生差异、区分和不平等，即开始沉沦**。一切都在内部，起源是内在的。沉沦就是外化。这也就是勒鲁瓦-古兰用以定义人类化过程的外化的中心命题：人就是技术，也即是时间。我们在下面同样会看到，如果把这个命题贯彻到

35　《论人类不平等的起源》，第213页。

底，它也是自相矛盾的。

“集一切于自身”的、“大全”的人不需要外化，不用表达，因而没有语言，语言已经是一种代具。一切外化于自我的现象都会造成人类的非自然化。这些把我们置于自身之外的“痛苦是我们自己的产物，[……]如果我们保持了自然教给我们的简单的、单一的和孤独的生活方式，我们就有可能避免这些痛苦”[36]。

15. 第二起源

人为什么不再听从自然的教导？自然是平衡的，原始人处于和自然与动物的和谐之中。这种对自然平衡的信任使“黑人和野蛮人尽管只有简单的弓箭之类的武器，在林中遇见猛兽而不惊惧，[……]**人们从未听说过这些人被猛兽吞食的事件**”[37]。这就是加勒比人具有启发性意义的例子。他们**几乎**是赤身裸体的。而且**只有**弓箭之类的武器。显然，问题就在于“几乎”和“只有”这两个限定：它们表示了什么样的附加条件？它们代表着怎样的区别？尽管是“几乎”和“只有”，但是这些条件**已足够**表明一种创造，尽管这种创造还非常接近起源。这种临近同时也就是距离。这两个限定代表着怎样一种偏离？这种偏离是怎样发生的？

在加勒比人还非常接近的原始的平衡中，人类自身的缺陷和文明、技术无关，它们是非常自然、和谐的，并不在本质上危害人类，它们属于自然状态，如幼年、衰老和死亡。由于这些缺陷不影响总体的和谐，所以**几乎**是不存在的。**死亡本身**——卢梭虚构的关键时刻——也几乎是**不存在的**。原始人在油尽灯枯时（比说死亡更确切），“人们并不察觉他

36 《论人类不平等的起源》，第216页。

37 同上。

们已经不在人间，**而且他们自己也几乎察觉不到**”。但是，在此，“几乎”这个限定似乎触及了起源本身。卢梭在这个论断之后，展开了一连串经典性的关于医学的论述，在此，医学通常被作为人化自然的样板。正如在柏拉图学说中，文字被当作一种补充退化了的记忆的手段，其功效只能使记忆进一步退化，在卢梭看来，医学的真正结果只能是医药造成的无法控制的、恶性副作用。所以，文明的历史和疾病的历史是相通的，遗忘就是历史理性的疾病。“我**几乎**敢断言，**反思是反自然的，沉思的人是一种反常的动物**。”一旦知道野人“除了创伤和衰老之外几乎没有任何其他疾病，人们就很容易相信，人类疾病的历史本来应当自然地依循市民社会的历史来探究”。又是一个“几乎”。

加勒比人不需要那些比所要医治的疾病或创伤更恶劣的药方。处于自然状态的人的“唯一医生就是时间”。“药方”感染了整个原始的力量，使它变得残缺不全、腐败和枯竭。[38]

自然状态和起源之后产生的是偶然事件，它就像人类的第二起源，使人类远离原始性的东西，这就是各种药方、代具、毒品的起源——简言之，第一起源。第二起源属于外在的偶然，它不属于人的本性，它由外部而来发生在人身上，并使人丧失自然的本性。不能盲目追随种族中心论，以为“原始人很痛苦，也不要以为赤身裸体、风餐露宿、缺少那些在我们看来是必不可少的东西，是原始人自我保护的障碍。[……]第一个穿衣住房的人对这些并不**十分需要**，因为他以前一直都不需要。正因为他生来如此，所以他没有理由不继续这样生活”[39]。

不十分需要，但并不是不需要。代具的出现几乎是偶然和非本质的，但并不是绝对无用。类似“不十分”“几乎”的限定永远不能被完全

38　“[……]社会化的人变得脆弱、胆小和顺从；他们懒散、脆弱的生活方式最终也软化了他们的力量和意志。”《论人类不平等的起源》。

39　《论人类不平等的起源》，第217页。

取消,即使在虚构中也不可缺少。这类限定似乎假定:沉沦状态历来如此。沉沦起始于人对自己原有的赤身裸体状态的不满,尽管这个状态并不是一个缺陷,相反却是力量本身的象征。第一个在自然的某个偶然事件的迫使下,情不自禁地求助于貌似强大的代具的人,把自己引向沉沦的迷途。这正是我们要纠正的过失;我们必须要医治的恰恰是这类药方本身带来的疾病。第一个沉沦的人由于受"自然的某个偶然事件的迫使",所以他并没有过失:这同"集一切于自身"的原始人的论断是相矛盾的。如果它在自身需要之外一无所求,就不会沉沦。由此,卢梭进入一个新的分析层次,并揭开了关于起源虚构的新篇章。

16. 偏离的内部:可能性

"到此为止,我仅仅探讨了物理意义上的人;让我们再从形而上学和伦理学的角度,对人进行考察。"[40] 为此,我们必须在人性和动物性之间作一个区分——尽管这个区分显得很明白和习以为常,但它是艰难的。"我在一切动物身上看到的就是一架巧妙的机器,大自然孕育了这些机器,以便它们自我保存和在一定程度上防范一切对自己有害的因素",这种机器自我调节,专门防卫自己被销毁,它受**自我保存的本能**的支配,这个本能就是自然本身的意志。而人则不同,它是自由的,具有自己的意志:"我在人这架机器中看到同样的东西"——即自我保存,"所不同的是,自然操纵动物的一切行为,而人则因其自由的性质依靠自己"。动物机器接受"本能选择",而人类机器则服从"自由选择;这就是为什么动物即使在对自己有利的情况下,也不会偏离自然的准则,而人则常常做一些对己有害的偏离"。**偏离**的可能性印记在起源本身的内部。纯自然的人没有任何理由去偏离起源。但是它却具有这种可

40 《论人类不平等的起源》,第218页。

能性：若非如此，偶然事件就不会对它起任何作用。要使外在化的偏离发生，就必须有一个先于偏离的内在性存在，并且，这一内在性存在自身必须包含偏离的可能性。“以后”的可能性存在于“以前”，可能性就在这“二者之间”。

自由的优越性就在于对自我保存本能作偏离（的可能性），但这一偏离尚未实现，这是一种**内在**于自我保存本能的偏离。在有关动物性的问题上，这个优越性是否以否定的方式被提出来：对于动物来说，偏离自然准则有可能对自身有利，但是动物却做不到这一点。所以，“鸽子会面对一盆肉饿死，猫会饿死在一堆鲜果或稻谷旁，但是如果它们知道尝试的话，就有可能以自己厌恶的食物来充饥”。这就显示了动物和人相比的弱点：人会模拟动物并获得动物的本能，以便适应各种不同的环境，而且取食自然所提供的一切可食用的东西。这个观点本来应该是我们等待的反命题。然而卢梭却另有所见，他所强调的则相反，偏离使人性沉沦，偏离**一般地**说是有害无益的：“放荡的人总是穷欢极奢以致病亡。因为，精神败坏感觉，当自然沉默时，意志便会发号施令。”人类的自由是从消极的意义上被提出来的，因为这里涉及的是沉沦**之后**的人，而不是自然状态的人。在自然状态中，自由本来应该是一个优势：人可以在找不到肉的情况下用果实充饥，或是以肉代果，或是以谷物代替肉果等。只要人的意愿停留在自我临近的界限之内，也即停留在自我保存必要的**直接**、**真实**的需求之内，自由便是一种有益的可能性。这个状态被自然的一个偶然的偏离打断了。一旦人的这种偏离自然的自然可能性本身偏离了自然平衡的要求，那么，就是**自然自身造成了这种偏离**。偏离的可能性便由此成为一种恶性的偏离。但是，有益的偏离并没有偏离自己的可能性。

这种偏离的可能性只要停留在本质之中，它就相对于原始的平衡被保留、推迟并掌握。一旦它付诸实施，就成为**精神**。“自然主宰一切动物，动物服从这个主宰。人类受到同样的待遇，但是人类却保留接受或抵抗自然主宰的自由。人类灵魂的精神性尤其体现在这种自由意识之中”。自由,这个人类自我**完善**的特征,一旦成为**行动**,便立即转变为一种人类特有的缺陷,“成为一种特有功能”,它借助于一定的场合逐渐发展其他一切功能。

精神是人类的特征、人类的本性、人类的存在和起源,但它却是动摇人类纯粹自然状态的因素:这一连串的推理和本章第三节中考察的“力量的矛盾性”是完全相符的。技术作为人类的力量在成为行动的过程中,摧毁了技术之所以为力量的根本。然而,如果说这个对比是可以成立的,那么,技术作为人类的力量就存在于起源之中,或者说技术就是起源本身——偏离的可能性就是丧失起源的可能性。这个动荡当然不会自己产生,它必须“借助于一定的场合”:**沉沦**。起源之所以为起源就在于它把沉沦作为自身延迟的可能性并与之对立,而沉沦则是起源的实现,是成为现实的起源,或者说,沉沦是起源由可能性向行为的过渡(使它包含的力量现实化)。这个过渡同时也意味着起源的非现实化,意味着起源的消失或遗忘——由此产生的差异抹杀了原始的平等。这里描述的是一种宿命:人类无法逃脱“一定场合”的宿命。精神和人类的可完善性与其说是一种上升的可能性,不如说是一种下跌的可能性,或者说:上升仅仅是为了跌得更重。上升是一种幻觉:变得完善首先就是变得愚蠢:

“为什么人是唯一变得愚蠢的动物?是否因为人由于衰老或别的事故丧失了自身所获得的一切完善性,并因此回到自己的原始状态时,跌得比其他动物更低呢?其他动物由于一无所获,所以也一无所失,它们始终保持着自己的本能。[……]人的可完善性在漫长的岁月中不仅带来了光明,也带来了过失,不仅造就了罪恶,也造就了善,久而久之,它把人变成人自身和自然的暴君。”[41]

---

41 《论人类不平等的起源》,第218页。

作为一种力量，人的可完善性的实现是消极的。它总是不容置疑地已经存在，并和自由同存。不过它仅仅作为一种潜在力量而存在。它之所以**等同于原初性的自由**，就是因为自由是**可完善性的力量，仅仅**作为力量而已。自由**几乎**是完善的，但**仅仅**是**几乎**。自由无论如何不能和**变成行动**的可完善性混为一谈。自由的行为就是丧失自由。起源是无行为。只要可完善性停留于一种力量状态，自由即是原初性，而且，**人几乎是动物**。人与动物的唯一区别就在于人会模仿动物，由于它没有任何固有的本能，所以它天性灵敏莫测，以便化动物的本能为己有："野蛮人在自然那里只获得了一种本能，或者更确切地说，野蛮人**缺乏的固有本能**在其他可以替代的功能中得到补偿，这些功能首先替代本能，继而使人超越本能之上，这样的野蛮人总是**起始于纯动物性**的功能。"[42] 人类的起源，只有动物性。在人和动物之间没有区别。这就是说，在人和动物之间，除了非现实的可能性之外，没有本质的差异。差异一旦产生，人就不复存在，剩下的不过是人的非自然化，也即是动物的非自然化。所以人就是由自己的本质的非自然化引起的人的消亡。人的出现也就是人的消亡，可见，人缺乏一个本质。人来自偶然性，来自对机动性的征服。人即是由本质的缺乏而引发的机动的偶然性。

人模仿动物的本能以补偿自己本能的缺乏，但从不**加入**任何新的成分。这一模拟动物的**自由**（自由的定义即是人所固有的本能的缺乏），只要不变成可完善性，仍然是自然平衡的保证。这样的自由和理性的机智毫无共同之处。尽管卢梭提出人类的机智、灵敏对应着人的原初性的特征和定义的缺乏，然而，怎样解释这一缺乏，或原始的缺陷？怎样解释这个**先于**一切过失，甚至**先于**沉沦这个**过失**的过失？怎样解释这一不是缺乏的缺乏，不是缺陷的缺陷？因为人处在起源之中，处在原始的平衡之中，人几乎什么也不缺，几乎没有缺陷。自然状态中

42 《论人类不平等的起源》，第218页。黑体字系作者表示强调。

的人和后自然状态的人不同，它自身什么也不缺少。

原始的自由是潜在的力量，沉沦是行为，力量向行为的过渡，也就是从自由向理性的过渡。自由是沉沦和失去平衡的可能性在原始人自身内部的印记。理性则是这一可能性的实现（或消亡）。“感知是人和动物共同的第一状态；愿意或不愿意、欲望和恐惧是人类灵魂最先具有的，也几乎是唯一的操作，直至新的环境给人带来新的发展。”

17. 差异就是理性，理性就是死亡，死亡就是死亡的超前

只要野蛮人不进入自由的不平衡状态，只要可完善性停留于潜在的力量而不扰乱自由的原始机制以及人的本性，只要这种潜在的力量不成为现实，即**不成为技术**，人就不会有死亡的感受，也不会去预示死亡：不处于**时间之中**。当可完善性成为行为，人便进入了时间，它不仅仅在时间**之中**，它几乎**就是**时间，就如同在时间以外一样。既然人成为时间，那么所谓“以外”就是指死亡，人固有的死亡，或人自身的死亡、消亡、非自然化。随死亡而来的是理性和激情，二者因死亡而根本地连接在一起（和哲学传统不同，这种理性和激情一样，标志着依赖、丧失自治）。一旦激情取代了需要，或者说，一旦需要失去平衡、因需要过剩而转化为激情，自由就会转化为可完善性。这种转化之所以可能，仅仅是因为理性将我们的视野投向直接在手下的范围之外，发展了我们的超前预示功能，或者更确切地说，理性发展成一种超前功能：

“无论伦理学家怎样说，人类的理智在很大程度上取决于激情，同样，激情也在很大程度上取决于理智，二者共存。理性在行为中得到完善。我们之所以寻求认识，就是因为我们希望得到满足。我们无法想象一个没有欲望和恐惧感的人会自寻烦恼地去推理。反过来说，激情的根源来自我们的需求和认识的进步，因为，对某种事物的欲望或恐

惧，或是来自我们关于该事物的认识，或是来自简单的自然冲动。野蛮人由于没有任何理智之光，所以只能感受自然的激情：它的欲望不会超过它的生物需求；它在自然世界中认识的乐趣只有食物、雌性和休息；它畏惧的苦难无外乎疼痛和饥饿。”[43]

可见，激情被卢梭归属于一种**消极动力**的原则，它是理性完善的基础；而理性完善一般地说是一种破坏性的认识，即关于其他事物的认识，或损害他物的认识。然而，如果说理性的发展需要激情，反之，激情也以理性为前提；在此，理性被作为扩展自然需要、破坏平衡、远离自我的动力。简言之，理性是一种趋向非直接在在手之物的运动。[44]

正因为野蛮人没有理性，所以它唯一惧怕或唯一需要的东西只能属于自然冲动的范围，这个冲动印记在它的平衡机制之中，和激情毫不相干。激情作为对直接在手下状态的超越，是理性的发展，即理性对某种可能性的超前。这个可能性虽然不直接在场，但是它可以构成恐惧或欲望，它**可能**来临。[45]它**起初只体现为一种恐惧的发展**，这不单单是对痛苦的恐惧，而是一种原始人没有的认识：死亡的知识、忧虑、伤感、忧郁、孤僻。如果说原始人和动物共同具有自我保存的本能——或许是它仅有的本能、它和另一条根本性的原则“怜悯”组合，那么这个本能绝不是**死亡**的感受。野蛮人不怕死亡。假如野蛮人恐惧死亡，它就不是“集一切于自身”，自身就不可挽回地发生分裂，即丧失自我，缺乏起源：没有起源和起源有缺陷是一样的。在自然的平衡中，原始人不怕死亡，它只怕疼痛。

43　《论人类不平等的起源》，第219页。

44　这里必须分析和比较远离概念的价值在不同作者笔下的意义，如本杰明（再造中展示价值）、里奥达尔（电报）、维里略等代表着一派，另一派则有海德格尔（Entfernung）、德里达（相关差异和扩散）、德罗兹（非地域化）等。

45　这个结构恰恰是赫西奥德在《工作与时日》中所说的等待，它确定了人同时具有先知和后知的双重性。

原始人怎样才能既自由又服从自我保存的本能？自由是否包含了这样一种目的性：摆脱自我保存本能的现实的可能性？自由如果不是**已经**（而不是**几乎**）被定义为和死亡——即摆脱自我保存本能的可能性——的关系，以及和自然意志的关系，它还能有什么意思呢？在宁死勿失自由的考验中，包含了超前。可能性的本质就是对未来的开放；这种可能性恰恰不应当对卢梭的原始人起作用，因为它意味着外在事物和代具的介入。原始时代的人就这样在“不知不觉”中**消亡**。

“我说是疼痛而不是死亡，因为动物从来不知道什么是死。”[46]原始人**是**动物，所以它不怕死，证据就在于“**动物从来不知道**什么是死”。人享有一种神秘的自由力量，但是它并不偏离平衡状态；它仅仅有接受或发展由**外来**因素造成的不平衡结果的可能性。为了确证这种尚未形成偏离的偏离的可能性，卢梭进一步指出：“关于死亡及其恐惧的认识是人在偏离动物界时获得的第一个知识。”原始人和时间没有任何关系，它也不会想象：

“显而易见，似乎原始人的一切都使它避开放弃自然状态的念头和手段。它没有任何想象的画面，它的内心没有任何愿望。它可怜的需求是**如此轻易地在它手下**，以致它离希望得到更多的需求所必要的知识还差得很远，它既无预示也没有好奇。”

对于原始的野蛮人来说，一切始终如一。它没有关于他物的观念。他物，从本质上说首先就是时间。野蛮人永远不可能有未来，也许正因为如此，所以卢梭必须明确：野蛮人“可能从未存在过”，正如宗教“命令我们相信”的那样。如果说哲学是一种惊奇，这个惊奇使存在者得以从它的存在的本来面目被考察，那么野蛮人从不对任何事物惊奇，因为没有东西能使它惊奇。所以它不是哲学家，也没有必要成为哲学家，更不需要从存在的意义上思考一切存在之物：没有运动，没有变化，存在

46 《论人类不平等的起源》，第219页。

没有被掩盖或遗忘，沉沦尚未发生。一切都是直接的，没有弯路，更没有哲学的弯路。“它的灵魂不受任何干扰，只感受到现实的存在，没有任何未来——哪怕是即刻的未来——的观念。”一个关于最近未来的观念实际上隐含了一个关于最远未来的观念：只要形成了关于未来的观念，就必然涉及整个未来和走出现在的可能性，这种可能性在本质上和无限的**自由**一样，也是**无限**的。原始人的“计划和它的视野一样受到限制，至多一天之遥”。虽然它没有“任何未来的观念”，但是它仍然有计划，具有关于最临近的未来的观念。然而一切关于未来的观念都包含了“整个未来”，这个未来包括一切或虚无，既是全体的可能，也是虚无。由此看来，起源只能是一种“**几乎**”的起源。然而在此，**几乎**是不能接受的，正如卢梭自己举例说明的那样：“**如今**加勒比人的预见水平即如此：他早晨卖了自己的床，晚上又哭着要把床买回，因为他没有预见到晚上还会有用。”[47]这个加勒比人也几乎是在时间之外，然而**仅仅几乎**而已；他**仍然**在时间中。卢梭无法举出一个根本外在于时间的原始人的例子，因为这样一种人是先于创造的。换言之，这种人不存在，但是它却是唯一不会偏离本性、保持自我真正同一的人。断定人的本性不是时间和断定人的本性不是技术是一回事。

18. “跨越一个如此巨大的间隔”

在此我们进入了卢梭故事的关键时刻：死亡和时间；它们在起源中的空白，又作为沉沦而降临；人的出现也就是人的消亡；人的可能性的实现也即是人的非实在化，技术和人的双重问题以及**人类学和技术学的关系**，都表现为**死亡的逻辑**。

一切都发生在偶然事件的降临、原始人转向死亡的那一瞬间。死

47 《论人类不平等的起源》，第219页。黑体字系作者表示强调。

亡学就是这种用来形容和描述向死亡转化的不确实过程的新的人为因素。面对死亡，出现即是消失，临近就是遥远。死亡是最难把握的东西，因为它是最直接的，不可能被放在差异、不平等、嫉妒等范畴中来作比较。

《论人类不平等的起源》第一部分的结尾处讲述的是**一切不属于**原始人的因素，并指出这些因素如果没有天命**支配**，就不可能进入原始人；这些不属于原始人的因素怎样一下子全部降临，如同一种"原因"产生的"结果"一样。如果没有神的介入，任何因素都不能使人进入后自然状态(劳动、语言、社会、爱情、家庭)，神是激发这种第一性和第二性因果链的第一介入者，在这个因果链中，结果作为一种消极的力量，在实现原因的同时，也使之非实在化。技术的一切矛盾性及其一切后果都是神的意志的实现。在起源的底层裂开了一个"巨大的间隔"。偏离就产生在由偶然性带来的后果之中，并产生对死亡的恐惧。对死亡的感受总是不完全的，而且无从证实。必须要描述能够填充这个裂缝的那个偶然事件，或那一系列偶然事件。必须将这个裂口的两极对立。原始人没有死亡的观念，所以它不会超前、不说话、不劳动、不认识世界，也就没有知识。为了**达到**对死亡的观念，进入伴随死亡而来的认识，获得理智之光——首先就是火，一句话，为了进入时间，必须具备一定的场合，没有这种场合，人永远不可能"跨越一个如此巨大的间隔"。人是怎样发现火的？这是一个谜，人们只能借助于类似某种偶然巧合或个别的发现等可能性不大的假设来解答它。就算我们认为这些假设是可靠的，那么，原始人由于没有语言的交流，火的发现只能为自己所用，这个发现很快就会失传。没有语言就没有传播的可能性。"人在获得点火的技术之前，不知多少次失去火种！不知多少次点火的秘密随发明者的死亡一同消失！"[48]

48 《论人类不平等的起源》，第219页。

原始人没有光明，即使有，它也无法传播，因为在原始的人性中，**记忆**是一片空白。这种人既不劳动，也不积累，更不积累知识：这些行为对于它来说都是毫无意义的。即使它想做，也无法办到。因为它不会超前预示。而超前预示对于农业技术来说，是至关重要的。尽管如此，我们可以假定农业工具和农业知识都奇迹般地降临了。那么，一方面，人们必须劳动耕作——这是原始人不需要的，因为它们一切在手边，除非想象一种自然灾害；另一方面，人们还需要一种社会组织来保护自己的劳动果实，也就是说立法，这些法律就会摧毁原始的自然状态。这种自然状态本身就是法——一种解除一切联系的法则，它曾经那么温文尔雅，以至生活其中的人对之深深地眷恋，没有丝毫厌弃的念头：

"散布林间、和动物共处的人类有何进步可言？这种人没有固定的居所，相互也没有任何需求，它们甚至一辈子只碰见一两次，互不相识，互不交谈。对于这样的人又怎能谈得上互相促进和完善呢？"[49]

裂口出现在语言起源的疑难之中：是语言为社会奠基，还是社会为语言开道？二者何者为先？手势只能用来表示有目共睹的有形物体，手势的局限注定要使音节走向语言并建立标记系统："这些标记要求共同的认可，而且对于原始人未经训练的粗陋器官来说，它们是很难使用的。更困难的是构思标记，因为共同认可需要一个动机，而**语言似乎是明确语言之用途所必不可少的**。"[50]

卢梭虚构的语言和社会的划分无非是在无意中指出：由于语言**即是**思想，想说**即是**说，所以，语言**即是**社会制度，社会**即是**语言的制度。必须指出，一切都在沉沦中**瞬即而至**，而且必须**同时**建立万物的前提原则：最初是简单的起源，然后偶然性和起源遭遇，由此引发一系列的实现于前后相关的因果链中的**后果**。但是，随沉沦**同时**瞬即而至的恰恰

49 《论人类不平等的起源》，第220页。

50 同上，第221页。

是这种连续因果链的**不可能性**。

更困难的是在**说之中**包含着一个说的意愿，这使说超越了简单的表达的范畴，说就是呈现本身：原始人只要不通过表达而走出自我就没有任何意愿。然而，如果起源先于沉沦，那么手势就应当先于语言，而且语言本不应该随手势而产生。一切都同时瞬即而至，但是却有一个起源的秩序。在这个可怕的逻辑面前，还是信奉天命干预的假设更可靠："重重的困难实在可畏，而且我深信语言不可能纯粹出自人力，这一点已经十分明显，所以我把这个难题留给那些愿意在此下工夫的人：和语言系统紧密相连的社会或者说在社会中被创造的语言，何者最为必要？"[51]

神的介入及其后果使人和人之间发生关系，并使人脱离了自然状态的完全独立的处境，这个自然状态和弱肉强食是根本不同的：强力只能来自两种力量的对比，而两种力量的对比只能依靠一定的关系，自然状态不具有任何关系。但是，"还存在着另一种霍布斯没有察觉的原则，这就是人类为了自身的存在，本能地厌恶看到自己的同类受苦受难"。怜悯是自然之声，就连动物"有时也有同情的表示"，"这是一条普遍的、对人类有益的善，它**先于**一切反思"。即使那些暴君，也有怜悯之心。

然而，怜悯不就是自我向他人的投射并从他人那里获得情感吗？那么，如果不能在差异中，也就是在他人的差异性中获得自我同一，又怎样能够在他人中自我认同呢？原始的怜悯心与其说是一种变异或差异性，不如说是一种同一性。它属于一种**尚未异化**的同一性，因为它来自起源，在起源中，差异就是同一。这就是说，怜悯是一种尚没有任何关系的原始社会的情感，它先于一切（作为还原他人的同一性的）关系，它不依赖任何关系，是一种没有社会关系的共同体的情感。唯有理

51 《论人类不平等的起源》，第222页。

性才能在区分差异和比较的同时实现同一化，所以理性同时也是区分、差异和不平等。人类以理性为掩护，以便和同类区别开来，并由此将自己的同类当作他类而非自我的同一："理性产生自恋，反思使它强化；理性使人自我封闭；它把人和一切妨碍人的事物区分开，并使人受尽磨难。"[52]推理从本质上说是冷酷的，它使人孤立。然而这是一种有害的孤立，因为它发生在**社会**和**依附**的关系之中，并受这些关系的支配。所以，这种理性的孤立同原始的自给自足的孤立毫无共同之处。有益的孤立是不受个别利益支配的：原始人没有个别利益，它的需求是如此的基本和自然，以至大家都有同样的需求，个别尚不存在。诚然，原始人为了保存自己似乎必然和其他同类发生冲突，也就是自己的利益和其他同类的利益相互对立；由此，原始人有可能破坏全体的同一和需求的平等；显然，曾经存在过一种根本性的自恋，它可以成为一切不平等的开端。然而，这种根本性的自恋恰恰被怜悯心所牵制而得到平衡，被包容在原始的冲动之中。所以，是怜悯心阻碍了个体化的形成，它同自我保存本能一样，**都是根本性的**，二者的组合构成了纯粹原始状态的基本特征。

所以，曾经存在过一个孤立个体组成的原始共同体，在这个共同体中，不存在任何关系。原始人之间不发生关系。怜悯与其说是一种关系，不如说是无关系的保证，因为一切关系都立刻会导致一种力量的对比；怜悯是一切关系纯粹性的同一，它和自我保存本能组合，使自我保存本能超出了个体的范畴，成为种属的本能："怜悯是一种自然的感情，它使每一个个体的自恋变得温和，并辅助形成种属的互相保存本能。"怜悯的本来意义就是平衡法则，或者说就是平衡本身，这一法则先于理性的非平衡现象。"怜悯推动人们不假思索地去解救同类的苦难；在自然状态中，怜悯就是法律、伦理和道德；它的优势就在于：没有人会对

52 《论人类不平等的起源》，第224页。

这样温和的召唤提出反抗。”这种情感，这种温和的召唤，我们至今仍然能够有幸在社会中听见，这就是重建人权的一丝希望：“什么是慷慨、宽容和人性？这些不正是施于弱者、罪人或普通人的怜悯心吗？”在偶然的沉沦之后，怜悯仍然在人类的法则中召唤自然的法则，它作为一种没有激情的激情来平衡冷酷的理性冲动，用原始的热情来温和由冷酷的计算和无情的理性产生的狂热冲动；正是这种无情的理性带来了个别利益的激情和自我理性化的消极孤独。

上升到种属层次的自我保存本能并不是（尤其不是）死亡的意识。诚然，当一个同类临近死亡，并且这个死亡切近地呈现为整个种属的死亡可能性时，人就会产生怜悯心。死亡无疑是一个同类遭受的痛苦的极限，而一切痛苦无非是对死亡的一种缓和的表现而已，所以同类的痛苦必定是对同类的凌辱。因看到同类受苦而引起的一切痛苦的感受都是对本身根本的缺陷和本质性危险的预测和超前，这种自身缺陷和危险的感受就是自我感受的条件和基点。正因为如此，所以当卢梭试图指出怜悯的普遍性时，举了动物**死亡**和**埋葬**的例子：“当一个动物在路过一个同类的尸体前时，不能不感到恐慌；有些动物甚至会埋葬同类的尸体。”[53]这就是怜悯的深层含义。怜悯心驱使人类避免自己的同类受凌辱，所以，一个强壮的野蛮人不会去“抢夺幼儿或老人得之不易的果实”。就这样，纯粹自然状态的人在不知不觉中死去，动物本身也能在（尚未真正成为“其他”的）同类的死亡中感受到死亡（的知识或意识）的痛苦。这种先于一切反思的行为、冲动或本能的反应显然是违背自我保存法则的。然而，怜悯心只能先于死亡意识。死亡意识已经是对怜悯这个原始情感的掩盖，因为，怜悯心是直接的，而死亡意识则是一种超前、间接性、忧虑、对单个或个别化的未来的投射，一句话，是沉沦在时间中的差异化和不平等。在此值得重申的是：原始人不可能预示，

53 《论人类不平等的起源》，第225页。

它停留在现在的状态，既没有记忆和过去，也没有未来。正因为如此，所以原始人甚至没有仇恨：它不受复仇心理的影响，“除非对那种场合的本能反应，就如同狗会咬投向自己的石块一样”。

关于随死亡而产生的差异化现象，卢梭列举了最后一种情况：爱情，显然，它标志着原始感情向个人偏好的败坏。爱情作为个别利益，它的对象不是没有区别的同类，而是“另一个人”。所以，爱情属于一种有意图的个别激情，它由于同时使自己的对立面成为可能，所以有“毁灭人类”的危险。“这种可怕的激情无视任何危险，推翻所有的障碍，它的疯狂似乎要毁灭它本应保存的人类”。在沉沦之后，一切事物都可能导致自己的反面，这种矛盾现象同样会，而且尤其适用于人类的立法领域：法律的职能就是抑制这类可能的颠倒混乱，但是在此，法律本身也逃不出冲击一切补救措施的根本性缺陷的命运：“激情越是强烈，就越是需要法律来抑制：但是[……]同样值得考察的是，这种混乱是否来自法律本身。”至于爱情，它是当伦理的情感代替了生理的冲动之后产生的激情，它最初属于生理的冲动，而且可以在起源中找到自己的本件；然而这种激情已经超出了种属再生殖的本能，并成为一种毁灭性的力量。这种激情是原始人不具备的，或几乎不具备的。这类情感对原始人而言“**几乎**不存在，[……]它只遵循得自自然的性情而不是得自后天的爱好，对于它来说，所有女人都可以满足需求。[……]想象使我们现代人受害匪浅，但是野蛮人的心灵中却没有它的位置；每一个人都静待自然冲动的到来，毫无选择地宣泄，快乐多于热情；一旦需求得到满足，欲望也就随之熄灭”。

由于原始人没有想象、没有未来、没有记忆、没有过去，所以它也几乎没有爱情、没有欲望。欲望有一个固定的对象，而且不会随需求的满足而消失，欲望是对欲望的记忆。

所以一切随死亡意识而降临：死亡本身、劳动、教育、语言、社会、爱情。善于持家的人、匠人、勤劳的人、智人（L’Homo oeconomicus, faber，laborans，sapiens)：逻辑的动物、理性的动物、会说话的动物、政治社会化的动物、有欲望的动物，等等，自柏拉图、亚里士多德直至马克思和弗洛伊德，一切传统哲学用来界定人类范畴的属性都只能来自后自然的偶然性，随着这个偶然的沉沦，人类进入了可悲的死亡意识和忧虑。

原始或自然的不平等是不存在的。自然本身既无爱，也无**爱好**。[54]

19. 再论第二起源

一切来自后自然状态的事物都可以被称作技术，即作为操虑(Besorgen)的超前意识，它存在于构成当即的现在、过去和将来的根本性分裂的偏离之中。这种向人为的时间性或时间的人为性的沉入，向脱离存在并使存在败坏的变化性的沉入，就是人的可完善性由潜在力量向现实行为偶然性的过渡：

"我已经指出：自然状态的人作为潜在的力量获得的**可完善性**、社会道德以及其他能力是**不可能自身发展**的，它们的发展必须依赖许多随机的、可能永远也不会产生的外在动因，如果没有这些动因，人就会永远处于它的原始状态之中。接下来我就要考察和比较各种使人类理性得以完善并因此损害人类的不同的偶然因素。这些因素在使一个人变得可群居的同时又使之变得微不足道，并且最终将人类和世界从一个如此遥远的境界拉到我们现在的环境之中。"[55]

这种**偶然性**证实关于**第二**起源的解释是几乎不可能的，第二起源作为起源的**丧失**最终将成为**起源本身**。换言之，**偶然性**表明关于任何

54 "在没有爱的地方，美有何用？对不说话的人来说，精神有何用？对于没有事务的人，心计有何用？"《论人类不平等的起源》，第227页。

55 《论人类不平等的起源》，第227页。

一种开端的追忆、确认和构思都是不可能的。我们可以在勒鲁瓦-古兰的古生物学的科学性极强的论述中发现同样的困难。在卢梭看来，第二起源只能来自天意的巧合，这一论断不仅被后来的科学研究所动摇，而且一直无法摆脱时间这个“古老得可怕”的问题的困扰。一直根深蒂固地在哲学论述中占主导地位的人类学先验论受到了来自古生物学的根本冲击：“人性可能从来就不存在”，“或许我们已经不属于人类”。这就是勒鲁瓦-古兰在《手势和语言》一书中告诫我们不可忽视的可能性。

卢梭关于起源问题的描述从**反面**向我们揭示：一切人们习以为常地认为是人类之本的东西都直接地、不可避免地和非人本的因素相关联，即“补缺”、代具的使用和人的外在化，在这种非人本的条件下，没有任何东西是直接现成在手的，一切都被间接化、器具化、技术化了，也就是说失去了原始的平衡。这个非人本的过程，导致如今的非人或超人的境地，它把人和一直被当作人之为人的因素剥离（语言、劳动、社会、理性、爱情、欲望及其结果，甚至包括某种死亡意识和时间关系：这最后一点尤其值得我们在下面作专门的讨论）。在这个过程中，人的潜在力量的实在化或“现实化”似乎也就是人的非实在化，人消失在一种**不再属于自己**的变化运动中。从这个角度看，卢梭并没有错，相反，他**几乎**是正确的，他的描述向我们展示了这样一个困难：如果试图在**同一个范畴**中同时思考技术（的“起源”）和人（的“起源”）、技术学和人类学，就必须首先聚合两类不同的观点。如果说时间真的以技术为根本性的背景（也即无起源的背景），那么这里提出的任务就是把存在和时间的关系问题作为**技术学**（技术的逻各斯）的问题来思考。

第三章

谁？什么？人的发明

1. 人的相关差异(différance)

人的发明：这个判断并不令人满意，它的所有格含糊不清，可以派生出两个问题："谁"或"什么"发明？"谁"或"什么"被发明？发明这个动词所对应的**主语**和**宾语**的含糊，实际上体现了发明这个动词本身在这个判断中的模糊。

联系"谁"和"什么"的是发明。表面上看，"谁"和"什么"各自都有特定的含义：人和技术。但是，所有格的模糊迫使我们不得不疑问："谁"是否指技术？"什么"是否指人？或者，我们是否应该摆脱并超越"谁"和"什么"之间的一切差异？

为了深入这个问题的实质，我们必须研究由东非人向新人的过渡，即**人化**的过程。这个大脑皮层的分裂过程和石器随着石制工具技术的漫长进化与演变的过程是一致的。石器技术的进化是如此缓慢——它以"遗传变异"的节奏发展——以至于我们难以想象人是这个技术进化的发明者和操作者。相反，我们可以由此假定人在这个进化中被逐渐发明。

这种作为制造者、构件者——而非设计者——的存在的出现，起始于神经系统的进化过程。但是，一方面，技术已不属于**严格意义**上的动物学现象：即使最古老的技术进化也不受"遗传序列"的控制；另一方面，自新人以降，神经系统的进化过程完全在纯粹技术进化的模式中展开，因为，从遗传学的意义上说，新人以后，人类的大脑皮层的组织已经基本定型。如何理解这第二次分裂？在"起源"的最初两次冲击**之间**，究竟发生了什么？这种现象提出了怎样的**后生成**学的问题？

我们首先要问：**大脑皮层分裂**在坚硬的石器中具有怎样的**投影**？什么**可塑性**使得大脑对应矿物质的**裂变**？石器作为大脑的镜子，它的最初形式是什么？接下来我们还要问：从生命的一般历史角度看，人类大脑皮层进化的完成意味着什么？它是否表明**生命进化**沿着**生命以外的方式继续**？这就是技术史（包括石器史）所要探讨的问题。技术史同时也就是人类史。由此我们将提出"后种系生成"[1]这个奇特的概念。

通过这项研究，我们将探讨东非人向新人过渡所提供的思考**时间性**的可能性，并试图指出，**我们的最根本的问题是关于一切时间关系的技术根源的问题**——这个技术的根本性在我们当代的技术背景中，特别地体现在**速度**现象中。勒鲁瓦-古兰认为，一切制造行为，包括最初

1　épiphylogenèse，后种系生成。其词根是"phylogenèse"。"phylogenèse"来自古希腊的"phulon"（种）和"génése"（生成）两个词的合并，生物学用来表示一个种系的发育生成过程。根据"phylogenèse"的一般性理论模式，一个物种的一切特性，都已经被包含在胚胎（种）之中。物种的生成过程无非就是通过不同阶段的发育，展示物种生来具有的特性。换言之，物种的一切都已经在生成之前由胚胎确定。"épi"在古希腊语中表示"在……之上"或"在……之后"的意思。给"phylogenèse"加上"épi"这个前缀，用来表示和"phylogenèse"相反的理论模式。"épiphylogenèse"的意义在于，一个物种的特性并非从一开始就全部被包含在种之中，而是在后天的生长过程中逐渐形成的。作者用这个概念来解释技术发展的一般性模式，指出技术没有一个最初的、包罗万象的种，如果把技术作为一个"种系"来考察，它的生成过程也就是技术的发展过程，技术的一切特性都来自"后种系"的技术历史本身。作者并将这个概念推广到有关人性的讨论，对卢梭的自然状态的、原始的人性提出了尖锐的批判，认为人的代具性决定了人必然随着技术的发展历史，在自身的发展过程中获得（或发明）自身的属性。——译注

的石器制造在内，都是一种**超前预见**行为，他以此作题，引导出时间的问题。

我们研究的是这样一种过渡：即在我们所说的人类当中过渡。也就是说：如果人类有一个起源，那么我们所要研究的就是人类的“诞生”。为什么要研究人类的“诞生”？首先是因为，自黑格尔以来，哲学不断地探讨人类的终结。[2]即使现在流行的重建黑格尔以前关于人的思想的企图，也摆脱不了关于人类的终结的思想的支配：人们仅仅在回答这个问题，并且没有加入丝毫新的内容。然而，探讨终结就不可能不探讨起源，同样，探讨死亡就是探讨诞生的一面镜子。提出人类诞生的问题，实际上就是提出“死亡的诞生”或人与死亡的关系问题。不过我们将试图探讨的，**与其说**是和终结相关的人类的**诞生**，不如说是人类的**发明**，甚至可以说是人类的构造，人类的**雏形设计**；换言之，在**人类学范围之外**来探讨人类诞生的问题。这样我们就得严肃地对待勒鲁瓦-古兰提出的假设：“或许我们已经不属于人类。”因为，虽然没有任何证据证明我们所说的人今天已经终结，但是，我们无论如何都可以确信，一切事物有始有终的原则。自达尔文以来，我们已经知道，**人**——如果人存在的话——曾经有一个**开端**，尽管我们尚未弄清人是**如何**开端的。也正因为如此，认识**人将如何终结**也是十分困难的。然而，尽管我们无法理解人如何终结，这并不能否认人有始有终的事实，甚至不能否认人已经终结。

从勒鲁瓦-古兰的观点出发所做的分析研究，使我们能够围绕相关差异这个概念同德里达对话，他用这个概念来描述**生命的过程**，人是这个过程的一种**特殊**现象，然而人**仅仅**是一种特殊现象而已。这里涉及的问题，并非要抽去人类生存范畴的一切特征，而是要从**根本上动摇**把人性和动物性区分开的界线。我们在此遇到的困难，至少可以和使

2　德里达：《哲学的边缘》，Minuit，1973年版，第143—144页。

拼音线性文字的特权相对化的困难相比拟，我们将在第二卷中讨论这个问题。在此，我们将用另外一套概念体系来展开同样的逻辑推理：1. 假如由黑格尔和卢梭赋予线性文字的特权属于逻各斯中心论；2. 假如形而上学是逻各斯中心论，或反之，假如逻各斯中心论就是形而上学；3. 假如形而上学就是人本主义，或反之，假如人本主义就是形而上学；4. 那么，人本主义就是逻各斯中心论。赋予**拼音文字**以特权，就是赋予人以特权。无论哲学如何解释，"拼音-逻各斯中心论"实质上就是"人-逻各斯中心论"。把话语和文字相对立，也就是把人和动物、人和技术相对立。但是值得注意的是，文码[3]学"不应当成为一门人文科学，因为它首先把人的名称问题作为自己特有的问题提出"[4]。文码学是怎样提出这个问题的？它对人（或人的同一体）提出疑问，并提出了**相关差异**的概念。这个概念所涉及的，无非就是**生命的历史**。如果说文码学探讨的是拼写现象，并由此探讨人类的名称，那么相关差异的概念的建立是这个探讨所不可缺少的。这个概念直接和勒鲁瓦-古兰的古生物学理论相关，因为，勒鲁瓦-古兰的学说不仅仅以"简单的一般拼写的可能性"来描述"人的同一体或人类的奇遇"，而且它尤其把人类"作为**生命**历史——即我们在此所说的**相关差异历史**——的一个环节，即文码历史的一个环节"。不仅如此，文码学同时还需要借助于程序的概念。

3　Gramme，文码。"gramme"在古希腊语中既表示字母或文字，也表示字符或图案。这里泛指记载记忆的因素，包括石器、字符、符号、文字、工具、遗传基因等。和"trace"相比，"gramme"具有重复性和程序性的特征。"pro-gramme"就是从预示和超前的意义上（也就是从普罗米修斯原则的意义上）对"gramme"的编码、规划、程序化、排序等。从文码的角度探讨语言，就是要把语言还原到语法规则产生之前的状态，用德里达的话说，就是和说话同时形成的拼音符号系统，这是一种和以卢梭为代表的逻各斯中心论完全不同的、探讨语言之起源的方法。德里达称之为"grammatologie"，这里和"gramme"对应，译为"文码学"。——译注

4　德里达：《文码学》，Minuit，1967年版，第124页。

“要从控制论的意义上来理解程序的概念，然而要想使控制论变得明白易懂，就只能从纹迹的各种可能性的历史出发，并把这种历史作为前摄和滞留的双重运动的统一体。这种双重运动远远超出了‘意向意识’的可能性。意向意识使文码以**现有**的面目呈现（呈现在新的非现在性的结构中），并无疑使**狭义的文字体系的产生**成为可能。”

文码不仅确定生物各层次的结构，而且也确定生命在生物之外、以不同于生命的方式延续的结构，文码涉及的范围“从‘遗传基因’直至服从逻各斯和**智人**的拼音文字”。德里达要求以勒鲁瓦-古兰描述的“记忆解放”为出发点来认识文码，“记忆解放”即是“纹迹不断扩大的、并总是已经开始的外化过程，纹迹在从‘本能行为’的基本程序到电子文件和阅读机器的范围内，扩展了相关差异和保存相关差异的可能性”[5]。换言之，勒鲁瓦-古兰的人类学必须放在本质上非人类中心的概念中来思考，它不把人们习以为常的人性和动物性的区分视作现成的论据。德里达的相关差异性思想实际上就是关于生命的一般性历史，即关于文码的一般性历史。他把这个思想建筑在人性和动物性都具有的程序这个概念之上。文码比人类特有的字符更古老，没有文码就没有字符。相关差异的概念体现的对立统一就是要对人和动物、自然和文化之间的对立提出疑问。“意向意识”的可能性的根源比人类更**古老**，它使“文码以**现有形式**”呈现。**接下来的问题就是要确定“文码以现有形式呈现”的条件，以及这个呈现给生命或文码的一般性历史带来的后果。这将是我们要探讨的课题**。文码的历史也就是电子文件和阅读机器的历史：即**技术的历史**——人的发明就是技术。技术发明人，人也发明技术，二者互为主体和客体。技术既是发明者，也是被发明者。这个假设彻底推翻了自柏拉图以来，直至海德格尔，甚至海德格尔以后的关于技术的传统观念。

5 《文码学》，第125—126页。

相关差异就是一般生命的历史，在这个历史中，相关差异产生了一种特定的**形式**或阶段。这个阶段使文码以现有的形式呈现——即意识的形式——成为可能。我们必须划分这个阶段。我们将要讨论的是生命历史的双重断裂：在**一般性的相关差异**受到的两次冲击之间发生的效应，这两次冲击都来自一种**特别的相关差异**。我们就用东非人和新人来命名这两次冲击。在它们之间并通过它们发生的，就是由遗传性向非遗传性的过渡。在此，德里达参考了勒鲁瓦-古兰的两处论述。[6]我们将在本书的第二卷中，从勒鲁瓦-古兰的这些论述中，得出与德里达的观点不同的另一种结论。由遗传性向非遗传性的过渡，就是一种新型的文码/程序的产生。既然我们不能把人类建立在它自身的起源之上，那么就要指出人类从何而来。这就意味着要建立文码和程序的类型学。正如保尔·利科尔所说：文化编码和遗传编码一样，“都属于行为的‘程序’；和遗传编码一样，文化编码给生命提供模式、秩序和方向。所不同的是，文化编码滋生于遗传调节失控的领域，并且只能以对整个编码系统的整顿为代价来延伸它的有效性。一切习惯、风俗以及被黑格尔称为先于反思伦理的道德实体，就是如此取代遗传编码的”[7]。

问题的实质就是探讨这种取代或过渡的极其矛盾的**可能性**：它涉及的是关于一个绝对的过去和一个无从设想的现在的不可思议的难题，恰如利科尔所说：这个问题是一个无底深渊，是一个崩塌。第一个死亡的人，或者说第一个“被认作死亡”的人，就是存在于第一个现在之中的人，他第一次经历了过去、现在和将来的时间性：一个从未曾经是现在的过去产生了一个永远不可能成为过去的现在的现在。我们将在勒鲁瓦-古兰的论述中再次从外在化的矛盾性的形式中遇到这个难题。我们也将看到，古生物学怎样用另一种方式提出时间的问题。相

6　勒鲁瓦-古兰：《手势和语言》，第2卷，第12、13页。

7　保尔·利科尔：《时间和叙述》，Le Seuil，1983年版，第1卷，第93页。

关差异的概念以及相关差异之内断裂的概念就是“设想”这种过渡的尝试。

“相关差异”同时包含“差异”和“延迟”两个方面的意思，即时间的空间化和空间的时间化：

“Différer这个动词包含了两种似乎截然不同的意思。[……]从这层含义上看，拉丁文中的differe并不是古希腊文diapherein一词的简单直译。[……]在古希腊文diapherein所包含的意思中，没有拉丁文différe的两重含义的其中之一：即延迟的动作，计算时间、计算一项操作的力量的复合，它包括经济筹划、迂回、期限迟误、保留、再现等一系列的概念。我把它们集中表现在一个我从未用过、但却是可以进入这一概念系列的范畴，即延迟。从这个意义上说，différe就是延迟，即有意或无意地借助于一个时间上的延期和迂回，以此悬置‘欲望’的满足和实现。[……]这个延迟同样也是时间化和空间化：成为空间的时间和成为时间的空间[……]。différer的另一个意思则要通俗得多，也更容易确定：它是指不相同、其他、可区别等。差异可以指不相同、差别，也可以指分歧、不和，然而不论是对于哪一种含义来说，差异都必须在不停的重复中积极而能动地产生一种间隔、距离，也就是产生空间性的差别。”[8]

所有这一切，首先是指一般意义上的生命：一旦有了生命，就有时间。然而德里达在引用勒鲁瓦-古兰的说法之前这样写道：“**纹迹是这样一种相关差异**，它启开了生命在一般的非生命上的展示和意思，这也就是一切重复的根源。”[9]使生命在非生命上展示，这是否已经经历了断裂？是否已经脱离了纯粹的自然状态？相关差异似乎包含了一个疑点：它涉及的是生命的一般性历史，但是这个历史似乎仅仅从断裂之

8 德里达：《哲学的边缘》，第8页。

9 德里达：《文码学》，第95页。

后才开始，这个断裂虽然不是微不足道，但它至少要比传统的人性与动物性的划分要无足轻重得多。一切问题都在于，一般性的生命的组织作为随断裂的发生而出现的生命的组织，就是死亡：在断裂之后，生命就意味着组织的死亡。相关差异的问题也就是死亡。所谓断裂**之后**就是指**文化**，“它是一种延迟—相异的自然；它是指一切不同于**自然**的因素：技术、法律、社会机构、自由、历史、精神等，这些因素都可以被作为一种延迟的自然和相异的自然。即自然处于相关差异之中”[10]。

自然作为生命已经是相关差异。这里还有一个疑点，一个有待思考的过渡。问题在于认识生命在断裂之后的时间性的特征。当生命印记在非生命之中，生命的空间化、时间化、延迟、差异都通过并依赖非生命而实现，即在死亡中实现。探讨生命的展示的问题，也就是探讨我们称之为“生存”的时间关系的起源，即探讨超前。

海德格尔的此在概念的时间性的基本因素是已经在此。这个“过去”是我没有经历过的，但是它却属于我的过去，没有这一段过去，我就不可能有任何自己的过去。这种继承和传播的结构就是实际性的基础，因为传统总会掩盖只有它才能传播的起源的意思。海德格尔所谓的已经在此的前提就是：以此在为标志的生命现象把生物历史作为自身的发展，并从中形成自己的个性。生命的**后生成**层次并不随生物的死亡而消失，相反，它自我保存和积淀，并遗留在余生和后代中，它既像一份礼物，也像一笔债，或者说是一种命运：并不是几乎为生物决定论意义上的“编码”，而是一种包容了此在之未来的一切存在的**数字**。这种后生成的积淀或对往事的记忆，就是人们所说的过去，也就是我们在此所用的人的后种系发生概念的含义。这个概念是指：人的后生成各阶段的相继和相关、保留、累加和积淀，它因此和**纯粹**的生命概念决裂，因为在**纯粹**的生命中，后生成因素恰恰是不得保留的（“编码不接受任

10 《哲学的边缘》，第18页。

何来自经验的教训”——F. 雅各布)。尽管后生成在纯粹的生命中对构成物种进化的遗传选择不能没有影响(这些问题正如胚胎学所展示的那样,必须放在表型-基因型的关系研究的视角中加以讨论,它们甚至因此而在后生成学中获得新的含义),但是,这些影响恰恰只能通过遗传的方式来传递。后种系生成还包含了这样一层意思:胚胎发育必须重新经过进化过程的所有阶段,重新通过自己借以萌芽的一切错综复杂的分支,同样,后生成也必须被重新经历一遍才能完成,这实际上也就是**理念**的原型(必须对这个比喻持审慎态度,因为胚胎重复概念本身也是一种比喻)。后种系生成思想肯定人类个体的同一性:说话的口音、走路的姿态、动作的力度以及个人世界的独一无二性。这个概念可以成为一门关于反思的考古学的范畴。

这就是海德格尔所说的历史性。我们之所以在提出了作为一般性生命的相关差异的时间性的问题之后来讨论海德格尔,是因为他的思想存在着两种时间的对立。一种是以技术度量的、烦忙的时间,这意味着时间的丧失;另一种是真正的时间,也就是摆脱了烦忙的技术背景的此在自身的时间。然而,如果已经存在的过去只有后生成的积淀的方式存在,那么它的可能性仅仅是因为积淀物所保证的传播**完全**是技术性的:技术性的非生物因**有机物而生成,但是它本身仍然是无机的**,这就是以工具、文字为标志的**纹迹**,我们将它们统称为一般器官。

人的发明这个命题的模糊性的关键就在于将“谁”和“什么”并列,既使二者相连,又使二者相分。这也就是相关差异的本质,这一概念对真—假的划分提出了怀疑。我们将在**作为相关差异的自然(一般性生命)向这种相关差异的相关差异的过渡**中来研究这个问题。相关差异既不是“谁”,也不是“什么”,它是二者的**共同可能性**,是它们之间的相互往返运动,是二者的交合。缺了“什么”,“谁”就不存在,反之亦然。相关差异在“谁”和“什么”之外,并超越二者;它使二者并列,使它们构成一种貌似对立的联体。这种二者之间的过渡是一种投影:大脑皮层在石器岩层中的投影，岩石恰似大脑原初的镜子。这种原初的投影就是“外在化”的矛盾性和非逻辑的开端，它实现于由东非人向新人过渡的几十万年之中，在这个漫长的过程中，石器开始形成，大脑皮层开始自己投影印照，这是反射的原始形式；这个过程就像是一个雕塑的造型，它慢慢地由一块大理石的模糊线条中凸显。在此，问题的矛盾性就在于：我们必须讨论所谓的外在化，然而却不存在一个先于外在的内在，内在本身也**构成**在外在之中。

对于勒鲁瓦-古兰来说，人类化的过程也就是在**解脱**(或流动)运动中实现的断裂，这种断裂的解脱确定了生命的特征。由于这种断裂骤然而至，所以外在化的过程应当从古生物学的角度来考察，由此，人类的出现实际上就是技术的出现。勒鲁瓦-古兰进一步明确指出：技术的出现以语言的出现为标志。**这种外在化过程包含的运动之所以具有矛盾性**，就是因为，在勒鲁瓦-古兰看来，**工具**——即**技术**——**发明了人，而非相反，人发明工具**。换言之：**人在发明工具的同时在技术中自我发明**——自我实现**技术化**的“外在化”。因此，人就是“**发明者**”：**由内向外**的外在化运动是不存在的。尽管如此，这个“外在化”的运动却**发明了内在**，所以内在不可能先于外在而存在。内在和外在都在同一个运动中构成，这个运动同时发明了内在和外在两个方面：二者在同一个运动中相互发明，好像人的形成必须求助于**技术的助产**。内在和外在是同一的，在内也即在外，因为人(内在)本质上是由工具(外在)确定的。但是，这个双重构造同时也是内在和外在的**对立**——或者产生一种连续性的假象。这种假象从何而来？我们将在下一部分中看到，它来自一个根本性的遗忘，即爱比米修斯的过失：后觉和过迟。这一遗忘仅仅在普罗米修斯的超前预见死亡的忧虑中才有意义。这个超前的忧虑是指：以工具为代表的已经在此的实际性对于**来到世界的人**来说就是一个终结：“为死而存在”是普罗米修斯的先觉结构，对这个结构而言，烦忙并不是简单地掩盖本真。这就是时间的问题。

勒鲁瓦-古兰试图通过把东非人的技术**仍然**划归动物学的范畴的方法来化解这个矛盾。然而,东非人已经不再是动物,否则就无外在化可言。正因为如此,在东非人和新人之间,存在着一个中间阶段,一方面,东非人已经成为人;另一方面,新人开始了我们现代人的特征——当然,我们是否仍然具有这种人的特征,这是另一个问题。这种划分动摇了人的同一性。大脑皮层形成于东非人和新人之间,在新人之后,大脑的进化就终结了。也正是在此期间,形成了皮层和岩层、生物和无机物的耦合。这种耦合造就了双重可塑性。矿物固体塑造"精神性"的、非矿物的流体,并由此而塑造自己("精神性"的流体仍然是一种物质,它是物质的一种相关差异的存在形式)。这种耦合的效应仍然是遗传性的,但是它已经开始受后生成法则支配,属于后种系生成的范畴,这就是说,后生成的效应通过石器为**载体**而得以保存。石器是第一次反射的记忆,是大脑的第一面镜子。

在人类化——即大脑皮层形成——的开端,后种系生成的标向是石器,因为它保存了后生成的要素。大脑皮层形成的过程就如同是对这个保存的反射,而这个保存本身已经是对后生成因素的反射。

2. 一切从脚开始

卢梭的哲学人类学从属于经验论和先验论对立的范畴,勒鲁瓦-古兰恰恰是对这一对立提出怀疑。然而他越是将技术的趋势深深地植根于最古远的动物性动力之中,并试图以此来化解从中产生的矛盾,就越是陷进更深的矛盾之中。他的思想还是在作为死亡学或时间性的技术学面前手足无措,所以,这个思想最终无法避免难以解释的或神话般的**第二**起源的格式。

在强调了人类很早就显示出对起源问题的关切之后,勒鲁瓦-古兰在对卢梭的批判中展示了自己的思想实质。假定原始人和我们现在看到的人一样，“双脚行走，两手做事”，所不同的是，原始人赤手空拳、一丝不挂，这是一个十分浅显的看法。这个看法属于“唯脑论”，它假定一切“终结”从起源就已经确定，它无视变化的作用。因此，技术性本身和原始的属性是格格不入的，它只能在沉沦之后降临。自然状态下的人是瞬即形成的，而且一旦形成就没有变化。它先于文化、先于差异化的自然、先于技术，所以它的本质不是历史性的。勒鲁瓦-古兰所要指出的恰恰相反：首先，他在站立的骨骼结构、技术、语言和社会等因素之间建立了本质的联系；其次，他把技术作为一个特殊的动物性现实加以考察。

但是勒鲁瓦-古兰并未解决卢梭理论自身的疑点，这就是起源问题的双重性：既要肯定先验的第一起源，又不得不使之通过第二起源来实现。勒鲁瓦-古兰并没有对这种先验的第一起源的必然性给予批判，他甚至未予论及，这当然不是一个简单的疏忽。他从未正面回答造成这个必然性的疑难，仅对它做了改头换面的重复。尽管如此，他还是为我们能够摆脱人类中心论的圈子、从时间问题的角度来理解技术的动力突破了缺口，并且，我们由此可以通过无机物的有机化得以发展和保存的记忆的角度，来把握时间性的构成问题。在卢梭那里，以直接在手下为标志的第一起源，现在成了一种根本性的远离、能动操作的新形式和外在化的过程，这也就意味着缺乏一个绝对的起源，可确定的开端的可能性本身成了问题。勒鲁瓦-古兰的思想为在人性之外追寻技术的差异化过程——即在生物之外追寻生命——提供了唯一的可能性。从此，变化作为潜在力量的现实化不再属于奇谈怪论，而是完全符合逻辑的。

人类并不是由一个精神的奇迹一下子降临在一个既成的肉体之上而造成的，似乎一种“心智”被嫁接在“动物”之上：人类不是猴子的后代。人类的躯体——哪怕是最原始的躯体——在功能上和猿类躯体根本不同：这是两种在进化系谱中完全不同的分支。心理植根于某种特殊的全身性的生理组织，首先是植根于某种肉体的状态，但也并不仅仅如此。

十八世纪，进化论的观点随林耐的论述而产生，同时多邦同也通过他关于“人和动物的枕骨槽位置”的研究提出了动物进化的连续性的观点。一八〇〇年，福莱尔建立了石器和人的关联的构想。一八五九年，达尔文发表《物种起源》，在这部书中，“人类现象只有在地球整体中才可能理解。在一般人的意识中，达尔文的名字通常和‘人来自猿猴’的说法连在一起”[11]。勒鲁瓦-古兰则要确立与此相反的观点。他同样可以证明猿人的解剖学特征、它的一般生理机构和运动机制都是和人类的特征一致的，比如直立行走、上半身的新的组织结构等，这些特征都直接包含了技术性和社会性形式的逻辑的结果。人是来自一系列形变的一个根本性的心理和生理复合体，这些形变的实质性后果应当从骨骼运动机能的角度来认识，它的进化历程可以追溯到最远古的过去。

一八五六年，尼安德特人头盖骨的发现是“古生物学的决定性的一步。猿人的面目变得更加清晰，它被命名为猿人”。但是，当时的错误就在于“通过尼安德特人把我们现代人和大猩猩、黑猩猩、狒狒、长臂猿这四种最出色的灵长类直接联系在一起”[12]。考古学上决定性的进展是一九五九年发现的东非人化石。“东非人伴有石制工具，它的脑容量很小，并不具有超猿类的硕大头骨。这个事实迫使人们不得不修正人的概念”[13]。因为，这个发现的结果是确认东非人的形成并不起始于大脑，而是起始于脚，所以，在一般运动机能中（不仅包含人类学的意义，而且不可分割地包含了技术学的意义），“大脑的发展从某种意义上说

11 《手势和语言》，第1卷，第17页。

12 同上，第21页。

13 同上，第31页。

是第二性的”。直立的姿态决定了上半身两个极点间的关系的新型机制：手从爬行的功能中解放出来，面部从攫取的功能中解放出来。手必不可免地要制造工具——**可代换的器官**，手中的工具必不可免地要导致面部语言的产生。诚然，大脑在这一层关系中自有其作用，但并不是决定性的作用：它仅仅是整个身体机制中的一个部分，尽管这个机制的进化导致大脑皮层的形成。

直立的姿态是类人猿“面临生存问题形成的诸种方案之一，这个问题就像脊椎动物本身一样古老”。直立的姿态是作为生物进化系列的一种现象出现的，它形成了上半身手和面部的连接，这种连接的基本结果就是“属于手的工具和属于面部的语言构成了同一机制的两个极点”，而这个机制又是由一种特定的大脑组织决定的。我们试将指出，大脑的特殊性存在于它同作为**后种系发生定向**的外在性的唯一的耦合之中，换言之，外在即是内在的“真理”。

3. 领先和落后

如果说古生物学研究导致手释放语言的结论，那么，语言就和技术性、代具性变得不可分离了：语言必须同技术和代具一起探讨，也就是说，把语言作为技术和代具，把它放在技术性和代具性的同一个起源——共同本质——上探讨。

在把关于从猿到人的变化过程的描述记入漫长的动物发展史的同时，勒鲁瓦-古兰指出：各种因素怎样从远古时代起就发生组合以至形成了独一无二的各项功能的整体系统——人。换言之，技术是怎样由骨骼中“渗透”出来的。一个完整的人奇迹般地突如其来是不可能的：技术作为人性的各种标准之综合，因而也作为人性的标准，只能从动物学的角度才能理解。当然，我们不能仅仅停留于动物学的角度，否则就会造成一些认识论的问题。勒鲁瓦-古兰基本上做到了这一点，但并非十全十美。

一般性的动物进化是从“解放”这个概念出发来把握的，手的进化及其一切后果都不过是这个一般性进化的某个现象，并且，勒鲁瓦-古兰引进了一个我们已经熟知的卢梭的重要观点：“征服空间和时间，这个人类的决定性特征，十分突出地表明了用来展示人类进化过程的动物性证据。人们似乎可以认为，能动性是人类进化最有说服力的见证。”[14]这里突出的是能动性而非理智，除非理智被作为能动性的一种类型。人类的特性就在于置身于直接在手的条件之外的运动，这个运动带动动物的“解放”进程，“与其说大脑激发了运动适应的进程，不如说它受益于这个进程”。手下从未有过任何东西。因手的解放而产生的代具性实际上就是自己置身于自己之外，也就是置身于直接在手的条件之外。如果我们继续这个“解放的进程”，这种技术组合的形成便会和它自身产生冲突。

对能动性的征服，作为一种超自然的能动性和速度，比理智更具有意义。或者说，理智不过是能动性的一种类型，不过是与空间和时间的一种特殊的关系，而空间和时间必须从速度的意义上来认识，即把时空作为速度的分解，而不是相反，把速度作为时空的联合的结果。此外，还必须分析相关差异和速度的关系：相关差异本身也是一个比时间更加根本性的时空之结。因此，我们似乎应当把相关差异**作为**速度问题来思考。[15]

能动化的进程就是“解放”——并继而成为“外在化”——的进程，在这个进程的终端出现了大脑皮层特殊的组织类型，它使进化获得了“超机体的意义”。这个“超机体的意义”是否就是“精神”？这里涉及的暂时仅仅是技术的发迹问题，它也就是成为外在化进程的解放，

14 《手势和语言》，第41页。

15 亚里士多德也是把思维当作运动和对能动性的征服来思考的。

但是又必须以最远古的促成上半身结构的生物历史为起点来思考这个问题。大脑的作用只能从脊椎动物功能体系最原始的倾向中才能得以理解。如果说它的“综合协调作用是最基本的，[……]那么它是作为整个肌体组织的一员，在大脑进化和它所协调的肌体组织的进化之间，并不存在着从属关系”。

“解放”的一般性进程可以根据脊椎动物的进化划分为六个主要阶段。最早的四个阶段完成于距今三百万年至二百万年之间，这一段远古的历史是理解由猿到人的进化过程的基础。在这期间，人的一般性的模式已具雏形，但并未臻于完善和稳定。这种状态和“猿人在大脑尚未达到现代人脑的水平之前，就直立行走和解放双手的早熟是大致平行的。神经系统的变化跟随身体机能的变化而来。锯齿爬行动物已经具有一个肉食动物的身躯，但是它们的大脑却只有钢笔套那么大小，空荡荡地悬在脑壳中央；两百万年之后，狗的大脑却充满了同样大小的大脑空间”[16]。

一个功能体系一旦形成，进化就以裂变而非填补的方式继续。在填补的阶段，骨骼系统领先于神经系统，这和我们在引论中谈到的**技术对社会的领先论点相似**，并且，技术对社会的领先是骨骼对神经的领先的变移。好像生命就是各种不同的领先和落后的结构模式的交替继续，因为，生命就是在各种不同的方式中延续。这些领先和落后交替的过程，就产生了各类差异的因素。

陆生哺乳动物似乎趋向生理系统的完全稳定平衡以及生理机制的高度分工，也就是西蒙栋称为生物**官能超常**的现象。相反，用前肢攫取的动物则趋向越来越宽泛的功能的**不确实性**，它们因此为后来人类特有的技术性提供了前提条件。在我们稍后所作的关于普罗米修斯神话的解释中，对不确定性范畴的解释将导致形成**不确定的动力**这个纯粹

16 《手势和语言》，第75页。

哲学的概念。

4. 骨骼、工具和大脑

工具的出现完成了人类特有的不确定性这个外在化的过程，这个现象应当放到和大脑皮层各区域的特殊组织的关系之中，这个特殊的组织可以启示联结手和中枢神经系统的辩证关系：在非专业化和大脑皮层区域的发展之间存在着直接的联系。

一旦生命个体开始了外在化的进程，它的躯体就不仅仅为躯体了：这个躯体随自己的工具而**运作**。要理解原始的人类体系，就必须同时考察骨骼、中枢神经系统和工具。

这里提出的一系列假设，重新勾画了远古人类三个主要阶段之间的过渡：南方古猿，旧人，新人，大脑皮层的扇面就是在这三个阶段中展开的。南方古猿已经属于人类，它们的特征与其说仍然保持着猿猴的面部，不如说具有特定的不符合惯常人类定义的脑容量。“我们曾经几乎可以接受一切，但是不能接受人起始于脚的观点”。虽然南方古猿的微小的脑容量确证了大脑进化的“落后”，但是与上半身两个极点构成的新型机体组织对应的是一种和猿类根本不同的大脑组织。如果说这种存在确实是人的话，则它又不具备我们通常赋予“人性”的所有属性。和其他人类相比，它首先是纯粹自然的人。我们是否还要揭示通常所说的“人性”的含义？在这个处于“起源”状态的人身上，我们是否可以得出“人的本性”就在于人的技术性——非自然化——的结论？

旧人是否已经属于人类，这仍是一个令人困惑的问题。“它们面部大而外凸，脑壳比现代人的脑壳小得多。”[17]最后，虽然尼安德特人的脑

17 《手势和语言》，第99页。

容量和现代人的脑容量大致相同，但是，“各部分之间的比例和我们不同，它们的脑壳枕骨部分庞大，而前额则狭窄并且很低”。

决定性的问题就在于，发生在骨骼组织趋向稳定之后，大脑皮层扇面的展开。如果说制造的技术性起源于攫取行为，那么在攫取动物的大脑组织皮层中已经包含了“技术”的区域。[18]尽管如此，技术性作为外在化的进程包含了手和面部的有机联系——即手势和语言的有机联系，这种联系要求一种二者共同的功能，也就是“联合区域”，从而重新整合大脑皮层各区域之间的联系。在大脑皮层中，手和脸部的段带是连接在一起的。这种上半身动力区域间的协调现象已经被神经外科的实验所证明。这些实验表明，“整合大脑皮层中面部和双手运动的区域共同参与声音符号和图案符号的建立”[19]。德里达由此得出关于文码学的结论，这就是比手和脸的双关区域更原始的、也比联合区域的形成更原始的原始纹迹的概念。他由此出发，将整个外在化过程从相关差异的意义上重新解释。[20]

在此，人的同一体是极其细微的：在从南方古猿到智人的生命现象中，唯一恒定的因素就是技术性。技术的因素在最初非自然的原动力的推动下，不断发生形变，这个形变的轨迹贯穿了人类早期几百万年的发展过程。人类的连续性就在于成为“外在化进程”的“解放”的恒定性，当然，至今为止，没有任何事实可以保证或要求这种必然性在将来的发展中永恒常在。

这种技术逻辑的连续性同时还意味着：大脑皮层组织根据技术动作的发展——即外在化的进程——必然会导致语言的出现。语言的可能性应该从东非人时代就开始了。

18 《手势和语言》，第116页。

19 同上，第126页。

20 参阅德里达《文码学》，第126—131页。

大脑皮层组织的问题已经确立在它应有的意义之上，但是在从工具的角度作对人类早期发展的三个阶段比较分析之前，我们还必须解决一种特别因素（动物的因素）的归类问题。这类因素显然不能被作为生物，不能归于解剖意义上的肌体的一部分，但它对于其动物学的定义则又是本质性的，作为一个自身具有形态发生运动的元素，它从一开始就和成为“外在化”进程的动物学意义上的“解放”是一致的。那么，技术应当从什么样的科学范畴来把握呢？动物学、社会学，还是另外一种全新的学科？这个困难是勒鲁瓦-古兰不久便做出退缩的核心原因，并使他不得不重新修复关于第二起源的发明的观念。

手以及手中的物体向手的范围以外投射，这种现象在南方古猿的阶段首先体现为一种“真正解剖学意义上的结果，这对于一种完全失去尖爪利齿的存在来说，是唯一的出路”[21]。只有在关于技术的**最初**的动物学意义的理解基础之上，才可能提出技术的自治性和它特有的种系运动的问题。但是在此，技术尚未获得这种独立性，而且在勒鲁瓦-古兰的下文中，人们也不能十分清晰地分辨使之独立的因素。

“我们达到这样一个概念：工具是人类身体和大脑的真正分泌物”。身体和大脑都是由这个工具来定义的，并与之不可分割。把二者分割开是人为的，我们必须**像研究生物机体的进化一样**来研究技术及其进化。进化中的技术既是无机的被动物体，也是这种物体的有机化。这个有机化过程必须服从和机体同样的条件限制。由此展开的关于技术的动物学或种系学的观点是《人与物质》一书的理论的继续。

5.“技术意识”与超前

以工具为起点的分析，通过属于东非人鹅卵石文化的鹅卵石碎片

21 《手势和语言》，第129页。

得到具体证实。如果说工具制造的“模板”一点一滴地在越来越快的上升运动中进化，这是因为，和遗传程序进程相比，工具进化是一种作为解放的外在化进程。“技术意识”的论点必须从这个角度，也就是对南方古猿工具“模板”认可的基础上来论证。但是，从南方古猿开始直至尼安德特人，“模板”进化是如此缓慢，以至它们似乎**仍然**是由制造工具的个体的神经系统的特征——即遗传特征——**决定**的，似乎技术相对于生命尚未形成完全的自治：在几百万年中，原始人的劳动“与人本身是一体化的，**就好比它和人类的脑壳形状连接在一起**”[22]。虽然技术意识尚未形成“创造性意识”，这就是说它尚未成为我们现在通常所说的意识，但是它并不简单地等同于制造工具的动物个体的自动行为和程序化的遗传过程，也就是说，超前已经存在。“技术意识”就是指没有创造意识的超前。超前即是在不受生物程序制约的条件下实现的可能性。然而，虽然“外在化”进程必须以超前为前提，它同时也显得在动物性机制中根深蒂固，以至一直受个体的神经生物特性制约。一旦这种生物制约完全停止对技术进化的作用，勒鲁瓦-古兰便引进了一个精神性的概念：**第二起源**。

人类的形成是否有一个清晰可辨的临界点？这个疑问同时也动摇了人和动物之间的界线。这个立场其实和卢梭的最初起源的虚构并无天壤之别，但是它却致使勒鲁瓦-古兰将这个疑难问题移向第二起源，因为他把原始的技术物体的动力划归大脑皮层的机制。

我们在此面临的过渡问题既不属于人类学，也不属于技术学。但是它牵涉到超前：问题的实质既非在人也非在技术，而是将二者从根本上连接在一起的新型关系，这就是时间——“文码学在现有形式中”的呈现；或者说，是**相关差异**在一种新型关系中的区别和延迟，也即**双重相关差异**。但是，“文码学在现有形式”中的呈现是否和相关差异的双

22 《手势和语言》，第133页。黑体字系作者表示强调。

重化相吻合？或者它是否出现得更晚？

在从东非人到尼安德特人这一段早期原始时代，人类演变进程的实质在于大脑皮层扇面的展开，它的直接标志就是工具形状的进化。这个特点表明，当时的技术动力还深深地停留在生物性的阶段。但是，这一时代需要“技术意识”——超前——的假设，这样才可能同关于自东非人就完成的裂变（外在化）的假设保持一致。超前这个范畴导致了技术意识和精神理智的对立，并因此触及原始人类的死亡问题。

鹅卵石碎块只能向我们展示**一个**动作（将石块以九十度角劈开）。这个动作不仅造成了一个削切面，而且还对应着一个技术意识。随着旧人模板的出现，这个动作和其他动作联成一体。“这种联体并不是一个简单的动作复合，**因为它要求个体对技术操作过程有相当程度的预见**”。超前**已经**在“较低的程度”上存在于第一个动作之中。但是，“预见程度”指什么？一旦产生超前，无论其“数量”多少，它是否已经实现了一种质的飞跃？而且在度量这一飞跃之前，是否首先应该对它进行描述？如果一件事物可供度量，那么首先应当知道这个被度量之物是什么。

一个动作之所以成为动作就是因为它受超前的支配，是因为它只能是超前的动作；要有动作，就必须有工具、人为的记忆、代具等身体之外并构成身体所在的世界的因素。没有这个向外的过渡、走出自我，没有人的外向异化以及“外在化”的记忆，就不可能有超前和时间。问题就出在“**外在化**”**这个词的模糊性**，以及它直接包藏的历时性、逻辑性或存在论的先后、因果推理：如果我们可以谈论**外在化**，这就意味着有一个先于外在的内在。然而，这个内在却不可能脱离外在而存在：因此，这里所讨论的问题，既非内在，也非外在，而是一个根本性的复合体，在这个复合体中，两个因素不是相互对立，而是相互依附（构成于同一个**运动**之中），没有先后本末之分，起源的意思是二者同时产生，同时到来——其实，二者是同一起源在不同视角的反映。我们在稍后的章节中,将这种结构称为**爱比米修斯复合**。我们将会看到,对西蒙栋来说,这是一种传导关系。“代具”并不取代任何东西,它并不代替某个先于它存在、而后又丧失的肌体器官。它的实质是加入。通过“代具”的概念,我们要说明两个方面的含义:

——放在前面,或者说**空间化**(即偏离);

——提前放置,即已经存在(过去存在)和超前(预见),也就是说**时间化**。

代具不是人体的一个简单延伸,它构成“人类”的身体,它不是人的一种“手段”或“方法”,而是人的目的。在此不要忘记,人的目的的另一个含义,即“人的终结”。

我们所说的“内在”无论怎样还是包含了**力量**的问题,它的“外在化”体现为**行动**。根据亚里士多德的思想,“内在”就是“外在”的真理,是唯一的真理。“内在”似乎只是一种对外在化的等待、召唤或允诺——外在化的**趋势**。等待无疑就是投射未来和超前。在此,过去、现在和未来之间的张弛的时间问题实际上就是这样一种循环:工具即是超前的**结果**——外在化,同时也是超前的**条件**,超前本身又体现为外在化的根本性的**内在化**。外在化作为一种构成超前的背景的行为,作为一种动作,它同时也就是一种回忆,即反射,如同**回到**自我感受的自我。但是,这种反射似乎不能从和现有形式中的文码关系的意义上来确定。

超前以及一切在外在化进程中必需的超前条件,自南方古猿起就已经具备了,它们在下一个阶段得到巩固。超前构成的**开口**完全符合外在化的进程:“在南方古猿时代,[……]制造一柄石斧要求在石块表面选择一个击点,由此敲落碎片后形成了石斧的切面;其次还需要加工,在原初的碎片上修一个事先预定在制造者头脑中的形状。”

超前的过程随技术的进化而逐渐精巧和复杂化,技术在此就是超前的一面**镜子**,它既是超前的印记,同时又是超前或时间反射的反射面,就好像人类在技术中看到自己的未来,并把自己的未来和技术维系成一体。但是在此必须区分对超前的**两种**不同层次的理解：我们现在对超前的分析属于第一个层次，超前的可能性出现在一个几乎静止的时间背景之中；在第二个层次上，我们要分析的就不仅仅是所谓“操作性”的超前的时间，而是一种**超前本身的形式在其中改变**、**展开的超前时间**，人也在其中**变化**，而且它的变化只能和技术的变化一致。所以有两种意义的超前：

——第一种超前是工具制造的条件，没有它就不可能制造工具；

——第二种超前是工具发展的条件，工具制造不仅仅在同一模板下重复，而且进化、变形、发生差异。

但是我们是否能将上述两个意义下的超前分割开？**差异从何而来又因何而差异**？我们虽然接受了勒鲁瓦-古兰关于器具的动物性成分的观点，并以此解释了为什么外在化进程之初发展极为缓慢，但是，这并没有取消器具模板进化如何可能的问题。如果说这个进化显然不能简单地由属于**动物**的“谁”——即**和其他动物一样自身差异化的**“谁”——来决定，那么我们就必将得出这样的结论，“什么”的进化反过来作用于“谁”，并在一定的范围内决定了“谁”本身的差异化过程：“谁”不能像其他生物那样自身差异化，它通过一种非生物的差异化来实现自身的差异（通过在死亡中的差异化实现的死亡的延期），这就是一种无机的有机化物质：“什么”。一旦器具性开始脱离动物性——**几乎**是动物性的，它的产生和差异化在“遗传崩溃”中调节，如果不从超前的角度出发，又怎样解释器具模板的进化呢？技术的问题就是时间的问题。

这样就自然联系到深埋在非常古老的自我保存本能中的死亡意识的显露。假如自我保存本能不发生作用、不产生差异，那么裂变的原点就是技术：严格地说，只有在产生了外在化运动和代具之后才有死亡可言。但是，只要有了外在化和代具，就必有死亡。死亡——即（对终结的）超前——必须从两个层次上加以分析。

6. 技术差异化的双重起源

工具系统和骨骼结构的进化是同步的。“可以断定，在旧人时代，工具在很大程度上是**特定**行为的直接衍射。”[23]工具的这种**特定性**，即它的纯粹动物性的特征是和勒鲁瓦-古兰在第二卷中展开的观点相矛盾的：在第二卷中，他将动物（种类）群体和人类群体的**种族**相对立，动物群体受**遗传性的特定差异化**运动支配，人类群体受**技术社会文化性的种族差异化**运动支配。在此，特定性和我们所说的后种系发生是对立的。

两种差异化的区别就在于：在特定差异化中，决定群体记忆的是机体内在的遗传功能，而在种族差异化中，决定群体记忆的是外在的因素。特定就是指“纯粹动物性”，而种族则是指非遗传的程序，因为，一个种族的记忆存在于个体之外，它可以**独立于遗传变异而进化**，因此是时间性的。然而勒鲁瓦-古兰在此所说的“特定性”的含义显然更加宽泛，所以它非但不和种族差异对立，相反，它一开始也属于人类群体的种族差异化。

关于“特定行为的直接衍射”的假设的依据是，工具模板随大脑皮层组织的进化而进化，这种进化起码还是**由遗传因素**共同决定的。但是**皮层**组织的进化本身又有可能同时受**外在化运动的制约**，也就是受工具的**非遗传性**因素的制约。这就有可能存在着某种大脑皮层和石器岩层的双重显现——二者之间的默契，这是一种超越二者的极端确定性，它表现为二者互为反射的双重相关差异化。在此，一切困难都集中在如何发掘“爱比米修斯复合”的（传导性）复合动力。所谓“很大程度”实际上就是回避或忘记这个困难，无视这个困难的意义，以致不得

23 《手势和语言》，第140页。

不重新引进精神的概念。

差异化的可能性前提就是，人类群体的记忆是“外在”的。一旦群体的记忆成为外在的，也就是说成为技术型的（在勒鲁瓦-古兰那里，技术和逻各斯、语言仅仅是一个属性的两个方面），那么，这种记忆就不再是特定的。从这个意义上所说的种族差异化，在原则上对于人类来说只能是原始性的，尽管我们对此没有任何确实的证据。[24]这是因为，**语言的可能性和工具的可能性是同时产生的，而且我们不可能想象一种没有特定差异化的语言**，种族的差异化可能仅仅是语言差异化的一种现象。一旦发生外在化，即使它还有原始的遗传特定性成分，人类就不再**完全**受遗传特定性支配，人类群体间的差异化过程开始受技术逻各斯和种族特有语言[25]的“规律”的支配，而不是受“种族规律”的支配。尽管**我们**可能看不见差异，尽管我们无法确定这些差异，但这并不意味着它们不存在。同时，遗传的差异还在延续。问题就在于澄清这两种不同的差异之间的关系。

把种族差异作为人类相对于其他生命的一大特征的观点是不堪一

24 《手势和语言》，第200页。

25 特有语言（idiome, idiomatique）：语言问题在作者的思想中占有极为重要的位置。自柏拉图以来，形而上学传统把语言作为人类表达的方法，而不是人类自身的构造因素。海德格尔对这种把语言器具化的观点作了大量的批判，力图以此来确立语言的生存论意义。但是，作者认为，“语言的器具化之所以可能，是因为器具性是它固有的”。所以，问题的关键不在于抵抗语言的器具化，而是要批判将器具简单化为一个方法的范畴。把器具和方法等同，这就是海德格尔所犯的错误。“idiome”一词在古希腊语中是指某个语言所特有的规则和属性，现在通常用来指方言或某个社会共同体或民族所共有的表达方式。根据作者的思想，技术是造成一切差异的根源，而在技术因素中，语言差异是最根本性的。特有语言以及由此派生的（种族）特有语言差异等词都是以语言差异对于人类自身构造的决定意义为中心的。但是，和任何相关差异的范畴一样，“idiome”或“idiomatique”所代表的语言差异，又是以语言本身所包含的共性为前提的。任何层次的语言差异（语系、国家、民族、地区等层次，直至个人），都同时在同层次上构成了一个语言的共同体，从而使差异语言之间的交流成为可能。——译注驳的。如果说种族差异的本质就是地域差异，那么当今世界的非地域化现象似乎使我们面临着种族差异的消亡。所以我们认为，运用种族特有语言差异化更稳妥，它可以被用于差异的所有层次，无论是个体还是群体（种族群体、技术群体等），而且，它的意义不仅局限于语言的范围之内。

勒鲁瓦-古兰区分两种对立的智能：技术的和非技术的。他之所以这样做，不仅仅是因为他对超前（种族特有语言形式仅仅是超前的另一种提法）的思考遇到了困难，而且因为他在《人与物质》一书中确认，存在着某种**实际的、普遍的技术原型**，它们构成贯穿各种不同文化之中的整体趋势，这个趋势的实现过程和西蒙栋所说的具体化运动相似。由此，技术差异化过程就不再是种族意义上的文化现象，但是它仍然是一种文化现象，即非自然性的。这种差异化现象的根源难道不正是在于特有语言性吗？

勒鲁瓦-古兰之所以没有明确地提出由于“特定性”概念的宽泛定义而引起的问题（好像这个问题并不存在），是因为他本身又重新引进了他曾经要铲除的观点，即**精神（或意识）与技术物质或技术物理**的对立。他最终指出：技术进化**从本质上**说是动物性的；**除此之外**，存在着一种“非技术性的理智”，即反思和符号的理智。这种理智从何而来？为什么它在外在化所要求的超前中不起任何作用？

“工具在很大程度上是特定性行为的衍射。”在此，“很大程度”同时也表明“在一定的范围内，而又不完全如此”，但是事实上应当承认：**完全不是如此**。调节作为**进化**的外在化（差异化）进程的并不是特定性的因素，而是超前，它是所谓“很大程度”的“尺度”或极限。诚然，这种新型的进化仍然带有遗传性的后果，并仍然会反过来受这些遗传性后果的影响。但是，遗传因素已不占主导地位，勒鲁瓦-古兰用“很大程度”这个限制性表达方式来表示我们已经提出的共同确定性的概念。他之所以不愿承认人类进化已然摆脱了特定性进化的模式，是因为他拒绝把人类进化的基点放在人类的**创造——即创造性“意识”**——之上。

根据这种推理方式，勒鲁瓦-古兰首先认为，在原始人的行为中，超前仅仅只有一个操作性的作用，然后他又在人类进化的更高一个“层次”上，从非技术化的人身上发现“创造性意识”及其后果。就好像他自己最终不得不承认，原始的人尚未完全成为人类，这其实就是承认原始人完全不属于人类。对于这样的推理结论，我们就不能苟同了。如果这个结论就是他怀疑人类同一性的实质，那么，我们就不能追随这个怀疑，因为其结果必然是在传统的技术和理智的对立上确立两种不同的人性。从人类不具有同一性的观点应当得出的是另一个结论：人类只能以否定的方式自我定义，技术的非人性可以使人差异化，但是不能给人以同一的确定性。这种除了虚幻以外没有其他任何同一性的特征，对应着“反射镜的一个阶段”。

两种不同的超前层次的观点致使勒鲁瓦-古兰提出，在智人之前，人类只有一种技术理智，它同反思的、个体化的、精神性的、本质上非技术性的理智相对立。所以从匠人向智人的过渡就取决于大脑皮层的发展是否越过某个临界点，这样，他又重新赋予大脑在进化中的决定性作用。这个结论和他以前对大脑决定论的批评是很不吻合的。更有甚者，如果说石器是“骨骼的延伸”，而且骨骼的进化总是优先于神经系统的进化，那么，工具就应当决定大脑的形成，而不是相反。

从东非人到尼安德特人，不仅发生了大脑皮层的差异化过程，而且也发生了石器的差异化过程：由鹅卵石碎块经石锤最后一直到尼安德特人的装缀石叶。在尼安德特人时代，发生了第二次裂变。在两次裂变之间，大脑和工具的差异化是**共同产生**的，它们属于**同一个差异化运动**。在人类形成的**外在化**进程中，出现了一个结构耦合的奇特过程，[26]

26　参阅《知识之树》，翁贝尔托·马尔图拉纳（Umberto Marturana）与弗朗西斯科·瓦莱拉（Francisco Varela）合著。

我们称之为**器具助产术**。这就是“反射镜的初级阶段”，在这个阶段中，大脑皮层的差异化受工具制约，同样，工具的差异化也受大脑制约。这就是所谓的反射镜的效应：在反射镜中，大脑和石器互为对方的镜子，一方在使自己成形的对方中看到自身的形象，并因此而成形。

7. 器具助产术

外在化运动是指：遗传记忆及其变更同模板记忆及其变更不相吻合。当然，模板记忆会受到遗传记忆变更的影响，这是显而易见的。但是我们并不能因此而无视另一种类型的记忆的构成。接下来的问题是：模板记忆以什么方式储存？**这个记忆是否就储存在模板的物质纹迹之中？模板是由工具构成的。工具本身往往形成于模板之前，它随着人的重复“制造”构成固定的模式，因此工具模板引导工具制造行为而不是相反**。我们说原始时代大脑和工具在一种独特的结构耦合形式中相互共同确定，就是这个意思。现在需要澄清的是：原始人世代相传的模板复制是在什么样的形式中重复产生的？模板重复如何区别于遗传重复？在模板重复中，差异如何作用、如何保存？差异是怎样产生的？但是切不可误以为，由于技术在此是主导性的，就一定要从中找到特定性或动物性的因素。人类在外在化和进化的过程中，受差异化的因素引导，从差异化中认识自己、实现自身的差异化，也就是说，人类在自己的差异化对象中自我发明、找到自己的**形象**。这种形象无异于一种幻象，就像人们通常在谈论技术时所说的那样，但是，当人们这样谈论技术时，是否把握了人性、人的同一性或非同一性，以及人的本质？尽管如此，人毫无疑问是差异化运动的执行者。

显然，外在化是一种“无意识”的过程，从这个角度看，它和动物进化过程**相似**，然而**仅仅是相似而已**。勒鲁瓦-古兰已经证实了这一点，他最终承认在这个过程中，“个体的理智［……］确实起着**某些作用**”。

面对这些矛盾而含糊的论述，我们不能不产生一种极其简单化的感觉，就好似只有在个体理智和动物决定性之中作出选择。我们应当提出的问题是：石器——作为一种记忆的载体——的外在化投射使怎样一种超前成为可能？超前有其各种技术性的可能性的历史，这就是反射镜的不同阶段的历史，人性在反射镜中自我观照，并因此而塑造自己的形象。时间问题的关键就在于此，这个时间必须从人为记忆的技术学问题出发来把握，人为记忆只能是始终作为**已经在此**的人的记忆。所谓已经在此就是时间的前提和背景，它如同我从未经历过、因此只能在留存的纹迹中捕捉的过去。这就是说，如果没有人为性记忆的载体，就不可能有已经在此，也不可能发生和时间的关系。我赖以存在的、先于我的世世代代的存在记忆，就是通过这类载体世代相传的。过去的经验和过去的后生成结果因这种载体而避免消失，这同纯粹生物领域的遗传规则恰恰相反。后种系生成的结构使已经在此及其被现在存在同化的事实成为可能，这是对过去的记忆的征收并化为己有，是“同化”的助产术：燧石既是劳动、计划和超前的对象，同时也是保留这些经验和后生成结果的记忆的载体。时间就是技术模板的变化过程。模板的重复性超前不过是时间性的极端形式，诚然，这种形式还处于萌芽状态，而且特属于超前行为，然而超前也只有在这种形式中得以完成。毫无疑问，这尚且是一种非常初级的时间性：东非人的已经在此仅仅在于它手中的石头——它有限的世界。但是这个有限的世界已经和海德格尔所说的有限世界截然不同了。

由于勒鲁瓦-古兰忽视了这些问题的批判性特征，所以他又引进了和智人对立的匠人这个形而上学色彩十足的概念，我们在巴塔耶的思想中可以看到类似的例子。[27]这种将**技术**与**理智**对立的观点却是和勒鲁瓦-古兰在以后赋予文字的意义相矛盾的，因为他承认文字作为一种

27 参阅《拉斯科洞穴，或艺术的诞生》，《巴塔耶全集》，第9卷。

技术在思维构成中的作用。

必须开辟研究神经-技术的领域。神经-技术作为一种特殊的记忆机制的现象无疑在外在化进程中发挥作用。对于这种现象，传统的动物学和社会学都不能确切地把握：在这种现象中我们可以看到，和超前的代具相对应的是某种已经形成的神经性载体。对这个问题的重要性，既不要过高估计，也不要曲解，勒鲁瓦-古兰本人也强调了这一点。我们面临着两种可能：或者说从东非人起，人就已经形成，那么，理智和技术理智就已经产生了。这就是说东非人已经具有完整的超前行为和特有语言的差异（假如不是种族的差异），而不单单是特定性的差异（“个体理智”无非就是指这种特有语言的差异）。或者说，东非人还只是不会超前的类人猿，这就是说，它不在时间中，它从不实现自己的未来，因为它尚无未来可言。在这一点上，它和卢梭的“纯自然状态的人”是一致的。

8. 三论第二起源

尼安德特人的头盖骨标志着超前能力的扩展。在此，能力的延伸或扩展是指：预见的完善程度或超前的有效率提高，而不是指“更大量的”超前，因为是否具有超前的能力并不是一个量的问题。唯有效率才是可以度量的。具有超前的能力就是具有了可能性。这种可能性的有效性与其说取决于大脑皮层本身的组织，不如说取决于大脑皮层在石器这面镜子中的映象，因为这面镜子为大脑提供了它的有效性。勒鲁瓦-古兰以每公斤燧石包含的切口长度来度量超前的效率。

他在继续关于尼安德特人阶段的石器技术进化的描述中，揭示了超前可能性和大脑进化相关的成熟过程。这种工具模板和大脑进化相关的特点，在欧洲旧石器中期的莫斯特式的模板中显得尤为突出。这个时代的模板中，“石器的尖端凸出，至少需要六种紧密相连的操作程序，它们互为条件，要求有严格的预见性”[28]。这个预见给原材料的开发使用提供了更大的余地，因为初级的石块工具（借助一系列的中间环节）成为另一种工具的原料。

勒鲁瓦-古兰在明确了“技术理智”和大脑皮层组织的关系，并补充指出就**技术理智**而言，尼安德特人的神经系统和我们现代人的神经系统是一致的观点之后，引入了关于“非纯粹技术理智”的论点，而且与之相应，他也提出了不再属于“技术意识”的意识的论点[29]。那么非技术性的意识从何而来呢？它在本质上作为外在化运动的技术进化中有何意义？他本人似乎为了摆脱以往的束缚，从一开始就批判了宗教和理性思想为了解释“意识”现象做的简单化的自圆之说（奇迹的幻想同样很适合理性决定论的要求，因为它作为一种目的论将人放在进化的末端，所以，尽管人已不是依照上帝的样板的创造物，尽管人被作为“获得自身意识”及其“同自然对立的意识”的生命存在，理性决定论不仅不能解释人类的中心地位，而且使这个观点变得无法解释）。但是勒鲁瓦-古兰在此的计划是什么？他与其说要批判奇迹造人论，不如说要指出宗教之前的人类本性，这种人可能尚未完全成为人（不是现代意义的人，而是匠人）。奇迹造人说所要避免的恰恰就是这种不完全的人性，因为神学家们把人性的标准放在宗教性之中。但是无论如何，我们必须提问勒鲁瓦-古兰本人是否满足于以一种新的人为虚幻来解决人性的问题，这个虚幻就是操作和理智的对立，就是技术和精神的对立。因为这第二种“过渡”就是向“非技术理智”的过渡，勒鲁瓦-古兰毫无保留地接受了这种过渡，而且没有对它提出任何疑问：他给我们做的一切关于技术理智的“解释”丝毫不能说明所谓“非技术理智”的产生的问

28 《手势和语言》，第145页。

29 “人类能够提出的最切己的问题就是理智的本质的问题，因为，人类最终仅仅是因为意识而存在。”

题。因此，我们又面临着第二起源之谜。一旦非技术理智被认定是**创造性**的，那么以往对外在化运动的分析所获得的关于技术的产生的认识——即不把技术作为创造性意识的产物的结论——便荡然无存了。

卢梭的批判思想旨在揭示：人并非一种精神的奇迹**加入**猿类已经具备的身体条件的结果。然而随第二起源出现的是某种因素被"加入"技术的现象，这就是**符号**，或者说"**符号的功能**"，尽管人们并不知道这种功能从何而来。我们已经知道技术性的代理是怎样产生的，它不依赖于精神的因素，它不过是以其他的方法延长着进化的趋势，同时延续着植根于脊椎动物最深层的机体变形中的种系的谱系。技术无非是在第二起源之外，在独立于第二起源外加因素的条件下，继续种系的进化。所以，精神是一种完全理性的理智，是"反思的理智"，它在"简单的物质生存之外"，和完全属于动物运动的技术理智毫无关系，精神是对自我保存本能的解脱。如果说技术趋势仍然限于根本性的**自然运动**，那么精神就是一种真正的外在化，即走出自然的运动。

"古人类[……]向我们展示了大脑新型功能的第一次飞跃，这个飞跃不仅给技术性带来了一个平衡力量，而且也刺激了技术性。[……]**反思理智**的特征在于它不仅能够把握**现象间的关系**，而且能够向外投射这些关系的**符号模式**。所以，**反思理智**无疑是脊椎动物进化的最终成果，而且这个成果只体现于人类阶段。[……]**'无偿'的理智操作层次**，一切就好像是头盖骨和前额容量的增加造成了**符号能力的不断强化**。"[30]

卢梭误把技术的外在化视为一种背离纯粹自然状态的运动。所谓纯粹自然的人在制造工具的过程中，并没有向自然强加任何东西，或者更确切地说，它不过是在追随纯粹自然本身的重新组织和增加的趋势。但是和卢梭一样，勒鲁瓦-古兰的匠人实际上还是动物。技术的组织不

30 《手势和语言》，第152页。

过是动物机制的继续。动物和人之间的真正距离是反思理智造成的。这种“无偿”的行为“超越了技术机能”，并且由于它摆脱了自我保存本能的恐惧，所以超越了动物性的范畴。这里有两种反射性：一种是**技术的反射性**，它完全服从生存行为；另一种是**符号反射性**，它排除一切支配技术进化的**基本属于本能**范畴的实用目的性。显然，精神只能在技术**之后**到来，就好像是技术的葬礼。这样一个巨大的间隔是如何跨越的？还是回到了先前的结论，这个飞跃来自大脑组织进化的一个新阶段。

这种逻辑的缺陷同勒鲁瓦-古兰在卢梭理论中找到的漏洞同出一辙。被卢梭视为外加于自然的因素在第一起源之前已然存在：技术的外在化不过是生命运动本身的继续。然而，这个观点在“第二起源”的问题上同样适用：所谓第二起源并不存在，因为技术的差异化已经要求完全成熟的超前，这种超前既是操作性的，也是能动性的，它在南方古猿时代已经形成。这种意义上的超前只能是一种和死亡的关系，也就是说，符号理智已经存在于当时的超前行为之中。所谓反思理智并不是外加于技术理智的，它已经构成技术的背景。反思理智在我们现在所熟悉的新形式中，不过是在**新的代具格局中继续**——关于这些新格局的本质，我们将会论及。诚然，所有这些机制的形式必须以某种“萌发”为前提，它们就像大脑皮层的展开一样，需要“时间”，不可能一蹴而就。但是关键在于先确认超前和反思展现的临界点，然后才估计它们的“完善程度”：这个临界点无疑就是“外在化”，它不应被作为**和自然的决裂**，而是应当被作为生命的新型组织——生命使无机物有机化，同时也因此而自我重新组织。**必须对自然作另一种解释，这就要求慎重对待那些对立的观念，尽管这是十分困难的，关于对立观念的争议不应取消不同因素的遗传。**怎样想象这样一种技术**进化**：它没有限度和范围，虽然非常微弱，但是相对于一般模板行为而言却是十分确实的进化，因为它推动了自我保存的本能？勒鲁瓦-古兰本人在笨拙地承认

“个体理智”在模板形态发生过程中具有“某种作用”的同时，实际上就涉及了这种技术进化。或许应当区别两种不同的超前：一种是为了生存而实现的超前，另一种是造成差异（或是创造性地重复某种区别）的超前。超前一定具有某种“特定”的形式。这种形式借以形成的条件就是完整意义下超前的**可能性已经**存在（所谓完整意义是指：造成差异，“延迟相关差异性”，作为相关差异在一般性生命**之中**造成的裂变，而不是和生命形式**决裂**）。这种超前的可能性或许还微不足道，还处在我们可以假设的昏暗的低级阶段，但是它毕竟已经是一个差异的可能性，因此，它已经构成了“符号型”而非“生存行为型”的超前投射。由此可见，卢梭建立的可完善性的概念——他曾经因此造成如何解释在纯粹起源内部发生沉沦的疑难——要比人类学家勒鲁瓦-古兰的推理高明得多。更令人吃惊的是，勒鲁瓦-古兰居然以为可以对这个问题忽略不计，以致他在《手势和语言》的第二卷中，把外在化的继续视为真正的非实在化和倒退（比如手的退化），[31]并同时指出这是“神经系统的外在化”。这种观点的基础就是关于文字的分析，在第一卷的最后一部分中，他已经完全将反思的实在化——即理性和哲学——与纹迹记存（技术）的线性发展联系在一起。

对符号系统的意义作出规定，这实际上就是提出死亡的问题：

“这种**超出技术运动机能的活动**的考古学纹迹就是审美和宗教特征的最古老的标志，我们可以把它们分为两类：标志着对死亡而作出反应的纹迹，以及标志着对异乎寻常的形式作出反应的纹迹。”[32]

人类和死亡独一无二的、不可避免的关系发生在他人的尸体上：一个与己不同的身体正在转变为尸体，我们不能把它随便遗弃、任之腐烂。**勒鲁瓦-古兰仍然把这种和死亡的关系归结于大脑皮层的发展。**

31 《手势和语言》，第2卷，第62页，并参阅第262页。

32 《手势和语言》，第1卷，第153页，并参阅第158页。

考古学的某些发现已经证实了人类最早的符号行为，尽管非常罕见，却是无可否认的。根据这些实证，**最后的古猿“在向我们所谓的真正人类固有的思想转化”**[33]，正是这些古猿向我们“展示了新世界——即符号世界——的诞生”。大脑皮层发展的这个新的参考因素并不提供任何关于符号行为的解释，而它们却揭示了一个隐蔽的事实，即智人之前的技术进化完全受动物性因素支配，因而是一个悬而未决之谜。大脑皮层发展的这个最后状态在进入一个“新世界”的同时，也进入了语言时代，它已经是我们的语言。

9. 近人类的语言

早期猿人（匠人Homo faber）似乎并不一定具备死亡的意识，但是勒鲁瓦-古兰首先必须提出它们已经开口说话的假设。它们已经说话，但是却不能超前预见自己的终结，不具备和简单的技术理智相对立的符号体系。这种论点和看法是十分奇怪的，尤其是因为勒鲁瓦-古兰本人也承认，非符号化的语言是不存在的。当他在确定第二起源的本质的时候，又不得不返回先于第二起源的“早期猿人”语言时代，他将这种语言限定为简单的技术符号组合。似乎一个符号可以仅仅是“技术性”的。

语言的问题首先是一个“神经运动机能组织和大脑预见性质”的问题。“语言问题取决于大脑而不是颌骨”[34]。这是向符号问题的回归，但是其意义却与以前的论述不同。勒鲁瓦-古兰在一段完全临时性的分析中，似乎和以上所论相反，发展了他在开始时肯定的观点（“话从手出”），他指出：**一旦发生外在化的运动，就必然会产生符号**，并重申，只

33 《手势和语言》，第1卷，第153、160页。

34 同上，第161页。

要有技术就会有语言，所以技术行为和符号行为是不可分割的：

“**人造就具体的工具和符号，二者服从同一类进程，或者更确切地说，它们所依靠的是大脑中同一类基本机制**。这就导致我们不仅要承认语言和工具一样标志着人类的特征，而且要认识到二者是人类同一种特性的表示。”[35]

这一论断所包含的深远意义很快就被他接下来的论述所抛弃：这些符号为什么同非技术理智的符号有区别？因为它们仅仅属于“技术语言”。与“技术理智”“技术意识”相对应，存在着一种“技术语言”：“技术的进步是和**语言的技术符号**的进步紧密相连的。”[36]工具和语言之间的这种“有机联系”显得如此强烈，“因此我们可以断定南方古猿和旧人已经具备与他们的工具的水准和技术理智相应的语言”，并且，这种语言丝毫也不依赖于“非技术理智”的存在。总之，它是动物性形体进化的产物。但是正如超前一样，一切和未来的关系都直接是一种和整个未来的关系，即是和作为可能性的无限这样一种可能的未来的关系。既然如此，一种语言现象的出现，难道不直接意味着整个语言的诞生吗？技术语言难道不是勒鲁瓦-古兰所谓的反思理智或“精神性”的成果吗？

“语言的技术符号”的含义是什么？在什么条件下“技术符号”不会必然地唤起(或者说在什么条件下它们本身不是)“非技术符号”？对勒鲁瓦-古兰来说，“技术符号”是指：一种只表达具体场景的语言(这种神话般的观点非常接近卢梭在《论语言之起源》一书中阐发的思想，而且从更广义的角度看，它和绝大多数语言哲学的遗训大同小异)。众所周知，语言只能由记号构成，它们不是简单的信号，这一点，勒鲁瓦-古兰本人也是承认的。既然如此，一个不同于信号的记号就是

35　《手势和语言》，第1卷，第162页。

36　同上，第163页。

符号，它标志着某种一般性，一组概念，所以它总是完成的“抽象”，而不是单一而特殊的参照标记。否则，有多少需要被标记的现实对象，就会有多少记号，记号的数量就无以计数。那么语言赖以形成的一般性的抽象就不可能产生。而语言正是借助一般性的抽象，通过对有限的记号的无限性组合来命名无限的现实。一切语言从本质上说都是有限的，但是它们却能够表达不确定的和几乎是无限的现实，所以，语言必然从一开始就是一个实现抽象化和一般化的过程。“具体的语言”是一个自相矛盾的概念。勒鲁瓦-古兰的论述也不例外。必须重申，语言的产生只有以超前能力为基点才是可能的。超前能力同时也就是一种保留的能力，它的记存为保留一种**持续的过去**提供了可能性。正因为如此，词和工具一样，“因后来的活动而持续”。

“制造工具的创造先于使用的机会[……]，而工具则因后来的活动而持续。信号和词之间的差别也属于同类。概念的一贯性和工具的持久性虽然性质不同，但却是十分相似的。”[37]

引起大猿猴的某些行为的“物质场合”之所以永远不可能导致语言和技术，是因为这些场合总是“具体”的，未经意思扩展的突破，而语言和技术则要求一个根本性的“抽象”，即进入一种一般性的领悟，尽管这种一般性的抽象可以是非常初级和微不足道的：一个词可以被反复使用，**同一个词**可以指意不同的具体场合，这个简单的事实本身就说明了任何一个词都直接来自一般化的抽象。[38]（正如器具用途的范围一样，一切陈述的前提就是有一个“已经在此”，而且它始终在此。）那么怎样使这类分析同有关原始语言的两个阶段的假设一致呢？所谓两个阶段是指：第一阶段的语言尚停留于表达“具体场合”，因此还没有进

37 《手势和语言》，第1卷，第164页。

38 正因为如此，所以在胡塞尔看来，“表达即是[……]经验，它的特征就在于指出本质或一般性形式，并进入有关事物的认识”。勒内·谢莱尔（René Scherer）：《逻辑研究的现象学》，PUF，1967年版，第127页。

入一般性和抽象；第二阶段从尼安德特人开始，“脱离具体性的符号外在化”开始形成。面对人的同一体随外在化运动产生的破裂，我们认为，人的定义不是取决于原始的“内在”同一性，而是取决于作为差异化过程的外在劳动。但是根据勒鲁瓦-古兰的观点，这个定义尤其是指曾经存在过一种“前人类时期”的人类，它还不属于完全的人类，属于**近人类**，与之相对立，人类的同一性被描述为精神存在。

技术和语言的关系是根据操作序列的概念建立的，关于这一点，我们必须全文引用勒鲁瓦-古兰的一段关键性的论述，它全盘托出了以下假设：

“技术同时包括手势和工具，二者根据一种真正的句法结构有机地连环组合，这种句法结构为操作系列既提供了稳定性，也提供了灵活性。操作的句法结构源于记忆，形成于大脑和物质环境之间。如果我们继续和语言并列的分析，类似的过程比比皆是。由此我们可以在有关从鹅卵石文化到阿舍利文化的技术发展的认识的基础上，提出这样一个假设：一门语言的复杂性程度和它的词汇量是同技术的发展一致的。东非人的语言出自他们单一的技术动作系列和有限的操作连环，所以这种语言的容量仅仅比大猩猩发出的声音信号略高一筹而已，不过它已经**由现成而不完全确定的符号所构成**。旧人已经具备双重手势动作系列和五六种不同形状的工具，所以它们的操作连环必定相当复杂，我们可以确认的旧人时期的语言的丰富程度也相当可观，**但是它很可能还局限于对具体场合的表达。**[……]**在尼安德特人时期，开始产生了非具体化的符号**。从这个时期起，**技术的概念**被另一类概念超越，关于这类概念，我们如今只具备一些手工操作的例证：墓葬、颜料、奇特物品等，但是这些例证却展示了这样一个确实性：思想的运用已超出了技术的生命运动机能的领域。”[39]

39 《手势和语言》，第1卷，第164—165页。

我们是否能够既承认存在着现成的、并非完全确定的符号，同时又断定这些符号仅仅用于表达具体的场合？这实际上是自相矛盾的：一般化抽象（非确定性）从一开始就存在，但是它又不属于一般化抽象，因为它尚停留在和一般性相对立的特殊性之中。二者必居其一：或者这种特殊性是作为一般性背景中的一个游离背景的特殊现象而定义的，那么一般性已经存在，语言已经是一般性的；或者简单地说，表达根本就不存在，没有具体场合，也没有特殊性。表达是一般化抽象的可能性，也就是作为理智化过程的超前。符号总是“理智的”“一般性的”符号。**仅仅**具有技术性的语言的“技术符号”是不存在的——思想总是求助于“仅仅”之类的限定来回避自己的局限。不仅如此，一切操作连环的**系列组合**都必须以一般化为前提。

一方面是具体的技术语言，另一方面是一般的非技术的语言，这一对新的对立范畴完全顺应上述支配着有关工具制造和进化分析的狭义超前的观点，而且，它同技术性理智和反思的、精神的或个体的理智之间的对立也是一致的。一切都似乎很协调，**但是正如卢梭的理论一样，它的协调必须受“几乎”或“仅仅”之类的条件副词的限制**。这个协调体系的核心就是：尼安德特人时期完成了一个质的飞跃，即激发了第二起源，而第二起源的起源仅仅在于大脑。但是，这个核心的观点与其说是几乎什么也没有解释清楚，不如说是什么也没有解释。

从第二起源开始，在作为一般化抽象之可能性的精神符号活动和墓葬现象之间，有着直接的联系。这种在和死亡的关系中构成的符号同时也就是纯粹文化差异现象的萌芽。将智人和匠人对立，这实际上就是要指出猿人的贫乏的语言不包含任何特有语言的差异化，而“尼安德特人的语言则和现代人的语言相差不远了”。如果我们提出猿人的语言是依附于具体场合的非抽象语言的观点，那就意味着同时断定了这种语言的无差异性。这样一种不可能在个体化过程中自我再创造的语言，没有规则，没有任何指意的可能性，所以，这是一种无言的语言，它无所可言。它就像那些没有任何用途的工具一样，因为工具的用途本质上已经是工具制造的可能性用途的变形，而且无疑也就是工具制造的差异化因素之一。在超前的第二个层次上，语言的特有性[40]和工具进化的动力取决于同一种可能性——即在勒鲁瓦-古兰看来，“猿人”不具备的那种一般化抽象的可能性。然而所有这一切都是和《手势和语言》一书第二卷中的观点相矛盾的。

10. 裂变的记忆

“群体的问题在动物性和人性的问题中占主导地位，从群体的角度看，动物和人类社会都维系于一个‘传统’实体之中，其载体既不属于本能，也不属于理智，而是在不同程度上同时属于动物和社会的因素。”

只有在提出这个群体问题之后，我们才能区分本能和理智。这就是说，构成外在化过程的裂变的实质在于记忆的一种新的组织形式，它意味着记忆的新载体的出现。

“如果说种属是动物群体的典型形式，而种族是人类群体的典型形式，那么每一个传统的实体都对应着一个特殊的记忆形式。”[41]

记忆在摆脱遗传记录的基础上继续自己的解放进程，同时也留下了裂变的烙印，这些烙印留在石块、墙壁、书本、机器、玉石等一切形式的载体之上。远可推至文身，近则有已器具化的遗传记忆，记忆先是被无机化——或者说非能动化，然后又被重新有机化、被操作、储存、理性

40　特有性（idiot）的词源是古希腊语中的“idios”和“idiotès”，它们是指某个物体或人的特有个性。由此引申出“孤僻”“不合群”“无知”等意思。作者在使用这个词时，既保留了“idiot”的词源含义，以此和“idiome”对应，突出因语言和技术造成的特有属性和差异；同时也利用了“idiot”一词现在通常的“无知”“孤僻”等含义，表现了爱比米修斯和普罗米修斯的预示相反的“无知”“事后才知”“冒失”等特性。——译注

41　《手势和语言》，第2卷，第11—12页。

化，它经过电脑工业的全息记忆阶段，最终被我们称作"生物技术"的生命工程所开发利用。裂变记载了记忆，记忆也记载了裂变。裂变只能是关于裂变的记忆，只能是它所**激发**的纹迹的效应。

在此，记忆的问题和程序以及程序的类型的问题组合在一起：

"这个问题不能[……]被放在本能和理智的对比中，而应当从两种不同的程序类型对比的角度来认识，一种类型[比如昆虫类]在最大限度上服从遗传的先天确定性，另一种类型属于人类，它则对应着一种表面的遗传的不确定性。"[42]

不能由此引起误解，以为程序化对于动物是决定性的，而外在化的运动则取消了程序的作用，使之不确定。这里必须在"新型程序"的条件下使用不确定性的概念。为了理解这个概念，首先必须区分人类以外三种不同类型的生物存在，它们呈现了三种不同等级的选择的可能性：蚂蚁的"选择"范围比蠕虫广，而脊椎动物的"选择"范围又比蚂蚁广。每一个高等层次形成的同时，也保留了与低等层次相同的行为实体，尤其是，上述三个等级上的"选择"的可能性并非真正的选择：这里涉及的是遗传的选择，被选择的可能性先天地记载在遗传基因之中，它构成个体的潜在的记忆，躯体可塑性和生存环境的碰撞激发了整体表型的印记现象，从而使个体的潜在记忆现实化。由蠕虫到脊椎动物，记忆的"操作余地"扩大了，条件反射和驯兽就是一例。脊椎动物形成了个体的记忆，并同时（根据个体的适应）记载过去的"经验"。这个"经验"受非特定的遗传基因的多重确定，并使得同一种属的不同系列具有程度不同的完善性。而所有这一切最终服从于自然选择的原则。这种本能记忆的机制在人身上也存在，因为人也是一种动物，而且"人类活动很重要的一个部分出自本能"。

勒鲁瓦-古兰正是要在这个本能的层次——即人性构造中最初级

42 《手势和语言》，第2卷，第13页。

的层次——中区分出理智，而理智的形式则要求属于两个更高层次的语言。

他把这三个层次分别定义为“特定性层次、社会种族性层次和个体性层次。在特定性层次，人类的技术性理智直接同它的神经系统的进化程度以及个体能力的遗传决定性相关。[……]在社会种族性层次，人类的理智行为呈现出独特的方式，因为它在个体和遗传特性之外，形成了一种具有高速进化特征的**集体化机制**。对于个体来说，社会种族的制约性和使它生来就是智人的动物制约性具有同等的重要意义。然而社会种族制约性的具体方式却有所不同。因为它在一定的条件下允许某种个体解放的可能性。

“在个体性的层次，人类也呈现出一种特征：由于大脑系统为人类提供了以符号的形式应付自身场合的可能性，所以个体甚至可以从符号的意义上来突破遗传和社会种族的制约”[43]。

上述三个层次**不可分割地**构成了使“人类的技术行为”成为可能的记忆实体。但是，这里还有一些问题有待澄清，如果第二个层次毫无疑问地与人的技术可能性直接相关，则第三个层次显然不是如此，它在本质上是以符号行为为目的的：如果我们认为真正的符号是精神性的，并且以上所指的是精神性符号（第二起源），那么我们就必须承认第三个层次已不属于真正意义上的技术行为；如果相反，这里所指的是从一开始就伴随技术行为而产生的符号行为，由于“技术和语言是同一种属性（即外在化过程）的两个方面”，所以，个体层次便成为一般性的差异化运动的层次，也就是作为工具的符号层次。这种意义上的个体层次是不需要创造性意识为前提的。因为没有语言学家否认语言操作在个体层次可以产生历时性的特殊变化（方言）；而且没有任何语言学家反对索绪尔的观点，即语言的历时性的特殊（方言）化本身不以操作语言

43 《手势和语言》，第2卷，第21—22页。

的个体的意志为转移。

“社会种族”制约是人类群体(种族)的“新型程序”,它作为程序构成了和动物群体遗传制约类似的社会条件,但是这仅仅是一种类似而已,因为动物不可能摆脱自己的遗传制约,而人却能够——当然在一定的程度上——从社会种族的制约中解放出来。这种“新型程序”属于记忆而且通过记忆来实现,它是由解放到外在化过渡的结果。它在个体的层次使新的可能性具体化并在这些可能性充分实现之后将它们重新注入社会种族层次。这个描述方言的差异化的全过程完全取决于超前,正是由于在种族的约束与特有语言对这些约束的适应之间形成固定的关系,而且这些约束所构成的规则发生着多少来说缓慢的转变,种族文化的进化及其差异化才能得以实现:“种族和记忆之间的联系的断裂似乎是造成快速的和连续性进化的唯一方案(一个仅仅属于人类的方案)。”[44]在外在化之后,差异化过程经受了从种属层次到个体层次的本质性转移。个体除了受其动物性和来自它继承的并受其牵连的**已经在此**的世界的限制外,它的行为的可能性是不确定的。

“个体从诞生起就面临着它的种族所固有的传统实体及其各种表现形式,并同自己所属的社会机制展开对话。从生物的角度看,传统之于人类就如同遗传之于昆虫社会一样是不可缺少的:一个种族的生存需要常规,个体和社会的对话促成常规和进步之间的平衡,常规是群体生存不可缺少的财富的象征,进步则是个体为改善生存而实行的革新的象征。”[45]

传统在当今世界是否存在?如果传统对于生存是本质性的,我们将如何生存?我们是否应当构思一种新型的“传统”?

---

44 《手势和语言》,第2卷,第23页。

45 同上,第24页。

11. 特有语言差异的无差异性

这里提出的问题涉及时间、无程序的变化、不确实因素、无预先确定的归宿的命运、决定等内容。使人区别于其他生命现象的是时间，时间性需要以外在化和代具性为前提：时间的存在仅仅是因为记忆是“人为的”，这个人为的记忆构成**自从**它被“悬置在种属之外”以来**已经在此**的过去。必须严格地理解所谓“自从”的含义：继承“人”的称号，这就是继承一切已经存在的过去，继承**过去发生的一切，自从**“古老得可怕”的过去开始。两种“起源”由此而来，“东非人”和“尼安德特人”两个阶段之间的差别由此而来。根据勒鲁瓦-古兰的理论，第二个阶段标志着社会的产生：

“从脑前额的扩展开始，具有人类特征的进化便带来了一个在遗传进化之外汲取源泉的技术世界。自智人起，构造一个社会化记忆的机制便主导了人类进化的一切方面的问题。”[46]

上述观点有什么可以反驳的？大致看来，无懈可击。但是如果我们从超前的角度来提出问题，那么它们就站不住脚了。超前从东非人开始就已经存在了，尽管那种超前还是在大脑进化没有完成的条件下实现的：对比和反思已经存在，不过它们所依赖的大脑和技术的条件对于我们来说还是完全陌生的——这种反思的奇特性本身提供了可感受的可能性。东非人的大脑皮层的扇面正在展开这个事实，从**原则**上和下列两种假设是不矛盾的：第一，原始技术的进化已经需要记忆的外在化——以语言和工具为载体；第二，这种进化已经需要一般性的符号——虽然超前的形式尚且模糊不清，但是它却是完整意义上的超前。关于技术理智和非技术理智之间的对立的观点，虽然便于描述，但却很

46 《手势和语言》，第2卷，第24页。

肤浅。和勒鲁瓦-古兰提出的所谓社会化出现于大脑形成之后的观点相反，人类从东非人时代开始就已经形成社会，尽管这种社会化尚不具备我们现在所认识的形式。显然，“种族记忆被悬置在动物性种属之外”是从东非人时代开始的。否则，一切都会变得不可理解，我们就不得不抛弃勒鲁瓦-古兰的一切假设，向卢梭回归。

这些假设的威力就在于它们在骨骼、大脑和工具之间建立的关系。它们的局限就在于没有提供认识理智——即一般性的社会技术差异化过程——的方法，理智本身也是外在化运动的直接结果。“第二起源”是不存在的，起源是完全不存在的。勒鲁瓦-古兰本人也对我们以下将要引用的论述中的两分法提出过怀疑。他认为，新人时代是前额发展的时代，大脑皮层“是人格的主要因素[……]，它在对操作、**预见**、**清晰的意识**的把握方面具有决定性的作用”。他进而指出，只有从大脑前额起决定作用开始，“人们才能提出真正人类意义上的理智和反思的概念”，这无疑是说我们现在认识的理智和反思的概念。

“我们不能否认最早的猿人已经具有大脑前额的某些发展的可能性[……]。当我们承认，在南方古猿和旧人的时代，技术的发展大致追随脑壳的发展时，我们**已经考虑到**具有个体特征的创造性理智的因素。”[47]

事实上，这个“个体理智的作用”基本上被**忽视**了，它**从来**未被“考虑”，而且，在这种形式下提出的问题是不确切的：这里涉及的与其说是理智不如说是超前。个体的理智不是一个本质性的问题。尽管如此，以上论述淡化了原来在原始人类各阶段之间作的过于清晰的划分，勒鲁瓦-古兰由此出发，提出了关于最后一个阶段的基本观点，即社会的决定性作用：“随大脑发展产生的最明显的事实就是，社会相对于种属而言所取得的重要性。”[48]这句话是否指：社会在此之前并不存在？

47　黑体字系作者表示强调。

48　《手势和语言》，第1卷，第187页。

当然不是。毫无疑问，存在着一个使人类发展中的**决定性因素**发生转移的动力。但是要划清不同阶段之间的界线则非易事。一切都一下子产生，它们又同时发生差异。记忆这个无机物的有机化是基本的因素，它构成了第一性的动力。这个第一动力创造了其他的一切，它在自身变化的同时也改变了其他一切事物。在这样一种复合体系中，大脑的发展是无机物的有机化运动造成的世界发生根本性变化而带来的结果之一。也就是说，大脑是这种变化的**有机性结果**。它不是变化的原因。此外，这里所涉及的并不是一个原因的问题，而是一个推动，它带来的能动性发展渗透、占据并贯穿了工具、大脑皮层、群体和地域等方面的发展。在这个问题上，或是选择划分界线，或是选择破解不同层次的趋势所构成的运动，这些运动是相互渗透的，缓慢而混乱的，甚至显得前后矛盾，根据这种选择的差异而形成两条不同的分析道路。

当大脑皮层形成之后，技术的差异化就完全依赖社会的差异化而不再是动物性的差异化，尽管它的发展运动和差异化过程似乎在一种动物性的变形中延续，因为它的进化具有种系发生的表象，呈现出种族特有语言的无差异性。但是事实上，技术的差异化在大脑皮层形成之前已经是社会化、时间化和一般化的。

这里我们又重新遇到了所有卢梭式的论据：理性（精神性的理智）、语言（精神性符号）、社会（种族群体）等一切历来被哲学用来定义人性的属性以前都不存在，或几乎不存在。一切都来自以后，即沉沦之后，来自跨越间隔的飞越。

12. 已经在此、相关差异、后种系生成

探讨人类的诞生就是探讨死亡的诞生，这是我们在卷首就提出的论断。现在反过来考察一下这个论断的根据。

我们已经明确，这里要探讨的是“人的发明”的问题，这个模糊的

命题就是我们的起点，并由此引出了相关差异的概念：相关差异是一般性的生命的历史，人的发明是这个历史展开的一种**调节**（技术、人为因素、命名、死亡等问题的共鸣），必须给这个阶段定性。所谓裂变就是从遗传的相关差异向非遗传的相关差异的过渡，一种“延迟的自然”。为了触及以这种方式提出的时间问题，我们曾提前推出了后种系生成的概念。

“外在化运动的矛盾性”使我们作出了人和工具相互发明以及技术助产术的论断。根据这个论断，在人类形成之初的后种系标向就是燧石。大脑皮层的形成过程是对燧石石器中留存的经验的反射，燧石**构成了一个过去**，它记载了**过去发生的事情**。作为纹迹，经验留存本身已经是一种反射。

超前问题带来的疑问和外在化运动的矛盾性是一致的：落后同时也就是领先，在这种“后来”的结构中，我们无法断定是大脑皮层的发展决定了石器的发展还是相反。内在似乎应当先于外在，但是内在本身又由外在构造，所以外在又先于内在。除非我们断定，二者互为领先，它们不过是从两种不同的演变角度考察的同一件事物。然而不管我们从何种角度考察，外在化和内在化的**运动**问题总是存在的：运动从何而来？它遵循什么样的原则？

我们已经看到，在有关超前的理解中，必须区分两个层次：操作性超前和作为模板及超前形式的差异化的超前。运动的问题出现在第二个层次——当然，它已经被部分地包含在第一个层次之中：超前运动从何而来？从东非人到尼安德特人，大脑和工具共同实现差异化，它们处于**同一个运动之中**。这个运动就是在“**外在化**”中实现的一种独特的结构性耦合过程——**器具助产术**，“反射镜雏型”。在这个过程中，大脑皮层的差异化由工具决定，反之亦然。这就是反射镜的效应，在反射镜中，一方从另一方反观自身，从中变形和变化。这个耦合从一开始就在互导关系中构成了根本性的动力。

剩下的问题就是要为这一现象寻找一个可以接受的生物学的解释：在此必须提出一种全新的遗传选择过程的假设。经过加工的燧石的进化非但不单单由大脑的进化决定，它反过来决定了大脑形成的过程。这样一种假设意味着我们必须展开人为性选择的概念：大脑在与新环境发生的关系中产生了突变性的选择，而这种关系则是以一定的技术机制为中介的，它构成了人类的防卫和采猎系统，既推动了个体适应的过程，也推动了种系的进化。但是这个假设并不意味着既成特性在遗传中保留，尽管它可能造成此类错觉。

我们必须注重自工具产生以来出现的后生成过程的特点，**即工具在制造或（和）使用工具的个体之外保存自己**。（工具是一种真正的无生命而又生命化的记忆，它是定义人类机体必不可少的有机化的无机物。这种作为过去的后生成因素的标向和积累者的工具的出现，必须以大脑结构特有的后生成的可塑性为前提。）在非人为、非技术——即在**没有被**相关差异的相关差异性**调节**——的生命中，一切后生成的积聚都随着它们的个别载体的消亡从特定的记忆中消失。在我们现在考察的情况中，生命保存和积累了这类后生成的现象。这种保存决定了一切同环境的关系，以及**一切变形选择的过程**——尤其是在大脑中发生的变形。由此，我们可以作出如下似乎和分子生物学规律相悖的假设：**后生成因素反过来对种系的再生发生强烈的效应，并引导和制约了选择的基本影响**。根据这个假设，我们可以推断个体的发展以三种记忆为基点：

——遗传记忆；

——神经记忆（后生成性）；

——技术和语言的记忆（我们将技术和语言混合在“外在化过程”之中）。

工具模板既是生产的结果，也是生产的条件。模板构成生产模板的操作系列记忆的载体，它保存了过去的后生成因素的纹迹，积累经验和教训；同时，模板也是这些操作系列传播的结果，这种传播是由原型产品的存在本身来实现的。这就是后种系生成的意义。从此，我们必须论述三种类型的记忆，这实际上就是在略加修改的基础上进一步深化勒鲁瓦-古兰提出的三个层次的假设：

——遗传记忆；

——后生成记忆；

——后种系生成记忆。

后种系生成是一种归纳式的积累，是(后)个体经验的动力和生成形态(后种系生成)，它标志着在有机体和它的环境之间出现了一种新型的关系，这种关系同时也是一种新的物质类型：如果说个体是一种有机体(有机化的个体)，那么在关于“谁”的问题上，它同环境(一般意义上的、有机和无机的物质)的关系是由一种有机化而又无机的物质为中介来实现的，这就是工具，它起着训导(器具)的作用，它就是“什么”。正是在这个意义上，我们说：“什么”在被“谁”发明的同时也发明了“谁”。

13.“谁”和“什么”

遗传和后遗传的关系是具有生命历史意义的相关差异的一个方面。如果说勒鲁瓦-古兰的贡献就在于动摇了动物性和人性之间清晰的界线，那么这里的问题就在于详细阐明延迟的相关差异以及这个阐述的可能性。勒鲁瓦-古兰用来讨论这个问题的方法实际上又把他拉回到一个简单的对立，当然，这个对立被他转移到另一个同样非常传统的范畴层次：操作和理智。同样的选择(提出第二起源)也使他重新回到内在和外在、以前和以后、动物性人和精神性人等形而上学的对立。我们提出了器具助产术的范畴，试图以此抓住并揭示不可能简单地将内在和外在对立的困惑。只有在器具助产术的范畴下，我们才可能理解，工具体系非但不取决于某种创造或主宰物质的自我意识，而且在继续一个早在断裂之前就展开的进程的同时，构成了一种新的断裂——相关差异的**新机制**、一种**相关差异的相关差异**。虽然这里的中心概念是**后种系生成记忆**——它既可以**否认一切对立也可以描述和保留**差异化现象，但是我们似乎在德里达的文码学的解构理论中找不到任何相应的概念。我们将在讨论线性文字时展开这个问题。如果离开了后种系生成记忆的概念，我们似乎就无法针对作为一般生命历史的一般性相关差异来特别确定延迟的差异，因而既不可能回答人是什么的问题，也不可能断定人不存在。“人的发明的模糊也就是发明的主语的模糊，使‘谁’和‘什么’连成一体——既将二者相连又将二者相分——的因素就是相关差异。”相关差异就是指这种双向运动、交错反射，通过反射的双向运动，“谁”和“什么”共同构成**同一个现象的两个侧面**。

勒鲁瓦-古兰缺乏将差异和延迟两个概念统筹兼顾的思想，所以他把技术性理智（即**狭义的超前过程**）和符号或“符号化能力”相对立。他认为符号是“外在于简单物质实体”的理智的成果，与符合技术运动的几乎是本能的目的性相比，符号是一种完全的解脱，它启开了死亡的意识。正如他不得不提出第二起源，以便避免分析自东非人时代就形成的“相关差异化”的新型动力，他也将死亡的意识归结于大脑发展的一种（晚期）状态。同样的推理使他得出：死亡的意识也就是语言——和我们的语言同等的语言——的意识。然而，我们已经看到，语言问题完全属于“后种系生成”的层次。“具体的语言”或仅仅关于某一个场合的表述是不存在的，语言总是抽象的。勒鲁瓦-古兰提出的有关“猿人”的“非抽象”语言的矛盾观点，却是同他的另一个矛盾观点相吻合的，即猿人的语言没有任何种族特有语言的差异化可能（这个观点来自有关前尼安德特人工具的分析）。但是在《手势和语言》的第二卷开首，记忆的外在化（“种族”的记忆被“悬置于动物种属之外”）包含了种族特有语言的“辩证法”：“种属和记忆之间的纽带的断裂似乎成为唯一能够在个体和社会的‘交谈’中导致快速而连续进化的方法(仅仅是人类的方法)。”这种分析在加以某些修改(当然是本质性的修改)之后,可以将我们引向海德格尔式的时间问题的讨论。

我们通过古生物学有关理论的研究,提出的关于技术及其动力的问题,实际上直接涉及关于(“为终结”的存在者)存在的分析——乃至整个哲学。海德格尔将计算的时间(非真实的度量的时间,即试图“确定不确定性”的时间)与真实的、作为同死亡的关系的时间相对立。从某种程度上说,勒鲁瓦-古兰的方法与海德格尔很相近,他把技术性和与死亡的关系(即“反思”理智)分离开来,并最终对立起来。从关于勒鲁瓦-古兰提供的理论材料的批判分析出发,我们可以相反地设想一种关于时间的生存性论证。这个论证实际上涉及的就是有时间**烙印**的存在者——此在或“谁”。所以,这也是一种关于存在和身体所依赖的**代具性**的论证。代具性是此在的**已经在此**部分,或者说,**已经在此**从本质上说是代具性(偶然性)的,它启开了存在和时间的关系,而不是使存在非自然化。人们似乎可以说,这个分析实际上同海德格尔在**实际性**名义下所作的分析是一致的。我们在下一个部分中将试图指出:事实并非如此。

第二部分

爱比米修斯的过失

引 论

在本书的第一章末尾，我们曾经提出了这样的问题：技术逻辑的动力作为时代和技术组织的推动因素，怎样同超前的——人类逻辑的——操作动力相关联？技术性是由什么构成的？换言之，从现象学的时间性出发，如何构成技术性？在上一章结尾，问题的形式发生了转换：如何从**技术性出发**构成时间性？“谁”的时间性是怎样形成于“什么”的**切实性**之中的？我们在提出这些问题时，以后种系生成概念为基础。

假如说存在着时间的原生结构，并且这个结构形成于代具（作为对终结的超前）已经在此的境域中，形成于外在化的**运动**中，也就是说它建立在“遗传调节的废墟”之上，并且**以这个废墟为起点**，那么：

1. **这种和后种系结构无关的时间是无从谈起的，这种结构每一次都被已经在此——即被组成人类和技术连续时代的记忆的载体——以独特的方式翻新**；这里，附加的因素也就是基本的因素，这种基本的附加性就是时间（和时间的关系或相关差异）。

2. **这样的分析需要首先澄清超前的可能性**（可能性的可能性）。这样的澄清即是生存分析的对象本身，它应当被作为代具性问题来解释。

这种分析方法是不可能由从人类学向现象学的骤然一跃来实现

的，因为二者的基本问题不同。在此我们将要考察普罗米修斯和爱比米修斯神话的不同关联，这个神话包含了代具性（普罗米修斯——技术之神）、超前（普罗米修斯——先知之神）、死亡（普罗米修斯给人类带来的期待和对终结的忧虑与无知）、遗忘（爱比米修斯的过失）、反思或在落后和后知意义上“对存在的理解”（爱比米修斯原则即是指通过对过去失误的反思获得的经验**积累**）等范畴之间的根本关系。这个神话**从一开始**就把“外在化”作为和死亡、超前的关系同社会化联系在一起。

第一章

普罗米修斯的肝脏

什么？我好奇地疾声自问。

谁？你应当这样问才对。狄奥尼索斯就是这样说的。[……]

——尼采

存在者是一个“谁”(生存)或者是一个“什么”(广义的在手存在)。这两种形式的存在之间的联系是什么？

——海德格尔

1. 遗忘者的遗忘

古希腊的技术神话给欧洲语言留下两个得自神的共同的概念：普罗米修斯原则和爱比米修斯原则。古希腊神话几乎是用“生存分析”的语言表述这两个概念的。当时，这种分析基本上**还可以**在悲剧的形式下——即在前柏拉图、前哲学和前形而上学的形式下——展开，在这样的环境中，悲剧**尚可通过**技术来感受(对技术的惊奇)。这个神话同形而上学是根本冲突的。我们已经在勒鲁瓦-古兰的理论中看到了类似的冲突，看到他是如何无法自圆其说，以至于陷入第二起源，并不得不把外在化和社会分割，以便（从技术的**动物性**中）拯救精神；但是当他在区别特定性差异和种族性差异时，又将二者连接。他似乎先断定外在化先于社会化，然后又将二者合而为一。由此，他在语言和技术的关系问题上就十分模糊不清：既承认二者相互包含，但同时又招回形而上学的观点，从而提出这样的假设，认为真正（精神性）的语言必然摆脱（技术性的）运动机能。

如果我们按照第一种假设，认为语言和技术是人类同一种属性的两个紧密相关的方面，那么勒鲁瓦-古兰的人类学就会同形而上学发生冲突，因为后者恰恰首先将逻各斯和技术、自然和规范、理智和感觉、秩序和混乱相对立：

——技术作为一种伪造行为，为一切随机性、无度和以神自居的人类将自己的意志强加自然提供了可能；

——逻各斯作为真理的所在，也就是加在存在者原形（自然）之上的尺度。

但是，古希腊关于技术的**悲剧式**的理解却完全不是如此。它没有把两个世界相对立。它给死亡构造了具有积极意义的场所，即自身的界限：一方面是永生的神，另一方面是无死亡意识的生命（动物），二者之间夹着一层技术的生命，也就是死亡的生命。悲剧式的**人类起源说**就是在双重运动中构织出来的**死亡学**：这个双重运动就是爱比米修斯对普罗米修斯的重复。

爱比米修斯并非单单是一个**遗忘者**：即不懂得思前想后——即**经验**（也就是说对即将到达的、正在发生的和已经发生的事物反复咀嚼）之本——的象征；他同时也是一个**被遗忘者**。他被形而上学、被思想所遗忘。如果把思想本身作为一种遗忘，那么他就是遗忘的被遗忘者。每当人们谈论普罗米修斯时，总是忘记了以爱比米修斯为象征的遗忘：总是迟到的真理。值得惊奇的是，这个后觉、这个从过时的经验开始回归的象征，这个为思想本身命名的爱比米修斯原则，不仅没有在关于完结的现象学思想中占据中心地位，而且被排斥在这个思想之外。

普罗米修斯的孤家寡人的形象（比如海德格尔在《校长任职讲演》中的描述）是毫无意义的。他的存在意义仅仅在于爱比米修斯的重复，后者又同时实现了对自身的重复——1. 造成过失、欠思考、愚蠢、孤僻、遗忘等；2. 沉思、总是过迟、反思、知识、智慧，以及**同回忆完全不同的另一种形象：经验**。希腊语把反思的知识植根于爱比米修斯原则之上，这就是说，反思的知识存在于作为完结经验的本质的技术性中。海德格尔的生存分析在这个问题上的空白只能使我们感到震惊，同时，在我们看来这又是不可避免的。原因如下：

——一方面，分别以普罗米修斯原则和爱比米修斯原则为代表的两种形象的交合，恰当准确地提供了时间性结构的基本要素，这个时间性被描述成一种走向终结的存在；

——另一方面，二者的交合意味着它们之间的关系必不可免地扎根在技术性之中，这同把真实的时间和计算的、烦忙的时间相对立的观点是根本矛盾的。

2. 死亡学：在手一无所有

以上追踪的问题到此发生了一个决定性的转变：技术学确切地成为死亡学，一切人类学的余留皆因此而被抛弃。柏拉图在以普罗塔戈拉斯命名的对话中，借普罗塔戈拉斯之口讲述了普罗米修斯和爱比米修斯的神话：

“很久以前，世界上只有众神，动物尚不存在。当命运呼唤动物生存的时刻来临，众神将土和火以及一切可以和二者融合之物掺混，在地底下塑造了各类动物。最后，在让动物见天日之前，众神委托普罗米修斯和爱比米修斯适当地分配给每一种动物一定的性能。但是爱比米修斯却要求普罗米修斯把分配的差事让给自己:'待我分配完毕,你再来检验。' 他在说服了普罗米修斯之后就着手分配。在这个过程中,他给某种动物以力量,却不给以速度;他让弱小的种类行动迅捷;有些种类获得了尖齿利爪,而对那些无此特长之类,他也想到了给它们自我保护的性能。[……]**总之,分配的原则是机会均等,在他的一切设想中,他留意不让任何一个种类灭亡**。

"[……]但是众所周知,爱比米修斯并不十分谨慎小心,他没有料到,当他把性能的宝库在那些无理性的动物身上浪费殆尽后,还剩下人类一无所获,他一时不知所措。就在他为难之际,普罗米修斯来检验分配结果了。他看到其他所有的动物都适当地各获其长,唯有人赤身裸体,既无衣履也无尖齿利爪。人类走出地底迎见天日的命运就要来临。为挽救人类而操劳的普罗米修斯从赫菲斯托斯和雅典娜那里盗取了技术的创造机能和火(因为没有火就无法获得和利用技术)。就这样,他送给人类一份厚礼。人类从此获得了可用于它生命需要的理智。但是,人类尚无安邦治国的知识。这门知识由宙斯掌管[……]。从此以后,传说普罗米修斯因他为爱比米修斯补过而偷盗的行为受到处罚。

"正因为人类具备了一部分神的性能,所以,首先人类是唯一信奉众神的动物,人类建祭台、立神像;其次人类很快就会灵便地节音表言。衣食住行则是在此之后的发明。"[1]

人类的**到来从一开始**就是因为偏离了动物世界的平衡和安宁,这是由原始的过失而造成的偏离。在偏离之前,什么也不存在。爱比米修斯把人类遗忘,这过失是一个偶然的事件。人属于被遗忘之类。人类只有借助遗忘才能降临,它在消失中出现。

人类是双重过失——遗忘和盗窃——的产物。人类就像早产的小动物,赤裸裸,没有皮毛爪牙,它**似乎**来得太早,但同时也到得**太迟**了

1 柏拉图:《普罗塔戈拉斯篇》,320d—322a。

（所有的性能都**已经**分配完毕）。人类的早产使它需要政治，政治来自技术，但是人类尚不具备这个知识。这里所说的“尚不具备……”并不是指人类的产生分为两步，似乎第一个阶段是圆满的起源，然后发生沉沦。过失从起源起就存在了，所以人类才有一种原始性的缺陷，或者说是作为缺陷的起源。人类的出现只能作为消失的出现。这一切都是同时产生的。

我们只有首先参照让-皮埃尔·范尔南对赫西奥德的《神谱》和《工作与时日》的解读，才能解释普罗塔戈拉斯讲述的神话。赫西奥德的讲述启发了普罗塔戈拉斯。在《神谱》中存在着一个黄金时代，人和神同席而饮，这就意味着人类尚未**降临**，因为这个时代不发生任何事情，黄金时代是一个时间之前的时代，事情随时间而来。

“黄金时代没有把自然状态和文明状态对立；它抹去了二者之间的一切差异；它把文明的食物当作大自然的产物，人无须劳作，一切都已耕种、收割、储存、烹煮，只待享用。”[2]

如果发生偏离，这不是相对于自然，而是相对于神。这也就是说，偏离涉及的是人（死）和神（不死）的关系，因此，人类起源说首先就是死亡说。人类起源只有放到神的起源之中才有意义，神的起源集中体现在奥林波斯神族和提坦神族之间的争斗，而宙斯和普罗米修斯之间的冲突，不过是这个争斗的变相和延续。人类在这个背景意义上，通过双重过失——尤其是盗火——获得神性，为不死的神设立祭台。这是面对作为生存条件的技术（它的力量也意味着人类的无能）产生的惊叹而构成的宗教。在发生过失之前，什么也没有发生。一旦出现了过失，一切又都消失了。人类及其死亡的生存条件，来自普罗米修斯在人和神共席的餐桌上作出的一个具有迷惑性的分配，这个分配损害了宙斯，

2　范尔南：《祭品的烹调》，第70页。

有利于人类。[3]其结果一直体现在古希腊城邦的祭神典礼中：人类在消亡中，消亡内在于人类的生存条件——即死亡。一切神性都在人身上泯没并转换为它们的对立面：

“人自以为值得庆幸的好事（正如人类为宙斯赐予的‘美丽的恶’——女人——而庆幸）实际却显露出它的恶性；提坦神的后代普罗米修斯为嘲弄宙斯而设的圈套不仅反过来害了自己，而且最终落到人类的头上。普罗米修斯盗出的火虽然是有益于人类的，但是火本身也同周身渗透着可怕的诱惑力的第一个女人一样，是一件可疑的礼物。”[4]

“故事的叙述首先展示了对万事万物有先见之明的宙斯，接着刻画出宙斯在两次遭受欺骗和愚弄之后，施行惩戒直至凯旋获胜。这种叙述就是要在悲剧的形式下，逐渐向读者揭露普罗米修斯给人类的礼物的消极因素，那些不明不白的好处终究会有一日反过来打击受益者。”[5]

是神的起源中发生的争端给人的起源以意义，而人类起源论不是别的，就是死亡学：神的起源为不死的神定义，同时，它的反面也即是确定死亡的意义。

正如饮食的礼仪一样，献祭“唤起对古老的神人共餐时代的回忆，那时，神人混杂，日复一日地同吃同乐”[6]。但是我们已经指出，这个黄金时代并不是一个起源。它毋宁说是一个极限，一个无可挽回的失去的极限。或者说，这个时代是一种既被遗忘又不可遗忘的条件，因为它总是在反命题中被人类唤起，或是被投向自己的反面：神。神总是遥遥在望，既近切但又永远隔着一条鸿沟，这正是人类永恒的忧虑和无限的遗憾：

“在献祭中通过祭品而展示和延续的是横在人和神之间的距离，

3　赫西奥德：《神谱》。

4　《祭品的烹调》，第41页。

5　同上，第70页。

6　同上，第43页。

[……]一方面是奥林波斯神永恒不变的青春[……],另一方面是地上的人为了成为自己而不得不承受的短暂的存在形式。”[7]

献祭使人类重新找到自己的位置:在神和兽之间,在由偏离带来的**二者之间**(在出现和消亡之间)。我们在此并不想重提所谓自然状态或“人性”的本来面目;沉沦并不曾发生,发生的是一个过失;同样,既不存在宇宙秩序,也不存在灾乱,只有死亡。

“对于赫西奥德来说,澄清人类存在的条件并不在于确定一种连他自己也不明白的‘人性’,而是在于通过关于献祭创立过程的讲述,揭示直接或间接地包含在祭礼中的人类属性及其所属地位的意义。”[8]

赫西奥德的神话向我们指出,为什么人类共同体的问题——这个问题在普罗塔戈拉斯讲述的神话中,成为导致赫尔梅斯被派遣的政治问题——和祭礼问题是不可分割的:政治性的共同体只有在**和普罗米修斯的过失相关**的原始祭礼的回忆中构成,在此,我们同样可以清晰地看到,在古希腊时代,对宗教和政治不可分割的理解是以死亡问题为基点的。死亡就是对一切起源的原始性偏离,也就是说是一种**技术**的偏离,是人类对神的力量的模糊的、隐蔽的、过于人化的反射。

“人和一切有生有死的动物一样[……]共处于一个与神不同的层次,偏离并外在于神界。但是和其他禽兽不同,在芸芸众生中,唯有人的存在类型包含了某种固定的标准,一种和超自然的力量的特殊关系。没有一座城邦、一种人类生活形式不通过有组织的祭礼和神的世界发生联系并与神建立一个共同体。人类既远离神又亲近神,既被隔在神之外又和神沾亲带故,人类生存的这种模糊性,也被普罗米修斯在神的世界以其自己的方式所承担。”[9]

---

7 《祭品的烹调》,第47页。

8 同上,第81页。

9 同上,第49页。

换言之，这种力量的双重性来自神界本身。一旦这个力量“付诸行动”（这个行动就是普罗米修斯的过失，是抵抗奥林波斯神的强大力量的失败），它就意味着一种衰落。这一点和海德格尔的生存分析所要说明的问题是相似的。祭礼唤起这个衰落，人类在奉行献祭的过程中，也确实接收了衰落：这就是普罗米修斯的失败。

普罗米修斯的失败“不仅仅使象征着把两个种类（死和不死）完全分开的行为成为祭礼；它还赋予这个分割以不可挽回的、合乎情理的衰落的特征，而每当人类通过普罗米修斯的形式实行祭供并因此而进入同超越自身的力量交流，它就必须承认这种衰落的特征的合理性”[10]。

这个衰落——死亡——就是争议“eris”（“竞争、嫉妒、争吵的精神”）的起源。争议存在于神界本身，但是在人类世界中，衰落永远使人类面临四分五裂、战争一触即发的威胁：人类处于警惕状态。这是一个共同体永远必须获得的必要政治条件。正是这个争议，使得人类的条件和神的起源相连，也正是从这一点出发，范尔南在赫西奥德所著的《神谱》和《工作与时日》（后者讲述的死亡学即是伪人类起源学）之间建立联系：

“在《神谱》中，争议的悲剧通过神的中介指向人类，并最终触及人类；对于这个悲剧，《工作与时日》也给予了回应，它描述了在贝奥提亚地区赫西奥德和他的兄弟佩尔赛斯之间发生的争议。”[11]

但是，神之间的争议是清晰、单一的，它的结果也很明了（宙斯征服普罗米修斯并给予惩罚——我们还要分析这个惩罚的意义）。而人类之间的争议则是模糊不清的，正如死亡的一切特性一样，这些不纯粹的“生存”来自普罗米修斯的过失：由语言造成的复杂性和双重性同样也是政治不可缺少的属性，在政治上，作为**竞争**的冲突既可以成为一个共

10 《祭品的烹调》，第50页。

11 同上，第54页。

同体进取的动力，也可以使之毁于一旦。

由此我们看到普罗米修斯原则怎样确定了死亡的意义，并且它也像确定古希腊政治含义一样确定了宗教和所谓悲剧的含义：死亡就是普罗米修斯原则，自从宙斯发现被普罗米修斯作弄，“人类存在便是我们现在看见的这个样子：完全卷入双重的争斗”，一方面是积极的劳作竞争和进取，另一方面则是手足倾轧的战争（在赫西奥德和他的兄弟佩尔赛斯之间，在同一城邦的成员之间，在不同城邦之间的争斗）。令人吃惊的是，普罗米修斯神话揭示的根本起源竟然被所有近现代关于古希腊政治和宗教的哲学分析所忽略或遗忘，而范尔南则已经异常明确地证明：“如果说，与神的生活相反，人类的生活无法摆脱双重性的争议，这是因为**死亡的条件在普罗米修斯和宙斯的争端中找到自身的根源和存在的依据**。”[12]

普罗米修斯曾经试图作弄宙斯，结果是产生了生存的死亡条件，而人类的出现也无异于它的消亡：这就是宙斯的报复。继黄金时代而来的就是这个悲惨的时代，人类**不再具有任何在手的现成物**，也就是说，**口中无食**，永远受劳作之苦。劳作是为了赎回原始的过失，使从此深藏地腹的谷子长出地面，而谷子也如同人一样，总是会现而复没。所以，人类不得不日复一日地劳作、**操作器具**，直至忧染双鬓，老死方了。[13]

3. 在自身之外

现在让我们回到柏拉图借普罗塔戈拉斯之口讲述的神话的第一段。首先是爱比米修斯的遗忘造成的第一个过失；接着就是普罗米修

12 《祭品的烹调》，第57页。黑体字系作者表示强调。

13 “由于普罗米修斯的计谋，人类吃到了牛肉；由于宙斯的意志，人类从此失去了伸手可得的生存必需的谷物……”。同上，第59页。

斯偷盗火种：第二个过失。由此，赤身裸体的人类现身于自己的消亡之中，人类这个提前的早熟同时也就是它永恒的落后。人类之所以暂时不具备政治艺术（这是人类弥补其原始缺陷所必不可少的，它将随人类的技术性而产生），是因为人类的生存条件取决于提坦神族和奥林波斯神族冲突的记忆，这个记忆呈现在祭礼之中，**它是语言的起点**。语言以及稍后产生的政治都来自分享神性的记忆，即对偷盗的记忆。从这个记忆出发，人类通过语言实现**发明**。

宗教、语言、政治、发明等都不过是人类原始缺陷造成的本质性措施。所谓本质，在此就是指偶然性、缺乏性能。政治问题或共同体问题之所以有意义，仅仅是因为它们涉及的是一个缺陷的共同体或共同体的最切近的缺陷。宗教、献祭、神坛等，只有和起始于普罗米修斯的行为的政治问题并提才有意义。语言也是同样，只能从祭礼所拯救的意思出发获得自己的意义。

人类发明、发现、找到、"想象"并实现它想象的事物：代具、谋生之道。代具放在人的面前，这就是说：它在人之外，面对面地在外。然而，如果一个外在的东西构成它所面对的存在本身，那么这个存在就是**存在于自身之外**。人类的存在就是在自身之外的存在。为了补救爱比米修斯的过失，普罗米修斯赠给人类的礼物或禀赋就是：置人在自身之外。

是否可以说人类之所以能够化想象物为现实，是因为人具有理性和逻各斯——语言？或者，人类是否因为化想象物为现实——也就是上面所说的在自身之外——才具有理性和语言呢？是技术先于逻各斯还是逻各斯先于技术？抑或逻各斯和技术是否同为在自身之外存在的不同形式呢？

发现、找见、发明、想象等在神话故事中都是一个**缺陷**的事实。动物（和永恒不变的存在、和神相比）已经被烙上了一个缺陷：消亡。**必须把缺陷和存在联系在一起认识，即认识存在的缺陷**。但是和动物获得的各种**性能**相对应，人的那一份就是技术，技术是代具性的，也就是说人的技术性能完全不是自然的。动物的属性属于一种天性，至少是神的善意赐赠：即宿命。而人类的那一份礼物并无善意，它是一个替代。人没有性能，所以也就没有宿命。人必须不断地发明、实现和创造自己的性能。而且这些性能一旦造就，并不一定实现人，它们与其说属于人，不如说属于技术。

普罗米修斯偷了赫菲斯托斯和雅典娜。赫菲斯托斯因追随雅典娜而成为雅典人的传种神。在此，武器、工具、战争器具起重要的作用：雅典娜借助工匠神赫菲斯托斯的一把斧头，全副武装地诞生于宙斯的脑壳。此后，当雅典娜来向赫菲斯托斯订制武器时，工匠神又一次追随了雅典娜——工匠神的精液就通过这个方式传向大地，这就构成了雅典民间神话传说的核心。[14]这个传说对我们以后的一些论点是很重要的。起源、战争、政治：一切都围绕武器而展开。“技艺的创造性”是从这两位神的器具化的手中偷来的，古希腊称此为智慧和技艺。

智慧和技艺当然离不开火，**普罗米修斯盗出的火**包含了智慧和技艺的**双重性**。人类手中的火来自神，它是一种力量，在祭礼中，人通过火的中介找到自身的位置。但火并不是人类的力量，它不是人类的财产，而毋宁说是一种驯服的力量，一旦它挣脱技术的控制，就会显露出它的暴力。在这种暴力面前，人则显得无能为力。在人手中，火又一次体现了在消亡中显现的原则。[15]

必须赋予火的作用以时间的意义：超前、忧虑、自我保存等，这是

---

14 参阅尼科尔·洛罗（Nicole Loraux）《雅典娜的子孙》，La Découverte，1981年版。

15 “普罗米修斯的火不同于神火（宙斯的雷霆、雅典娜的闪电）。[……]这是一种可以消亡的火：诞生、枯竭、不稳定，如同生灵一样；[……]人类具有的技术和给人类提供技术的提坦神一样可疑。[……]不仅‘不息的火焰’隐藏着一种超脱人类控制的力量，更确切地说，这股力量包含了某种神秘的因素，一种超自然的性质[……]，这就给动物的野蛮和人类文化成果之间加入了一个新的内容。”范尔南：《祭品的烹调》，第64页。

一个由原始的双重过失引起的过失系列。火的双重性也就是死亡的“力量”的双重性的象征，它无非是起源的双重运动的效应：普罗米修斯的过失——它是人类存在的缺陷的根源——是另一个过失的重复：我们通过普罗米修斯的过失重新回到爱比米修斯的过失，而前者只能导致缺陷。

“声音”和“指意”只有在这种双重性中（祭礼的中介）才具有意义。语言（作为语言的逻各斯）借助技术（也就是借助于偷来的火和工匠技能）而产生（同样，语言也伴随着消亡而出现，它也具有双重性，语言总是可以用来指示和原来意义相反的含义）。作为宗教和政治的逻各斯（起自过失的逻各斯）就是技术，它完全是技术存在的原始性不足的结果。技术存在的技术性和不足来自技术性的神本身。神的起源中的不足之处首先体现在爱比米修斯的形象上——“它的智慧是不全面的”：它是一个不十分圣明、不完全圣明或既圣明又不圣明的神，一个事后才明白的神。

动物会消亡，人会死：二者有所不同，不同之处就体现在对神的祭拜。**会死的人**“分享一部分神的能力”。人类死亡的标记就在于它和神的关系：人为神建庙塑像。只有从这种特殊的关系出发，人才能获得“发音和确切命名的技能”。在与没有理性或不具有逻各斯的动物（因为动物不分享神的能力，所以就不会模仿不死的神）分清了这一点区别之后，**无从定性的人**才确实地成为逻辑的存在，即（因缺陷）具备逻各斯——分享神的能力就是指通过和不死的神发生（特有）的关系来承受自己的死亡。无从定性的人之所以有语言，就是因为它被排除在特定的性能之外，因为人会死亡。人类说的只能是自己的死亡和消亡，因为神是根据死亡来定义的，而不是相反，死亡并不根据神来定义：诚然，人们有“神的概念”，但是这个概念的内容则是神的不死，死亡将神和仅仅分享一部分神的能力的人区分开，死亡在把二者分开的同时又使它们连接在一起。

在《神谱》中，普罗米修斯的第一个过失就是企图欺骗宙斯：他在分配牺牲品时，把骨头给了宙斯，把肉留给了人类。为了报复，宙斯剥夺了人类使用火的权利。接着第二个过失就是偷走宙斯**为了报复**而从人类那里夺取的火，宙斯又一次报复，把女人抛向人间。两次过失引来两次报复。至于爱比米修斯，他的过失在于接受了宙斯的礼品——女人，这个美丽的恶。宙斯的第二次报复就是造成性的差异，同样是这个差异，在卢梭那里则成为分歧、语言的差别和不平等的根源。差异的使者满载非自然的技巧、周身是耀眼迷人的珠光宝气，这一切也被称为kosmos。"kosmos"一词至今还用来形容化妆用品（cosmétique）。这些化妆品都出自**跛足的（有缺陷的）神赫菲斯托斯**之手。这个差异比其他任何差异都更加确定了（男）人（andres）的状态：在自身之外、使之枯竭。

4. 出生和不确定性

这里涉及的是一个原始的双重性，从第一个动作起、在第一个动作的内部并仅此一举而形成的重复。因为不存在两个起源，或者说，根本就没有起源。有的只是原始缺陷的双重性，这个重复的举动同时也是一个契约的双重性：一个软弱的契约，一个充满了尔虞我诈、从未信守的诺言：

"使人类获得自己的身份的［在普罗米修斯和宙斯之间的］分配意味着什么？［……］它既不是野蛮暴力的冲突的结果，也不是相互认可的结果。它既不是强加的，也不是共同商定的。［……］提坦神族和奥林波斯神族公开的针锋相对的争战，被代之以温文尔雅的对峙和表里不一、伎俩的较量。［……］**这种不确定和间接化的冲突方式对应着人类在同神的关系中的不确定性，这种关系在把人类和神相联系的同时，**

又将二者分离开。”[16]

自从人的生存由于爱比米修斯的过失和女人联系在一起，自从人变成男人，自从出生如同死亡的反射镜一样降临，自从人“注定陷入出生和死亡的双重命运”，人类的生存就无时无刻不同这种双重性共存。劳作——技术——和性差异造成的繁殖来自同一个动作，即宙斯的报复，消亡。[17]

因女人（潘朵拉）的降临而带来的“唯一的意思”就是她带来的瓮罐，瓮罐的意思是期待（elpis）：超前和时间。换言之，这里，**时间性的意义不仅仅取决于死亡，而且取决于来自性的差异的繁殖**。

在赫西奥德的《神谱》中，这个期待的概念把我们引向代具性死亡的深层，这正如我们在分析勒鲁瓦-古兰的理论的最后指出的那样，死亡是一种新的程序形式——或外在化，也就是一种新的启动。这种新型程序虽然不是不可编序的，但是它至少是不确实、不确定和开放性的。这就是无宿命的超前展示的未来或延迟的相关差异。我们将在分析普罗塔戈拉斯的神话故事中重新回到这个不确定性的问题上来。显然，在此应当强调的是，赫西奥德未提及的爱比米修斯，就是在这个不确定性的问题上出现的。

“elpis”一词首先是指等待、推测、假定和预见。由此延伸，它同时包含了希望及其反面——恐惧——的意思。“elpis”曾经和宙斯为人类预备的一切邪恶一起被封闭在女人（潘朵拉）的瓮罐之中。所以“elpis”一般地被认作和邪恶同类。但是，范尔南却对这种看法提出了疑问，以下引用他的有关全文：

“‘elpis’因为没有被用来特指恐惧或信心，所以是中性的：它既

---

16 《祭品的烹调》，第47—49页。

17 “自从由于普罗米修斯的过失谷子不再自行生长以后，就必须将种子埋在地底下，并且谷子被面粉或谷物制成的食品等形式取代；[……]从此，后代的生育也必须经过性的结合在女人腹中实现。”同上，第105页。

可以指善，也可以指恶。这样就产生了一个问题：如果赫西奥德在把'elpis'同所有的邪恶一起装进（潘朵拉的）瓮罐时，把它完全等同于邪恶，并用它专指在忧虑中等待邪恶，那么为了避免混乱，他是否更应当使用'phobos'而不是'elpis'呢？更有甚者，如果人们把'elpis'当作对邪恶的等待，那么'elpis'就具有'极恶'或'首恶'的意思：在不幸到来之前对不幸的预感和始终在场的不幸的念头比不幸本身更可怕（普罗米修斯那不断被鹰吞食的肝脏无疑象征着这种最可怕的不幸）。然而在我们看来，'elpis'是一个根本的不确定性的层次；无论'elpis'是指对恶或善的等待，它从来不是坚决和肯定的。'elpis'与其说是指预感或先知，不如说是指一种常常伴随轻信的度测，它摇摆于自高自大的幻想和谨小慎微的畏惧之间。回到赫西奥德的书中，我们认为'elpis'在普罗米修斯原则——先见之明——中的成分一点也不比它在爱比米修斯原则——后知后觉——中少（'elpis'实际上是二者之间的张力或**结构**）。普罗米修斯自己的悲惨遭遇代表着先知先觉的英雄形象：'我确切地预知一切未来的现象；对于我来说，没有**突如其来**的厄运。'这位提坦神的后代所具备的对自身苦难的完全确实的预见，恰好构成了人类分享的'elpis'之不确实性的反面。[……]在《被缚的普罗米修斯》[……]中，这位提坦神的后裔在列举他给人类带来的好处时说：'我把人类从对死亡的预见中解脱出来。'当人们问他对死亡之苦有什么妙方时，他回答：'我在人类身上永恒地放置了盲目的希望。'这里，'elpis'所指的既不是对恶的预感，也不是对死亡的先知；相反，放在人身上的'elpis'如同女人一样，由于它是盲目的，所以造成对先知先觉的麻痹；它不是解救死亡的妙方，因为死亡注定在人类生存之中，无方可解；但是，'elpis'在人类灵魂深处可以平衡对死亡的意识，因为它使人类无法预见自己的死亡时刻及其到来的方式。"[18]

18 《祭品的烹调》，第125—126页。

就这样，在人类对自己的终结总是一无所知的超前中，构成了普罗米修斯原则和爱比米修斯原则的纽结，[19]这就是人类的时间性。正如生存分析指出的那样，这种对自己的终结既有所知又无所知的特性，构成了人类行为基础的根本性条件。“elpis”因而就成为（和）不确定性（的关系），[20]也就是（对）未来（的超前）。正因为如此，它也成为“时间的本质现象”。

5. 爱比米修斯：孤僻者

承受爱比米修斯对普罗米修斯之过失的重复的过失，实际上也就是沉入动物界所没有的对死亡的根本性认知。诚然，普罗塔戈拉斯在讲述神话的开端，曾以“会死的种类”泛指会死的人类和会消亡的、非理性的动物。但是，非动物的人类在爱比米修斯的过失产生之后，不仅成为和动物一样的繁殖类，而且也构成**非永生**之类。人类在神和兽**之间**，既非神也非兽，既不属于不死类，也不属于消亡类。人类祭神、出生、指意、“作为”。期待（elpis）也就是指向死亡存在。自从生命和善被隐藏、一切恶都被伪装之后，唯有在期待中——而且必须在期待

19 “在人类世界中，幸运和厄运深深地连接在一起，以至二者都无法被确切地预知；在这个世界中，人类探索未来的意识总是在普罗米修斯的准确的先知和他的兄弟的完全盲目之间摇摆不定。人类之未来的前景，正是在‘elpis’或期待的模糊不清的轮廓中勾画出来的：有时枉费心机，有时却不无道理，时善时恶。”

20 “对于不死的神来说，‘elpis’是没有用的。同样，对于不知道什么是死的禽兽来说，‘elpis’也是毫无意义的。假如和禽兽一样有生有死的人类能和神一样预见未来，假如人类完全处在普罗米修斯一边，那么人类就没有勇气生存了，因为它无法正视自己的死亡。但是，既然知道自己会死，却又不知道自己什么时候死、怎样死，这就是‘elpis’的意义。它是一种预见，但仅仅是一种盲目的预见，一种必要的幻觉，既是善也是恶。只有这样的‘elpis’才能接受模糊不清的、双重的生存方式，这个生存方式就是由普罗米修斯在第一顿祭餐中掺假造成的。从此一切事物都有自己的反面。”《祭品的烹调》，第132页。

中——才能涌现技术**行为**，它确定了整个人性——即死亡。有行为无非就是指会死亡。行为必须从绝对无为（的相关差异）着眼来认识。走向死亡的存在，也就是出离，存在于自身之外，在等待、希望和恐惧中，塑造了人类**相互间**的一种存在形式，这就是集体存在，这个形式在爱比米修斯的遗忘之前是不存在的（动物只能繁殖，但不出生，它们并不“在一起”）。这就会造成一种技术狂、实际性：代具实际是一种危险，伪装的危险，伪装可以摧毁一个实际活动的集体存在赖以聚集的因素。集体存在不断地受到自身行为的威胁。动物如果不是因为人类就不会有什么实质性的危险：尽管单个动物会不断消亡，但是动物的种类是不会自行毁灭的。而人类由于其存在本身就是代具性的，所以是自行毁灭的因素。

正因为代具包含了这一层意义，所以当它们明摆在我们眼前时，不是令人畏惧就是让人着迷，它们就好像是死亡的**标记**：比如古希腊的厨师——同时也是屠夫和祭司——厌恶使用刀具，一旦把禽兽杀死就弃之一旁；[21] 再如假腿、浸泡在杯中的假牙、二十世纪的蒸汽机车、家喻户晓的电视、现代车间里的机器人、罕有敌手的电脑国际象棋程序、翻译软件……凡此种种令人望而生畏。但是，我们又恰恰只能生活在代具之中：我的眼镜、钢笔、鞋子、记事簿，以至囊中的钱币，无一不是代具。正因为它们可怕，所以人们便视而不见。为了削弱代具的能见度，人们有一系列的障眼法。然而在所有这些措施中，首当其冲的就是体现为作为**爱比米修斯的标记的盲目和积极的遗忘**，这就是技术性中的相关差异、重复（延迟的相关差异）。爱比米修斯原则就是这样一种无忧虑和基本的孤僻——它是有限的独特性和自由的根源，从这个根源出发才有可能有所作为、有所发生和过去。具有一个过去就意味着有弱点：对于一个无懈可击的事物来说，任何事情都不可能发生，它也不可能产

21 M. 德田奈：《烹饪的实践和献祭的精神》，载《祭品的烹调》，第21—22页。

生差异。爱比米修斯原则同时也就是思考过去的迟到的忧虑，这个反思总是在错误堆积成山的经验中姗姗来迟。无忧之后的忧虑的背景是已经在此的实际性，它总是已经存在，先于人而在。相对于这个实际的过去而言，人无论如何总是迟到一步，所以人类总是要继承自己祖先从原始的缺陷或因缺乏起源而积累的一切过失。

实际性体现于共同体生存，即由于（散居的）缺陷或（群居的）过剩而组成的共同体，实际性同时是人类的起源和威胁：由此引出了政治的问题。以上引用过的普罗塔戈拉斯关于普罗米修斯的神话讲述的下段，即是讨论政治问题。这个问题是随代具这个基础性问题而提出的。由于人的“种类”没有预定的命运、没有可供确定其本性的“性能”，所以，政治的问题实际上就是阐释的条件或普罗米修斯原则条件的问题——即死亡的条件的问题。死亡类指什么？死亡类即是一开始没有身体、不得不形成自己的身体之类，它们必须求生存，它们靠征战而不是单单靠采集狩猎以生存。在《存在与时间》中，此在也在同一种意义上带有实际性，这就是说，此在之存在并非现成给予的，此在必须求生存。求生存也就是说：它的存在即是时间——此在唯一具有的求生存的感觉，也即存在的缺陷感或必须存在感。在海德格尔那里，尤其是在他的后期著作中，存在的问题成为技术的问题。事实上，海德格尔的问题从一开始就是作为阐释问题提出的，这个问题逐渐走向（或已经变成）普罗米修斯原则的问题。但是海德格尔的生存论证及其时间问题缺乏普罗米修斯原则和爱比米修斯原则所构成的根本性意思，这一点在我们关于范尔南的有关论说的讨论中，已经很明显了。

6.“无共同体者的共同体”

由普罗塔戈拉斯讲述的普罗米修斯神话和赫西奥德版本相比，具有一个全新的背景。政治的问题已经成熟。从哲学的角度看，语言的双重性体现在文字上，文字不仅渗透政治生活而且是它的基础，关于这一点，马塞尔·德田奈有明确的论述。[22]只有从这个新的角度看，宙斯的信使赫尔梅斯在这段神话中的出现才是可以理解的，而且城邦的概念也是从这个角度来解释公民性的。在第一部分的结尾，我们在“把动物性排除在种族记忆之外”之后，研究了勒鲁瓦-古兰认可的“社会-种族”层次和“个体层次”之间的关系，[23]根据这个研究，公民性本身就是种族语言个体化和时间的特殊处境：**历史性**。派遣赫尔梅斯实际上也意味着（用技术）翻开了史册。

在获得爱比米修斯的“装备”之后，“人类起初分散生活：城邦尚不存在；人类因此遭受野兽的摧残，因为人类无论如何不是野兽的对手；虽然人类可以凭自己的技术来维持生计，但是却不能以此和野兽争斗；这是因为人类尚没有政治这门技艺，而战争仅仅是政治的一个组成部分。于是人类就试着聚集、建立城邦以便拯救自己。但是当人类聚集在一起的时候，不能和睦相处，因为人们还没有管理城邦的技术。所以人类聚而又散，趋于灭绝。这时宙斯担心人类灭绝的命运，于是派遣赫尔梅斯给人类带来尊严［公正、尊敬、羞耻——或许我们今天可以把这一些范畴统统纳入有限感之中］和正义，以此来点缀［缔造］城邦，并使之成为人类间友爱［聚集、共同体］的纽带。赫尔梅斯因此询问宙斯向人类传授正义和尊严的方法：‘我是否应当像分配其他技术一样，把这两项**技术**传播给人类？所谓其他技术的分配方法是：在一定数量的人中，只有一个人懂得医术，他足以医治其余不懂医术的人；其他技术也是照此分配的。那么，我是否也应当以同样的方法向人类分配正义和尊严呢？或者相反，将它们毫无区别地传播给所有的人？’宙斯的回答：‘传播给所有的人，每一个人都必须有自己的一份。如果像其他技

22 《古希腊的文字知识》。

23　参阅第一部分第三章第10—13节。

术一样，只有一小部分人获得正义和尊严，那么城邦就不可能存在。不仅如此，你还要以我的名义，建立一项法律，处死那些不能服从尊严和正义的人，因为他们是危害城邦的病毒。’”[24]

人与人之间的纠纷便因此而生，为了控制纠纷，就必须有另一门技术，它和“其他技术”不同，因为所有的人都具有这门技术。正如文字一样，当它在古希腊得到普及之后，文字也就不再是个别专家的专利了。诡辩派认为，不是哲学家管理城邦，而是城邦在它形成集体的运动中自己管理自己。然而，维系这个整体的因素是在羞耻心中形成的，这就是说，它形成于有限性或尊严感之中，正如它来自普罗米修斯和爱比米修斯兄弟的过失一样。[25]政治就是这门技术，它就像技术性来自神的根本特性一样，属于每一个人。所谓技术性，必须从广义上来理解，就是一种相关差异的必然，或“无共同体者的共同体”[26]的临近的终点——但这是以文字的实践运用为前提的。这**实际**上就是对起源的缺陷的**感觉**。

赫尔梅斯是众神信使，是祭奠和晦暗之神，象征着神秘和疑难、解释和转译。正是这样一位信使之神给人类带来了正义和尊严，这两种意识同时也就是两种知识：它们属于赫尔梅斯式的阐释意识或知识。由于原始的性能的缺陷，人类具有一种内在的不协调，所以，正义和尊严都需要透过这种内在的不协调性而获得一种超越的解释和转译，使之成为因**缺乏**共同体而组成共同体的标志。由此看来，正义和尊严的意义并非既成给予的，换言之，它们的意义本身就是缺陷——人类的共同体就是“无共同体者的共同体”，人类没有本质、没有性能。**具备**或**获得**正义和尊严——**对缺陷的知识**——的必要性并不是一种存在的义务，它仅仅对于那些由于投入在行为之中而必须作出决策的人才有意

24 柏拉图：《普罗塔戈拉斯篇》，322a—322e。

25 范尔南：《祭品的烹调》，第80页。

26 巴塔耶语，转引自布朗肖《难觅的共同体》，Minuit，1984年版。

义。决策的处境和通向缺陷的必然性使得人类每一次都必须在赫尔梅斯的意义下发明正义和尊严的意义。所谓赫尔梅斯的意义无疑包含了普罗米修斯原则和爱比米修斯原则。在所有西方的语言中，赫尔梅斯（Hermès）词源意味着：表达和辩术、转译和解释。普罗米修斯原则意味着：对未来——即对危险——的超前和预见，谨慎及本质性的忧虑——普罗米修斯式的人都属于提前担忧之辈。爱比米修斯原则同样是指谨慎，一种深思熟虑的存在和智慧，但爱比米修斯却是一个“并不十分谨慎”的角色，他健忘、浑浑噩噩、孤僻和轻率：这种**模棱两可的矛盾性**正是偏离的间隙，在这个间隙中，思想只能在**事后**才发生，它总是迟到的思想；因为思想只能来自一个失败和遗忘的过去。普罗米修斯和爱比米修斯二者不可分割地构成了人类得自神赐的反思：这种反思就是“在”时间中的出离，或者说是在作为超前和相关差异的死亡状态中的出离；这是一种**作为时间**的反思和**作为反思**的时间：就普罗米修斯原则而言它是超前，就爱比米修斯原则而言它是落后，所以人类永远不可能获得不死的神所特有的安宁。

由此可见，正义感和尊严感作为人类聚集生存的保障，就是人类因自身缺乏才能而唯一共同享有的死亡意识，死亡本身来自这个缺陷——来自人类的技术性。聚集（城邦）指决策，决策指超前：普罗米修斯原则的意义是提前，但它的真理性又在于事后或落后，也就是爱比米修斯原则，由于普罗米修斯原则同时构成了城邦的建立和毁灭的可能（即城邦的可能性和不可能性），所以，它包含的提前意义被赫尔梅斯式阐释学（其本身又是与文字技术相关的）假定为时间性本身的前提。

7. 肝脏

这里涉及的是“被缚的普罗米修斯”的意义：宙斯的巨鹰吞食着他的肝脏。奥林波斯神族的这一报复行为奠定了一种基本性的忧郁——

一切虚幻、厌世情绪都由此而生。这个基本的忧郁是人类赫尔梅斯式共同体的先决条件。

“普罗米修斯在给人类送来火的同时，也确定了人类特有的食物类型。[……]正如提坦神的后裔不断更新的肝脏所象征的那样，有生有死的人类的饥饿也会日复一日地去而又来，人类必须不断地进食以维持从此属于自己的短暂的生命。”[27]

与饥饿一样，寒冷、劳作等基本的烦恼也会日复一日地去而复来，它们不可能消失，只不过是被不断地在时间中推移，如此，未来既不可避免，也不可确定。普罗米修斯的肝白天被鹰食，夜间又重新长出，它既象征着**时钟**[28]——普罗米修斯已成为牺牲品——同时也象征着苦难。死亡就是这种相关差异的连续，在这个连续的系列中，时间因技术性而构成。“肝的意义何在”？这个器官是一面**反射镜**，赫尔梅斯的阐释学意义以及祭奠中对神的意志的解释，都从此获得映照。在埃斯库罗斯的悲剧中，是赫尔梅斯向普罗米修斯宣告他的苦难。肝是主宰一切性情和境遇感受的器官，因为它是“处境感受的场所”，同时，肝作为不断死亡——从未**降临**的死亡——的身体和心脏的反射镜，它是精神的幻影。一句话，肝是时钟和忧虑的象征。

---

27 《祭品的烹调》，第90页。

28 “普罗米修斯消而复生的肝象征着自然现象中这样一种存在形式，它们不会消失，但又必须在定期的更新中延续。”同上。

第二章

已经在此

必须对历史纪年、以天文数字计算的宇宙时间与存在的历史性之间的关系作深入的研究。

——海德格尔

1. 器具条件

在赫尔梅斯意义下对正义和尊严作出决策，显然不是指对它们的意思作出随意的决断，而是指意识到它们提出的问题。人类从一开始就陷入一个基本性的问题之中。存在，就是存在于一个没有宿命的命运问题之中，作为“谁”而存在。

“谁”和“什么”的关系是本章，尤其是下一章的中心问题。在海德格尔一九二四年作的关于“时间的概念”的讲座中，关于此在的现象学的阐释学构成了他在时钟范畴中澄清“谁”和“什么”问题的主题，而作为需要存在的此在，在赫尔梅斯（阐释）的意义上，则具有历史性。海德格尔的生存分析最终排除了“谁”和“什么”的关联的可能性，并终究忽略了阐释学中的爱比米修斯（同时也就是普罗米修斯）的含义，从而把已经在此的问题遗留在混乱之中；而他本人却曾经明确地把已经在此作为此在的构造问题提出：此在的实际性**来自**它的**已经在此**——即**先于它**的过去（此在总是摆脱不了一个先于自己存在的过去）。生存分析的最终结论是化解普罗米修斯的肝的象征意义：已经在此的代具的实际性没有任何构造性特征，它对时间现象的根本性没有任何影响，相反，它只能作为对起源的销毁的意义出现。同样，文字——技术的标记——也被排除在存在历史的起源之外，也就是被排除在记载着公民性的权利和义务的史册之外。[1]

我们试图指出的是：在（起始于现象学的）悬置反思中具有技术逻

1 如果说这里的问题是要作出一个哲学——即政治的——决策，那么首先要在雅典和麦克奈两地的神话之间决定一个参考，无论对《安提戈涅》作何种解读。因为尽管海德格尔在《形而上学导论》中论及原始的去根，但是他关于去根的讨论从整体上说受雅典地区的神话传说的影响（尼科尔·洛罗在《雅典娜的子孙》中对这种神话作了整理）：由于他赋予这个地区的神话以优先地位，所以他忽略了普罗米修斯神话中的原始去根问题，尽管这个神话非常接近他关于时间问题的解释。诚然，海德格尔在《形而上学导论》中关于《安提戈涅》的解读（参阅第153页及随后诸页等），曾把起源解释为一种拔根或去根，并把此在（即时间）解释为对起源的强暴。毫无疑问，他从索福克勒斯的作品出发，对“deinon”和“deinotaton”两个范畴的分析并由此得出的把历史性作为去乡的结论表明，在一九三五年，雅典地区神话还没有单单在他的论述中占统治地位。这里需要作细致的解读。但是海德格尔给这个神话以优先的地位，是从《存在与时间》就开始了，这个优先地位通过《形而上学导论》（“俄国和美国是[……]由失控的技术和规格化的人类的无根性组织而引起的同一种可怕的灾乱”。——第49页）直至他暮年的作品（参阅《明镜》杂志专访）始终没变。其原因就在于他从未真正地从普罗米修斯原则出发来思考时间的问题，这就导致自然的正义“diké”和技术“technè”的对立与冲突（参阅《形而上学导论》第166—172页）。当然“diké”和“technè”二者同样作为“deinon”而且在“deinon”中出现，但是“technè”从未被作为一种有益的去乡的根源，它不是被作为去根的动力，而是被作为归向最外在的、最遥远的因素，即总是被其日常性所掩盖的最熟悉的因素的动力。这个论题又以习惯、居住等范畴形式出现（比如：建造、居住、思想）。当然，我们在此并不想排除不可忽略的地区化的趋向，因为这个可能性作为其实现自身的条件，总是已经居留在去根的相关差异运动之中。今天比以往任何时候都更重要的问题是地区化可能性和去根之间的关系。也就是说，思考技术和时间之间的关系，把技术本身的复杂效应作为去乡的根源。

辑（而非地区逻辑）的构造。柏拉图引用普罗塔戈拉斯无非是为了提出与之相反的观点。与诡辩派的论战对哲学具有建设的意义，这个对立是围绕着文字这个专门的技术的问题展开的。文字本身就像一台语言机器，它生产一种综合的语言。但是，正因为文字开辟了政治公众性的特定空间和历史的**时间性**，所以在文字中产生了逻各斯的问题及其固有的定义，它作为一种理性，同其他尚未理性化的东西区分开来。无论如何，文字是一种技术。我们可以在普罗塔戈拉斯的神话讲述中看到，政治是怎样起源于技术的。

技术的问题在海德格尔的理论中几经变化。从《存在与时间》开始，他当时得出的主要结论是：澄清"现成在手的存在者"——工具或"什么"——的本体论特性。而符号本身就是一种工具。他的思想实际上仍然停留在逻各斯和技术的传统的对立之上。虽然在《存在与时间》之后，海德格尔曾运用不同的术语批评了从目的和方法的范畴出发对技术问题所作的分析，然而这仅仅是为了指出这类分析对技术提出的**器具观念**，至于器具本身的方法论含义，他并没有予以否认。自柏拉图以来，形成了这样一种形而上学幻觉：把语言作为人类表达的方法，而不是人类自身构造的因素。海德格尔对这种幻觉作了大量的批判。然而他却犯了同样的错误，以致把器具和方法等同。海德格尔批判了把语言器具化的控制论观点，认为这种观点扼杀了种族特有语言的差异性，**"把语言转变成交换信息的方法，同样，艺术也随之成为为信息目的服务的器具本身"**[2]，他在《技术语言和传统语言》一文中又重申并发展了这一思想。但是，语言的器具化之所以可能，是因为器具性是它所固有的。问题在于如何理解器具，也就是现成在手的存在者或"什么"。我们并不是要抵抗语言的器具化，而是要拒斥将器具简单化为一个方法的范畴。无须去寻找一种非器具性的语言或一般性的特定语言：它

2 海德格尔：《哲学的终结和转折》，载《问题IV》，第116页。

是不存在的。这里所要涉及的是**探讨器具性存在的模式，还其本来面目，既把它视为种族特有语言的差异化的条件，又把它视为整体的非差异化的条件，同时也就是探讨我们所说的器具化条件的多重范围**。

2. 后理念：传统

在海德格尔的后期，特有语言问题以及决定这个问题的意义的逻各斯与技术的对立，一方面通过传统的**遗产**，另一方面通过现代技术和计算等老问题，在从《时间的观念》直至《时间与存在》的一系列著作中占据了主导地位。

遗产的不可避免性因而也就是爱比米修斯形象所包含的深层意义。爱比米修斯原则作为过失和遗忘的积累，作为遗产和留传，它在反思知识和遗忘知识的双重形式下，同样显示了传统的意义。

我们曾试图用后种系生成（épiphylogenèse）这个概念，来解释个体经验在遗忘过失中的**积累**。显然，这个新词汇中包含爱比米修斯的前三个字母（épi）绝非偶然。爱比米修斯这个专有名词的词源是什么？首先应当理解普罗米修斯原则和爱比米修斯原则的共同词根：Métheia。在古希腊语中，Métheia来自manthano：指学习、研究、了解、觉察、注意、理解等。由这个动词派生出mathésis（理念）。关于mathésis，海德格尔有过这样的论述：

"理念是这样一种面对事物的根本性态度，它根据事物已经给予或应当具有的状况向我们**提供**事物，所以理念是一切关于事物的知识的根本性先觉条件。"[3]

加在Métheia词根之上的épi这个前缀的含义是什么？它首先是指一种偶然性，已经发生和过去的实际性，一个基本的被动性。作为理

3　海德格尔：《什么是物？》，Gallimard，1971年版。黑体字系作者表示强调。

念，Métheia涉及的是一个**共有**的过去：最基本的知识。爱比米修斯原则就是指遗产继承。遗产总是**后理念**的。

由此，爱比米修斯原则也同样是指传统，它来自一个已经在此的过失：技术性本身。这种理解符合构成此在之生存特征的传统的历史性意义：此在作为“被抛存在者”继承已经在此的过去，这个过去总是先于此在，并决定了此在之为“谁”（某某的儿子或孙子等）的意义。但是此在的过去又不完全是它**自己**的过去，因为它从未“经历”过这个过去。此在的时间存在形式就是历史性，它是指“原本此在之‘来源’的存在的构造”，而“来源”本身的意思也就是实际性。“此在每时每刻都处于其实际性之中，就如同它曾经存在‘那样’。此在总是直接或间接地属于自己未经历的过去”。在此我们可以如此理解“已经”一词（令人吃惊）的意思：

如果说（它的过去的）存在的形式来源于“它的未来”，“在它的存在方式以及它对此在的领会中，此在处于以前留传下来的此在解释之中并从中滋长。此在首先从这种解释出发来领会自身，而且从某种意义上说，它总是如此领会自身的。这种领会展开了它的存在的可能性并加以调整。它自己的过去——这同时也就是说它的‘同代’的过去——并不**跟随**此在**之后**，相反，这个过去总是已经领先此在”[4]。

由此可见这个**属于我的**过去只有在这样一种条件下才可能被我继承：它不是**我的**，并“要成为我的”。它只有在事后（在“解答”完成之后）才成为我的过去。

如果说由爱比米修斯原则决定的传统的性质来源于技术性，那么，在如今技术的非地域化（海德格尔称之为去根）运动中，怎样理解传统的含义？种族的差异和技术的差异是否同出一源，或者，种族差异是否仅仅是特有语言差异（这种差异从本质上说又是可以被非地域化的）的

4　海德格尔：《存在与时间》，第6节。

一种**类型**？这个问题就像一个幽灵一样，在海德格尔的著作中阴魂不散，乃至影响到他短暂的“政治生涯”。他在《校长就职讲演》中关于普罗米修斯的引证，就暗示了这一难言的苦衷。尽管去根的问题在《存在与时间》中占了中心的位置，[5]但是普罗米修斯在《形而上学导论》中则是一个空白，该书的主导线索是安提戈涅的，也就是她的父亲俄狄浦斯的形象，这实际上是他根本忽略普罗米修斯神话的继续。

以这个方式来解读海德格尔就可以认识到：他的政治“过失”——或者更广泛地说，他的思想中的形而上学薄弱环节——的根本，不仅在于对过失问题本身的遗忘性理解——尽管他一再强调“过失存在”或“负债存在”，而且在于他对技术的认识仍然停留在传统的形而上学立场之上。关于这个问题，大多数有关海德格尔的研究都有深刻的误解，我们在此就要试图澄清因这些误解带来的混乱。比如，在雅克·罗兰（Jacques Rolland）看来，海德格尔的关键问题就是“摆脱技术控制”[6]。再如马莱纳·扎拉德尔（Marlène Zarader）[7]从现代技术和计算问题的角度来解释本成的意思，在这个解释中，他混淆了（技术和计算）两个不同的问题，并这样写道：“海德格尔把人类的本质描写成[……]一块需要获取的故土。只有当终日为这一征获犯愁的人类最终达到，或至少接近这块既属于自己又从未居住过的故土之后，《存在与时间》中所称的人类的‘沉沦’才会被超越。”

由此看来，沉沦似乎是“可以超越的”。得出这样一种结论的人似乎根本就没有读过海德格尔，因为他在《存在与时间》第三十八节中就如此告诫我们：

“如果赋予沉沦之本体生存论结构以一种消极的、贬义的、存在者

5 主要参阅第6、35、36、38、44等节。

6 罗兰：《技术和民主的发明》，原载《海德格尔：开放的问题》，第170页。

7 扎拉德尔：《海德格尔和关于起源的话语》，第114页，尤其第124页。

的特征，并以为它可以在人类文化的一个高级阶段被消除，那就是没有理解这个概念。"[8]

扎拉德尔解释的错误是显而易见的。此在被"抛弃"，这就是它的"能动性"的基础：它"实际性地生存"。它之所以具有理解的可能性，是因为它具有沉沦的可能性。这种生存的结构非常接近缺陷存在或因缺陷而存在这种普罗米修斯和爱比米修斯"结构"。

赫伯特·德雷福斯（Hubert Dreyfus）的解释比他本人想象的更接近实际，因为他认为，《存在与时间》涉及的是关于"技术"的现象学，尽管海德格尔本人在这个问题上的态度很暧昧，而且也未能将这个问题的讨论贯彻到底。

"即使关于存在之工具使用者的解释是同笛卡尔式的主体和客体的划分相对立的，这种对立方法还是很模糊的。这里涉及的是，这是不是一种关于技术的批判，并且这一批判是否以一种对工具的日常用途的前技术性理解的先验分析为基本形式，或者说，它是否呈现为一种关于日常用途之分析的表面现象？这种批判是否反映了预备技术来临的过渡？换言之，《存在与时间》究竟是与技术相抗争还是为其鸣锣开道，这一点并不十分明确。"[9]

以上转述的对《哲学的终结和转折》的评论表明，德雷福斯在解释海德格尔时犯了和罗兰同样的错误：在海德格尔那里，从来不存在这样一种选择；对于他所提倡的"另一种思想"[10]而言，既不是和技术"抗争"，也不是为其"鸣锣开道"，而是要"向它开放"。[11]但是这并不是说海德格尔的技术思想没有根本性的疑点，这个疑点就在于已经在此的爱比米修斯原则的问题。前面已经围绕五个范畴的讨论提出了我们关于

8　《存在与时间》，第38节。

9　德雷福斯：《从technè到技术》，第288页。

10　海德格尔：《哲学的终结和思想的任务》，载《问题IV》，第138—139页。

11　《哲学的终结和转折》，载《问题IV》，第145页。

技术的问题：发明（吉尔和勒鲁瓦-古兰）、操作的时间性（西蒙栋）、“一切现成在手”（卢梭）、记忆和传统（勒鲁瓦-古兰）、死亡中的代具性已经在此（普罗米修斯神话）。所有这些问题在海德格尔的著作中都是很重要的，并且，已经在此的问题，引导、支配着自身“**就是**它的过去”的此在的历史性，这个结构在《哲学的终结和转折》之后又重新成为存在的历史的结构。但是，如果说爱比米修斯的形象同时代表了知识和遗忘，历史性一旦成为存在的历史，它自身的意义就在于一种自我遗忘的原始知识的分裂：本体论差异的知识在作为存在的历史的相关差异中自我遗忘。

这些论题在海德格尔于一九二四年作了《时间的概念》讲座之后，虽然尚未被直接提出，但已经是一触即发了。在本章中，我们将参照《存在与时间》第一部第二篇第一章中有关走向终结的存在的丰富论述，对这些问题作概要的讨论。在下一章中，我们将具体地回到日常性的问题（第一篇），以便了解已经在此的论题借以被领会和构造的条件，同时我们将回到第二篇开头讨论的过失存在或负债存在的问题。最后我们将研究《存在与时间》最后两章中论述的历史性的构造问题。

我们关于海德格尔的解读，是要抓住那些直至他晚期著作中都有反响的思想，这些思想可以帮助我们从新的基点上思考一些最古老的哲学问题。海德格尔对遗忘和过失的沉思本身存在着遗忘和过失，我们就是通过这样一种思想来继承古老的哲学问题的。我们把哲学史当作关于缺陷的知识的最根本的形式，也就是缺陷的历史，而缺陷、愚笨、偏差、有害的薄弱等都是历史之必需的。这就是传统的意思，无论人们愿意与否，都只能继承这个传统，无法抹杀。

3. 知识的同一性和上手的“什么”的分量

“以下的思考涉及时间”——海德格尔在《时间的概念》的开头这样写道。通过对这篇讲座的解读，我们不仅仅遇到应当和天体的或物理的时间相区别的**现象学**时间的问题，而且要面对这样一种假设：**技术的时间**（“什么”的时间）对“谁”的时间性具有构造意义。

这个时间的问题必须通过知识的问题提出，后者直接得自有关“爱比米修斯原则”或“后种系生成”的问题的讨论。知识的问题在海德格尔的著作中无所不在：正是本体论差异的知识构成了此在的优先地位。传统是知识的一种称呼。在《时间的概念》中，此在知道一个非知，这就是它根本不确定的终结的临近。传统提出了知识的**传播**的问题。我们假定：知识的传播由记录知识的纯粹技术的形式，以及该技术造就的进入知识的条件——包括对于这项知识的发明者的条件[12]——决定。我们是在以当代技术为背景的时代中**提出**这个问题的，在这个时代中，知识的发展、保存和传播的技术都发生了根本性的变化，以致影响到知识本身。那么，如此容易被变更的知识究竟是什么？它到底有没有一个**同一性**？

这种探讨“当代知识”的主张似乎是不言自明的，它甚至自然产生在我们现实的生活中，一句话，它似乎是一个现实生活的问题，是许多讨论的核心。但是，这里所说的究竟是怎样一种知识？在此，或许必须对现实生活有所保留，把它延迟和使它非现实化。如果我们从“人所共知”的海德格尔的思想出发谈论知识，那么这里指的只能是关于本体论差异的知识，也就是**一种**差异的知识，我们稍后将把它作为相关差异的知识，也就是从与普罗米修斯“先知”不可分割的爱比米修斯“后知”的角度来考察。在《时间的概念》中，这种差异尚未成为本体论差异。在一九二四年，海德格尔关于时间问题的讨论必然地要通过知识的问题——关于一种差异的知识。但是，既然这种差异尚未成为本体论差异，那么它究竟是“什么”和“什么”之间的差异，抑或是“什么”和“谁”之间的差异呢？事实上，我们之所以考察《时间的

12　发明者在此是指胡塞尔在《几何学的起源》中所说的“原初几何学家”的意思。

概念》的讲座，是因为它提供了把知识的构造性差异作为“什么”同“谁”之间的区别和关联来剖析的典范。“谁”就是此在，在该讲座中，此在尚被称为“当即”，“什么”就是时钟。时间的问题就是呈现为一种相关差异的知识的“谁”和“什么”的关系问题。所以“什么”的问题在海德格尔最初对时间问题的思考中具有构造意义，并且在《存在与时间》第一部分即唯一写完的部分的结论中，这个问题被又一次更明确地提了出来：在第八十三节中，海德格尔问为什么存在的理解总是导致物化的形式，他在该节结尾处又一次把读者引向**“什么”的分量**的问题。我们将会看到，为什么这种“什么”永远也不属于我们；但是，我们又必须指出，海德格尔由于在他的这本主要著作的最后一节强调了“在手”和“上手”的区别，因此为思想“什么”开辟了一种可能性：

“为什么存在‘从一开始’就从在手而不是上手来‘理解’，而上手不是**更接近存在吗**？”[13]

简言之，我们在此归于“什么”“名下”的内容，在海德格尔那里归于“上手”的名下。

4. 持久地固定当即

最接近于探究时间的“谁”的存在者就是总是上手的“什么”，它就是时钟。从时间出发来思考时间，**首先**就是从时钟出发来思考时间。“如果我们能够揭示时钟的本质，那么现行的物理学的时间概念的模式，以及它带来的**使时间显示的方法**就获得了生命。”[14]

用时钟度量时间（或变更）就是把某个事件的持续放在“一个时钟

13 《存在与时间》，第83节。

14 海德格尔：《时间的概念》，第34页。

状态的同等系列中，以此确定其数量”，这个时钟只能作为“一定的物理系统”运行，“时间间隔的同一个序列总是**不断**重复”：二十四小时周而复始。时钟怎样标记二十四小时以后的时间呢？这就在于它服务于一个此在——“谁”，“谁”收集并记录周期的循环。但是这种记录无非在调动另一套“系统”，而时钟不过是这套“系统”的一部分。这就涉及一般日历记录的机制及其必需的年代推定结构，它包括保存纹迹的机制以及一切回忆和“知识传播”的机制。[15]日历系统本身又依附星体的运动，它包含季节往复系统，时间气候便是此意：从恒星日到海德格尔稍后论及的**死亡**，建立了一整套的程序。

“时钟如此造成的基本确定性既不在于指示时间的持续，也不在于指示时间现在的流量，而是在于**持久地固定当即**。[……]当即是什么？……”[16]这才是真正意义上的时间的问题：当即在它的可固定性、可记录性、可认知性的固有特征之中。这个问题从形式上看，再现了黑格尔作为一种临时性结论而提出的观点：文字是用来固定一段持续时间的体系。但是，海德格尔在此针对的是奥古斯丁：

“当即是什么意思？比如，‘我当即看手表’。[……]我是否就是这个当即？其他人是否都是这个当即？如是，那时间就是我自己，所有其他人都是时间。”[17]

那么当即的**固定**是否给**作为**当即的“谁”提供了一种自我进入性的独特的可能性？如果说我**可以**成为的“当即”实际就是这样自己发明的，那么作为时钟的“什么”对于自身具有**作为当即而成为当即的可能性的**“谁”是否真正具有构造性？或者说，时钟是否仅仅提供了进入在时钟以外、**先于**时钟、先于一切确定的“什么”，甚或在“什么”的间

15　这里讨论的“机制”在《存在与时间》第71—80节、《现象学的基本问题》第19节中都有所论述。

16　《时间的概念》，第37页。黑体字系作者表示强调。

17　同上。

隙中构成的一个作为当即的“谁”的机会呢？这实际上正是海德格尔的答案，我们认为这个答案作得过于仓促了：

“人类在具有怀表和日晷盘之前先获得一种‘时钟’，这个事实意味着什么？［……］当即所表达的不是我自己吗？”[18]

“日夜交替的自然时钟”和“谁”发生什么关系？这种日夜交替是否也是一种被作为时钟的“什么”？它是否应当被作为**宇宙程序**对待？如果说被保尔·维里略称作“**伪造日**”的现代技术时间包罗了自然日的时间，那么**宇宙程序**就应当被包罗在**程序工业**的产品之中。《存在与时间》的第八十节把这种包罗现象当作总是已经造成的事实分析。获取时钟是普罗米修斯原则的肝脏标记：白天被鹰吞噬的肝在夜间再生。由此可见，似乎获取时钟发生于一切历史-自然的程序系统之前（所谓历史-自然的程序系统是指从日夜季节计时直到资本化工业世界的实时机制）。这种获取总是已经在召唤一个历史的程序性。这种获取可以被当作一种朴素的程序，或者说是权宜的程序，似乎标志着程序的空白，或一切程序的不确实和不可能性。但是程序在“什么”中以可计日性的显现，只能是程序性的，而且从各种意义上说，它只能是程序化的。这些问题涉及的就是我们所处的这个缺乏时代的“时代”，或者说是程序工业的时代。这从某种意义上说正是《时间的概念》讲座所要揭示的内容。

我是否当即？这就是海德格尔提出的问题。他由此出发向《时间的概念》的宗旨迈出了决定性的第一步：**时间就是此在**。然而他达到目的的运思则是通过时钟——我们可以说是在时钟的钟摆间——来完成的。此在和程序——也就是说技术——处在怎样的关系中才是时间？这种原始的关系就是该讲座的下文分析的对象：**被当作时间——即自我性——的此在**的退避、遗忘、衰落。

18 《时间的概念》，第37页。

5. 程序与不确实

时钟把我们引向此在。在这个预示了《存在与时间》的精神实质的运思中，问题的关键就在于从此在出发，解释时间（而不是存在）的意义——因为时间性的存在是“关于此在相对于它自身存在的基本陈述”。此在是指：在世界中存在，与他人同在，如同**我在**、**我的存在**一样，是在语言中和与他人共同在世界中存在，即总是被淹没在人们之中的我的存在，是烦忙、忧虑和庸常（日常的此在）。此在自身**从传统出发，并借助传统——也即对这个存在的掩蔽**——对此在的预先理解。关于最后这个特征，我们在此可以把传统称作程序：它标明了此在固有的**程序**性特征。

把握此在的困难并不在于“认识能力的有限”，而是在于“此在总是在这样一种持恒性中：它是它能够存在之物，也就是说它总是我的存在。[……]然而，怎样在这种存在者达到它的终结之前，从它的存在的意义上认识它？因为我的此在总是处于行进中；它永远是一个未完成的事物”[19]。

我的存在是在这种持恒性中的存在；这就是说，与它的表象相反，它存在于死亡中：有限性就是有限的无限性，或者更确切地说：是一种彻底的终结的无限性——只能在未完成中或**自身的相关差异化**中完成。海德格尔在《存在与时间》中进一步指出：只要此在尚且生存，它就未完成。由此，此在不可能被完全把握，它不断地自我超越，它的终结——死亡——属于这个超越。它处于“永远的未完成中”。一旦超越停止，它也就不复存在了。这就是此在和“什么”的不可比，并造成了此在这个存在者对进入存在的意思的特殊地位和优越性：这个存在

19 《时间的概念》，第41页。

者的可能性就是“存在的一个特征”，这个存在不能从适用于在手之物和上手之物的存在者性范畴来理解，而是要从忧虑的现象来理解，这个忧虑是“死亡”的基础，并奠定了以未来为本质现象的时间性。所以，必须从当即概念出发，批判对时间的庸常化的认识。《时间的概念》讲座尚未明确地展开这个批判。

由于此在的相关差异化，也就是说它是向自己不经历的终结的存在，所以此在是不确实的，甚至可以说是**不可程序化**的。这个说法似乎和由（程序性的）“什么”构造（不确实的）“谁”的可能性相矛盾。持恒的我的存在是原始衰弱的根本标志，它相当于此在的**不确实性**——即终结存在：完结和死亡的不确定。我们稍后将把我的存在的不确实性定义为**语言的特有性：不可计算性，不可程序性，不可转译性**。不过这种定义的目的是为了指出：不确实的东西总是被有程序地预先决定的，或者说，基本的东西实际上**就是补充的东西**——在此是指**这样一种严格的不确实**的模式：完成只能在不完成中达到，这同迟到和事后是一个结构。迟到和事后不能从一系列连续的先前因素出发来思考，似乎它们由这个先前的连续性中“事后”脱化出来，而是相反，它们是被连续性掩盖了的、承担连续性本身的根源的结构。正是从这个意义上说，爱比米修斯的形象及其原则标志了普罗米修斯的反面。这个具有构造意义的迟到在《存在与时间》中揭示了为什么时间概念不可能从当即出发来思考的原因。这个迟到从《时间的概念》讲座开始——并可能比《存在与时间》更明确——成为**相关差异**。

持恒性作为一种无终结的终结，也即作为**不作任何限定的、自我策划的极限**，其意义就是死亡。只有从死亡出发——即从**对死亡的知识出发**，我们才能讨论自我性，即语言的特有性：

“我从来**不是**别人。但是人们却对这个难题视而不见，急于回避；人们越是认真考察，就越是清楚地意识到，此在正是在自身造成这个难题的条件之中最充分地展现它的可能性。我的此在的终结、我的死亡并不是造成我的一切过程终止的原因，而是**此在对存在有所认识的一个可能性**。”[20]

我自身或别人向死亡的“过渡”都是不可能体验的(“此”作为一切经验的场所在死亡中不复存在)，因为死亡总是我自己的。正因为死亡只能是我自己的——《存在与时间》中指出它是不可被再现的(“我从来不是别人”)，所以我的死亡是不确实的，但它又是肯定的，这就说明为什么此在具有不确实和不确定性，它是绝对的相关差异。这个不可再现性就是个体化原则的，也就是差异化原则的基础。这样描述的结构就是相关差异的结构：有时间的延迟就有空间的差异。

这个结构只有作为爱比米修斯原则才具有意思：正如相关差异在文码(程序)中展开一样，尚未到来的超额和**代具性**的已经本身是对称的。代具性本身的含义就是未完成，缺乏存在或缺陷存在。

此在就是变化：变成自身的尚未存在。这并不是一种生命的结构：成熟的果实自己完成，而此在则在于不完成。作为一种生命现象，此在**已经**是自己的终结，已经是自己的尚未存在(这就是曾经存在的已经在此的生存意义)，“由死亡决定的终结并不是指此在的终结存在，而是指一种走向终结的存在的存在者”。所以此在的终结先于此在，它是此在的可能性——极端的可能性和自身的可能性。终结作为一种不可能被超越的可能性，也就是此在的不可能性。不确实，因而也就不可能：终结的可能性**只能是**相关差异。

6. 知识和退避

关于存在的可能性的知识，也就是关于一切可传播的知识由何而来的知识。这种关于此在怎样存在的知识是怎样形成和显现的呢?

20 《时间的概念》，第42页。

终结是一种（原始的）确实性，但它是完全不确定的确实性，[21]换言之，这种确实性证明了作为在此的存在者自身的不确实性。“这种极端的本体论可能性是一种以临近为特征的确实性，该确实性本身又是以完全不确定为特征的。”[22]“这个观点对于我们提出的‘什么是时间’，尤其是‘什么是在时间中的此在’等问题有什么意义？”[23]

这是关于**无知识的知识**（即作为关于未完成的知识的完成），是关于不确实的存在的不确实的知识。因为不确实的极限本身不作任何界限和确定，它从根本上说是不确实的。由于其对象始终不可达到，或一经达到瞬即消失，所以这种知识总是不断地丧失或被掩蔽。这种知识没有完结，它本身就是一种延续，或者说它是一种必然性：一种作为**时间**的知识本身：**超前**——“时间的本质现象就是未来”。

“此在始终不断地处于自身的持恒性中，它对自己的死亡略有所知，然而这恰恰是它根本不想知道的。伴随自己的死亡是什么意思？这是指此在对自己‘过去’的**超前**，这个超前是此在在确实的临近和完全不确实性中的自身的极端可能性。”[24]

这里展示出一种作为此在的基础的和“我在”完全不同的确实性。这种确实性既是**原始的明晰**，同样也是原始的混乱和**昏暗**，即不确实：不建立任何计算，实际上什么也不建立，它是无计算本身，但是又溶化、浸泡并铸造在计算之中。基础就是无基础：笛卡尔主义正是在这一点上被推翻了，而不是在别处。这个推翻显然不是超越或否定。把“我在”倒转的结果就是造成超前的结构的相关差异。可能在决定此在，这

21　同样，恐惧也是对不确定性的体验：“恐惧的对象是完全不确定的”（《存在与时间》，第40节），不确定性是意识的声音中说出的话（第57节），也就是在于缺陷存在。令人恐惧的就是缺陷。

22　《时间的概念》，第42页。

23　同上，第43页。

24　同上。黑体字系作者表示强调。

种可能性的特征就是“它总是对死亡略有所知”。但是“我对死亡的知识总是以**自行退避**的知识形式出现的”[25]。在一九二四年，海德格尔已经思考了**退避**的问题，但其出发点并不是作为存在之退避的存在，而是时间本身——关于死亡的知识。关于死亡的遗忘性特征，我们已经通过期待的范畴有所认识，这个具有希望和等待双重属性的范畴处于爱比米修斯原则和普罗米修斯原则之间。对不确实的差异的确实的知识，使差异自行退避，在这个退避本身中的差异就是德里达所说的相关差异：时间化和空间化，日期性和指意性，偏离和公共性[26]——**但同时也就是为一个特定回归而做的保留**。

不确实性就是此在的命运：这个命运意味着我的存在或“要存在”没有任何先前决定性。“要存在”（“能存在”，对此在而言也就是它要成为的存在）处在自己的退避中，不断地自我隐蔽、消失，正因为如此，不确实的此在有可能沉沦，成为“不在此”或因缺陷而在此（恰恰是它不确实的原因）。海德格尔稍后在《存在与时间》中指出：“如果此在生存，那么它同样已经被抛进它的可能性中。”换言之，此在被抛进自己的终结，恰如它被抛出实际的世界。由此，此在的实际死亡“常常”就是向烦忙的沉沦，公共的和可确定的语言和时间使这种烦忙程序化。这是一种原始的、而非第二性的偏差的可能性。正是对于这种可能性而言，存在才是确定的：原始的不确实性建立在原始的**程序性**之上，不确实性非但不是程序性的对立面，而且是它的真理所在。

此在的不确实性的标志是它的孤独（它没有后继）——属于我的存在的份额。“这种过去的存在作为一种模式不加分辨地把此在置于它特有的唯一可能性之上，并因此把它完全建立在它自己之上。”[27]这种此

25 《时间的概念》，第43页。黑体字系作者表示强调。

26 我们借用了《存在与时间》第16、27、35、38、51、55及79至81节中的有关术语。

27 《时间的概念》，第44页。

在的唯一的放置仅仅作为一种偏离和令人担忧的陌生，才具有自我性、独有性、“自由”或“自主”的意义。独有性的陌生和痛苦的个体性总是**已经**——或**仍然**——处在特有语言，即在世界之中，没有严格意义上的属于自身的起源，它只能依赖恰恰**不属于**自己的**过去**而存在（被抛存在同时也就是预示）：

“此在贴切地在自己近旁，当它处于超前的状态中时，它便真实地生存。这个超前不是别的，就是**真实的**未来，贴己此在的唯一未来；在超前中，此在即是自己的未来，由此，它在这个超前中回到自己的过去和现在。”[28]

个体性、特有语言的独有性和不确实等范畴都是**以超前为起点**来思考的。这种原始的不确定性只能在事后牵动一个过去的已经在此、过去的经验，牵动一切衰弱状态遗留的被动结果。此在因此是一种“向前”存在，它来自未来这个原始的现象，“向极端的、最贴己的可能的前移就是向最贴己的‘过去存在’的理解回归。此在作为真实的过去存在的条件就是它的向前性。从某种意义上说，过去存在从未来中涌现”[29]。

但是，过去经验的**重复**具有某种切实的、具体的、历史技术的可能性，这就是进入已经在此的过去存在的可能性。问题在于，是否能够把上述原始的不确实性——个体性——建立在这种可能性之上？

7. 时钟：无未来一代的实时

作为过去存在的过去——即根本的可能性，重复于每一个现在之中。这种过去的重复是否会沉入实际程序的纯粹技术的文码系统之

28 《时间的概念》，第44页。黑体字系作者表示强调。

29 《存在与时间》，第65节。

中？在世存在和世界的存在就是在这个系统中编织的。在此，重复的问题同样蕴含了**再生产性**的问题。我们将会看到，根据本杰明和布朗肖的观点，再生产性应当被当作生产性的首要确定因素来分析，因为它直接包含了**技术**的问题。抑或说，它本身就是技术问题。爱比米修斯原则的神话和祭奠性根源的含义本身就是重复过失，并在事后反思。这就是由重复构成的基本条件。

自从宙斯把生命隐藏起来之后，人类就消失于它唯一赖以生存的实际性之中。生存的烦忙使人类不得不发明并制造一些方法以便补充自身性能的**缺陷**，这就为它烙下代具的印记。这种以代具为代表的“什么”构成了在“谁”之外出现的存在本身——**置于自身之外**，也就是说此在的时间性的出离和超越。代具的这种置此在之存在于其自身以外的一般性特征，同样也是此在——当它观察“生存本来状态”时——所不能承受的。因为它恰恰是由代具的这种特征所承受的。“观察生存本来状态”无非就是指“人类揭示自身的死亡”[30]。为了挽回爱比米修斯的过失，普罗米修斯实际上重犯了遗忘的过失，他送给人类技术这一**礼物**。在此，我们应当看到，这个礼物构成了人类的死亡属性。超前是人类之本质属性的根源或基础，所谓本质属性即是指：残缺、衰弱、不平等、差异、特有语言、孤僻等。这种超前即向一种非知识的知识的沉入。所谓非知识的知识无非就是代具性以及由代具性造成**存在**的在自身之外的存在、出离、死亡性和时间。时间本身在它的具体的实际性中编织代具性，并“同时”编织自己——纹迹代具性系列的具体实际性，就是使重复、向过去和现在回归（向缺陷的禀赋的回归）成为可能的指引和呼唤。超前总是在这种回归中去而复现，并因此形成迂回。在超前的悲剧性意义被形而上学遗忘之前，它的名称即是爱比米修斯原则：事后知识。

30　格拉内尔：《论大学》，第120页，TER，Mauvezin。

我们可以从以上所述得出如下结论：**爱比米修斯原则意义上的超前过失，即是本质上延迟的时间**。我们将在《技术与时间：2.迷失方向》中讨论当代技术的特征时重新研究这个问题。**如果说此在的降生形成于“过去存在”的“真实”的重复之中，如果说这种过去存在的延迟重复——事后知识——同样赋予此在以差异和它的特有语言的自我性，即此在之“谁”的质料，那么，这种切断相关差异作用的“什么”产生的动力具有何种效应？**

在超前——相关差异——中生存的此在非但不能由时钟给予，相反它会消亡于时钟。它的时间性即是它的未来。我们所处的“实时事件”的时代没有未来，更赤裸裸地说是无未来的时代。这种自我否定所确定的是什么？这是否意味着：在作为“Gegenwart”的现在的衍射中，相关差异不存在或不再存在？换言之：是否**作为**现在衍射的“实时”**不可能**包含未来？

假如我们一定要试图回答上述问题，即使是肯定的回答，那也绝不会**单单**意味着：技术包含了“谁”之沉沦的吸引力，似乎这就是“什么”造成未来沉沦的分量。实际上**恰恰也是由技术**造成**相关差异**，并赋予**时间**。这个假设使我们正式进入关于海德格尔分析的批判：他对爱比米修斯原则的意义的遗忘所产生的后果。这一批判在有关《存在与时间》的解读中将会变得更加尖锐，尽管该书的观点非常接近我们在此所要阐发的观点。

我们已经看到，为什么“从时间出发对时间的”理解必须以时钟为出发点。返回“谁”——也就是返回当即——之所以成为必然和可能，是因为时钟“**持久地固定**了当即”这一**事实**。何为“固定”？什么是**持久地**固定？如果这种固定的“对象”本身即是时间之三种出离的形式之一，固定又为何意？何为固定“过去”——记录过去的事情？记管、记册、记管者、管理等是什么意思？

海德格尔关于从“什么”返回“谁”的一切分析，其宗旨在于指出：如果说固定当即是可能的话，那么固定过去，尤其是固定未来则是不可思议的。由此，他在《存在与时间》中得出结论：此在归根结底不是当即，从当即出发对时间所做的分析，恰恰使形而上学封闭于对时间的庸常理解之中。“时钟给我们指示当即，但任何时钟都不能给我们指示未来和过去。”[31]这个论断的意义在于建立“谁”超越“什么”的优先性。关于这个问题，关键在于弄清时钟的含义。假如我们暂时承认时钟不能指示未来这一论断，那么对于时钟的某种非但具有技术时间性，而且具有技术逻辑和历史技术性的形式而言，时钟是否代表了走向未来的存在？比如，埃文斯·普利查德（Evans Pritchard）在关于“用牲畜时钟计时”[32]的努厄尔人的研究中指出：“努厄尔人没有和我们语言中的‘时间’相对应的词，因而他们不能像我们一样把时间作为一种正在发生、可以失去或获取的现实事物来谈论。”从与未来或过去的关系出发对时间的理解——海德格尔指出这种理解甚至体现于语言本身，[33]在努厄尔人那里是通过牲畜时钟构成的。

至今为止，一切都似乎无可辩驳地从细节上证实了海德格尔的基本思路。但是，**无未来**的问题（即从无延迟意义上说的“实时”）仍然是悬而未决的：关于时间之技术的、逻辑的、器具的条件有待揭示，**在这类条件中，时间是死亡的以及在死亡中实现的技术综合**。**无未来**的没有时间的时间是否仅仅是在技术中的错误？或者更深刻地说，这是否**“此在”本身的技术出离**？为什么形而上学的终结——或完成——同时也被视为“历史的终结”？“思考无存在者之存在”是否意味着实践这种时间的空白或时间在时间自身中的消亡？这种“没有时间的时间”或“时间的空白”是否要求**从技术**出发来思考存在、时间和时空？换言

31 《时间的概念》，第48页。

32 普利查德：《努厄尔人》，Payot，1973年版。

33 《存在与时间》，第32—35节。

之：这种时间是否揭示了无未来一代的消亡？所谓无未来一代，无非就是普罗米修斯一手造成和取消的存在者——有死亡之人——的代名词。无未来一代（Blank Geschlecht）是“蓬克”（Punk）运动的标志，所谓无未来是该运动的一句反语。在此，“Blank”是指：缺乏或缄默、无属性、无声、无逻各斯——甚至无“意识”（即缺陷存在或负债存在之可能性的极端），因为这个“失音”已不再是“失去意识之音”的意思。

自一九二四年起，海德格尔就开始探究我们现在所谓的“实时”，即从“实时”出发并超出“实时”之外。“Gegenwart”一词提出的就是这个问题。米歇尔·哈尔（Michel Haar）和马克·B. 德洛耐（Marc B. de Launay）把“Gegenwart”译成“现在时事”。它既是指作为时间之出离的一个时刻的现在，也包含了媒体所特有的消息、新闻、时事等意思。

8. 固定和确定

固定不等于确定，而是指建立。建立的工具——如固定工作对象的虎钳——使某种确定成为可能。然而，由于工具使“谁”和“什么”各自的可能性相得益彰，所以它同样使各种确定的可能性包含的多重性——即**非确定性**——成为可能。一九二四年，海德格尔在他关于此在以及存在问题的分析中，他关于预备性时间的理解贬斥了属于时钟的“什么”，这是因为他混同了固定和确定这两个不同的概念。

“时间的本质现象就是未来[……]。由此可见，时间的根本性问题不在于度量”[34]，因为，度量时间就意味着要确定一个非确定之物，亦即**逃避终结和烦忙**。此在被扔向它的终结，这正如它被扔向实际世界构成的已经在此。从此以后，此在的本质上属于实际性的死亡，便“更经常地”坠于烦忙之中。这种烦忙通过度量的方式给予走向死亡的存

34 《时间的概念》，第45页。

在以确定性，为的是“避免日常的走向死亡的存在”[35]。这个使此在失去（根本性）时间的度量完成于时钟——即确定时间之一般性理解的时间度量。

但是，度量是否时钟——或更一般性的固定——的唯一的含义？度量能否相反意味对某种时间的擦除、遗忘、遮蔽或庸常化？这种时间的根源不在别处，而是在外部，但恰恰是由文码构成的。这可以是语法典码、公斤制码、影像视码等，总而言之，即是构成一切时间化运动之基本条件的程序。时钟的度量在日历中超前。日历以圣人的名字和忌日的形式记载了公共的时间性。文字就其一般意义（即最通常的意义）而言，首先是一个度量的手段。关于这一点，研究巴比伦的考古学家们和维特福格尔（Wittfogel）[36]在关于洪汛周期的计算考察中都作了明确的论述。[37]我们是否应当由此断言：**文字就是一种时钟**？这个断言恰恰对应了柏拉图《蒂迈欧篇》中有关一个埃及人对梭伦的评价。这段论述涉及的是用来计算尼罗河流域洪水灾情的时钟，它在永久地固定了灾情记载的同时也揭示了过去和未来。

“‘梭伦啊梭伦，你们希腊人永远是孩子！你们希腊人没有一个能称得上老字的。’对此梭伦不禁发问：‘此话怎讲？’埃及人说：‘年轻是指你们的灵魂；因为你们的灵魂没能留住任何古训、以往的传统以及被时间冲淡的知识。造成这种现象的原因何在？人类遇到过无数次各种各样的灾难，而且还会有其他灾难降临；在所有这些灾难中，火和水造成的危害最大，与之相比，其他灾难的危害则小得多。传说太阳的儿子法厄同一天驾驶了父亲的马车；但是由于他不会沿着父亲的道路行驶，所以翻车烧毁了大地的万物；他自己也死于雷电之下。这个神话你们

35　《存在与时间》，第52节。

36　维特福格尔：《东方专制主义》，Minuit，1977年版。

37　镛格在《论沙漏计时》（Bourgois，1970年版）一书中也分析了滴水计时和水文技术之间的关系。

也一定听说过。但事实上，这种灾变起源于大地周围星体的长期演变，以致大地生灵被毁之一炬。所以，住在高山和干燥地区的人们就比住在海滨河畔的人们受到的危害大；我们的救星是尼罗河，是它的浪潮拯救了我们。相反，当众神为了洗刷大地而将它淹没于水中时，山区的牧民则得救了，而你们的城镇居民则被河水卷入大海；然而在我们的国土上，从未发生过大水从天而降、淹没田地这类灾祸；相反，水总是自然而然地由地下冒出。由此形成并说明了这样一种观点：我们埃及的土地上保留了最古老的传统；其实，世界上除了那些会产生人类无法忍受的严寒或酷暑的地方，总是或多或少地有人居住的。无论是在你们国家还是在我们这里，或是在任何一个我们听说过的地方，只要发生了什么伟大、壮丽，或是从各方面说都是了不起的事情，在我们的庙宇里都会有所记录，这些事情便因此而免遭遗忘。但是，包括你们希腊人在内的其他民族则不然，你们的文字以及一切文明的必要条件，总是随着像疾病一样按固定周期从天而降的洪水一次又一次地成为一种新玩意，因为劫后余生的总是一些文盲或未开化的人。所以，你们总是重新起步于青年时代，对于我们或你们自己古代发生的事**一无所知**。[……]那些幸存者在许多世代中，都没能将自己的声音通过文字留给后代。'"[38]

这里涉及的既是时钟记载和度量的一般可能性，也是时钟的一种特殊的——在此尤其是指希腊式的——可能性，这不正是加里安所要表达的意思吗？显然，必须澄清"希腊"一词在此的含义。至于**我们自己**，我们已经**老成**：我们既不是埃及人，**也不是希腊人**。文字对于我们来说已不是一种"新玩意"。我们必须对这一切提出疑问。

文码的时钟性存在，或更确切地说，时钟的文码性和程序性存在，也是奥古斯丁的时间问题的含义；他**不是从沙漏或水漏壶计时器，而是从诗出发提出当即和延伸的概念**——这一段论述没有被海德格尔引

38　柏拉图：《蒂迈欧篇》，22b—23c。黑体字系作者表示强调。

用。[39]胡塞尔在《几何学的起源》一书中也尝试了类似的研究，我们将在稍后讨论。

既然时钟的度量也关系到一般意义下的文码，并且，从此应当**同时从字和数**两个方面来认识时间；那么，海德格尔在时钟及其度量的研究中寻找的目标是什么？

“如果说‘超前’被当作有关过去存在的‘时间’以及隔在我们和过去存在之间‘尚有多少时间’的问题，那么它就会失去其意义；因为，从‘尚有多少时间’和‘直至何时’的意思的角度提出有关存在的问题，绝不会切近被定义为可能性的过去存在：确切地说，这些问题同尚未过去的存在相关，它们涉及的是仍然属于我的可能性。这种提问方式没有把握过去存在的确定性的非确定特征，这恰恰是想确定非确定的时间。”[40]

在此，不确实性——即时间性——消匿于构成不确实性的条件本身之中，比如：(无论借用任何仪器)持久地固定当即的可能性——记载过去、构成《存在与时间》中所说的世界历史之物；正视当即——在此，即是体验“无持续性”或**变革**的**本来状态**，而这种“本来状态”无非就是向终结行进的存在。进入本来状态的可能性同时就是对本来状态的丧失、遗忘和消失；可能性也就成了不可能性。不确实性消匿于来自计算不可计算之事、证实不可证实之物的意愿，这是逃避经验而不是体验经验。我们把这种经验以及关于**过去之事**的**不确定**的开放称作爱比米修斯原则。

计算意味着取消相关差异——延迟。所谓“实时”是指：通过计算的超前而寻求共时性。但是，在此是否应当以时钟为批判分析的对象？如果我们认为文字是时钟的一种形式(一种客观记忆的形式，而且

39　奥古斯丁：《忏悔录》，第11卷，第27节。

40　《时间的概念》，第45页。

一旦展开了关于现在、过去和将来的超前问题，就不可避免地要提出记忆的问题），并且，如果我们还同时认为：文字是相关差异在其历史的“本来状态”（并作为“存在的历史”的发端状态）中的（纯粹技术逻辑的）开放——文字因而也就成为历史开放本身的条件，那么，只有从对技术作不同于形而上学传统的理解出发，有关本真和沉沦的问题才有实际的意义。显然，海德格尔从未完全摆脱这种关于技术的形而上学的理解。他之后的许多可能自以为走到他前面的人，其实也没有超出形而上学的范畴。

9. 个体化

一九八七年，人们在巴黎蓬皮杜文化中心广场竖立了一座对公元二〇〇〇年倒计时的电子钟，它被命名为Génitron。我们可以把它视为世纪的里程碑——即消亡的、手下无物的、末日的里程碑。它被用以计算我们不确定的死亡。我们以逃避来指示时间，或者说，以指示来逃避时间。这种计算没有——或**几乎没有**——用处，它唯一的功能就是以十法郎的代价给游人一张纪念卡，卡上标明离**世纪末**还有多少秒钟。

“时间其实并没有时间来计算时间[……]。但是我们已经在关于此在的定义中看到，此在不仅本身是时间，而且计算时间，甚至借助时钟来度量时间。此在伴随着计时器，即那些最接近、最日常的计时器，以日夜为标志的计时器。此在计算并询问时间的量，正因为如此，它与时间从来没有真正的关系。”[41]

海德格尔在阐明这种时间的本质性丧失——**即时间的根本性空缺这种时间借以显现的唯一形式**——的同时，描述了在当即或实时事件的名义下对过去存在的逃避。在这样的背景下，法国政界某些组织和

41 《时间的概念》，第46页。

人士大力提倡民众发起的全民公决，与此同时，电视播放的"真理时刻"节目则事实上预示了，并且已经通过实时的民意测验实际上满足了时钟人的愿望：直接的、无时差的、"实时"[42]的民主。问题的实质与其说在于时间的纯粹的计算，不如说在于所谓的直接或实况；这种直接或实况无非是可以最直接地和最戏剧性地感受到速度的效应，这种速度支配着当今世界并重新构造合成的"实时生命"（我们稍后将指出，一切实时生命都构成于这样一种合成的死亡）。由于计算被包含在一切时钟、滴漏[43]和一切传播之中，一句话，被包含在一切文字之中，所以，它也为**持久地固定**提供了一种通向"本来状态"、通向差异和延迟的时间的可能性。

计算在此被用于表示技术之现代化的特征，并建立于自我意识之上，其实它本身指向和计算不同的因素，它似乎就是**实时**。但同时，计算的概念也就不可能穷尽由固定产生的效应的一切含义。

"针对不确定的过去存在提出'何时'的问题，或者更一般地提出时间的量的问题，这实际就是针对尚存于我的或依然作为实时事件赋予我的过去存在提问。用量作为时间的参照，这意味着把时间视为实时事件的当即。对时间的量的提问表明了对某个实时的烦忙。此在逃避如何存在的问题，而攀附于某种持续现在的东西。[……]此在便如此与时间本身相遇，这个时间即是此在，不过它是作为实时事件的此在。"[44]

然而这种计算的可能性并不是突如其来的，它并不仅仅专属于度量技术器具的领域。计算是**这样一种传统本身**：技术器具为之开放了一种公共性、可计日性、指意性和被指意性，它在日常中与时钟的共存

42　几乎所有的政治阶层都采用同一时间。

43　沙漏计时器也不例外，尽管滴漏的各种技术形式每次总是确定了一个单一的现象。

44　《时间的概念》，第46—47页。

关系，即如同**日报**、**当日印刷**（此类印刷调动着大量的印刷技术设施，所谓**情感报刊**，以及从传统的印刷技术到现代电子显示技术）的共存关系一样。

"把此在定义为与他人同在，就意味着此在受自己对自己所做的主导性解释支配，也就是受舆论、时尚、潮流、实时事件牵制：这类潮流和时尚等不是任何个人所为。处于日常性中的此在并非我的存在；相反，此在的日常性是**人们**的存在，因此，此在也即是**人们**相互之间同在的时间：此在是'人们'的时间。"[45]

这里所谓的"**人们**"也就是一般意义上的传统，因而它完全具有提出下列问题的性质：

"此在的最庸常的解释通常是受日常性支配的，换言之，受传统形成的对生存和人类生命的认识的支配。所以，此在的解释受'人们'和传统支配。"[46]

显而易见，海德格尔关于现时事件的"人们"和"人们"的现时事件的概念（这类现时事件本身造就了像希特勒这样运用直播电台的能手——**因此我们不能不问为什么关于日常性的讨论没能使海德格尔免遭这类现时事件的影响**），所指的即是我们今天所说的**媒体**，或作为一种特殊类型[47]的**程序工业**。同样显而易见的是，"人们"的概念应当从其本身的角度、并作为传统的崩溃加以分析：**工业化的"人们"**来自钟表，尽管这种来源还很神秘，"**'人们'的手表以及一切钟表都指示与他人共同在世的存在**"[48]。

在此，实质的问题是**历史性**和历史，历史性问题包含了**个体化**的问题，而个体化的问题又构成于**重复**之中：

---

45 《时间的概念》，第47—48页。

46 同上，第41页。

47 《存在与时间》第23节中尤其强调了这种特殊性。

48 《时间的概念》，第48页。

“只要此在本身不以历史性的方式存在于现在之中，过去对现在而言总是关闭的。然而此在自身即是历史性的，正如此在就是自身的可能性。在走向未来的存在中，此在同自己的过去同一。**此在在‘怎样’的形式中返回自身。这种返回的主要形式就是意识。只有‘怎样’才有可能被重复**。被作为真正的历史性［……］体验的过去是我在任何时候都可以重新体验的东西。”

已经在此的问题通过意识的无音之声在过失和缺陷存在（Gewissen）[49]的意义下被提出。这种返回的本质的可能性本身受到支配着“现时事件”的理解的威胁：

“当代人［……］自以为充满了历史意义。［……］**人们通常称为历史的东西和历史的意义毫不相干**：这种观点以为，既然一切都溶化在历史之中，那么就应当回到超历史的位置。”[50]

现在需要弄清的是，今天是什么使这种无重复、无返回变得可能，尤其要弄清使“怎样”的相关差异的重复切实成为可能的原因。“我们”这一代人已不再相信属于任何东西，对于这一代人而言，什么都不需要：即缺陷。**无未来的一代**就是指缺陷的一代。海德格尔所指的“当今一代”预示这个无未来的一代。**问题的实质就是历史——延迟时间的相关差异**，重复的时间并非同一的复归，而是向其他、向差异的返回，这个时间出自此在的“怎样”和死亡性，死亡性既是根本的不确定性，也是程序性。这种意义下的程序性，恰恰就是不确实的“**无未来的一代**”在有关“怎样”的思考中，**不得不直接感受到的**。当代人的时间是现时事件的时间，其含义即是电视时事。但是它又更广义地对应于我们所说的实时，即对应于这样一种工业生产系统：汇总电视电台传播的时事、以“实时”模式工作的数据库，以及全球军事-工业-金融组织一

49　关于这个问题，参阅《存在与时间》第54—58节及下一章。

50　《时间的概念》，第50页。黑体字系作者表示强调。

类的信息。

“作为真正历史的过去是可重复的”，但并非随便重复，而是“**在‘怎样’中才可重复**”。这种在“怎样”中“作为真正历史”产生的过去的重复展现了我的存在。在此，我的存在展现为“进入历史的可能性”，而历史则建立于这样一种可能性之上，“根据这种可能性，一个现在总是**知道**走向未来的存在”[51]。然而，这种可能性会不会在其分裂的过程中重新和我的存在的程序性混同？换言之，它会不会和特有性或自我性的特有语言式存在混同？并且，在此过程中，是否会形成特有个性的技术化历史（技术化历史即是在世历史的深层含义）的特征？

特有个性和特有语言性，就是海德格尔所说的个体化或个体化的时间（亦即出自如下论断：时间就是此在，此在处于其永恒性中，或处于其走向终结的存在状态中，也就是说处于其不确定性中，它既孤独，又无后继者，且被相关差异化）。这个基本性的观点包括四层意思。

1. 时间性的存在是指非同一的现实，即延迟并因此而差异化的现实：

“时间就是此在。此在就是我的永恒性，并且它可以成为在走向未来的存在中的永恒性，也就是在对过去的超前中永恒，而过去则是既确实而又不确定的。存在总是处于它的一种可能的时间存在形式之中。此在就是时间；时间总是有时间限定的，它因此就具有时间的真正的确定性。这个确定性并不是一种同义反复，因为，时间性的存在就是指非同一的实在性。”

2. 时间就是此在，而此在本身无非就是它的已经在此，只有从这个意义上我们才可以说：时间就是个体化的原则：

“此在就是它已经发生的过去，它的可能性就在于对这个过去存在的超前。在这种超前中，我真实地作为时间，我具有时间。从时间总是

51 《时间的概念》，第51页。黑体字系作者表示强调。

属于我的这个意义上说，时间是多样化的。时间没有意思。时间就是时间限定。如果时间被如此作为此在理解，那么时间是真正的**个体化的原则**这个关于时间的传统论断才能得以澄清。”

3. 时间之所以是个体化的原则，是因为它具有走向未来的存在的意义：超前、不确定性、相关差异性——即在时间（超前）上延迟并具有差异，把差异作为“唯有一次”和特有个性来认可：

“[……]真正的时间从什么意义上说才是个体化的原则？换言之，此在存在于它的永恒性中的根据是什么？此在在超前的走向未来的存在中沉入通常的生命，因而也成为它自身；此在通过超前而变得可以琢磨，这是因为超前使此在唯一的命运获得‘这一次’的特有形象，它并因此进入了自己唯一的过去存在的可能性之中。”

4. 然而，这种个体化同时是，而且尤其是向一种共同体的归属，即有生死存在的共同体：相关差异性在作为同一性的自我体验中肯定自身——这就是说它在不确实性中得以肯定，这并非不确实的此在，它区别于一切此在，它是此在的终结：

“这种个体[……]一扫所有将自身例外的企图。其结果是使一切个体同一。在与死亡的关联中，每一个个体都面临着同一个怎样，每一个个体都可以根据某种可能性成为这个怎样，对此可能性而言，彼此不分你我。面对这样一种怎样，一切具体的状态都烟消云散。”[52]

这种意义下的“个体”与其说是一种主体，不如说是一种特有语言式的差异。当然，这种差异被放置在逻各斯中——所谓逻各斯在此首先是指一种**关系**，其次也是指一种特有语言。这个特有语言对于它在相关差异中聚集的个体来说，是共同的，而且相对地没有差异，这是来自**一个缺陷的共同体**的集聚。这个缺陷就是作为实际性的走向终结的存在。我们也可以说这是在代具性中（普罗米修斯原则中）的爱比米修

52 《时间的概念》，第52页。

斯原则，它既召唤赫尔梅斯的形象，也指向赫斯提亚女神，或者说是从技术中涌现的并重复技术的尊严和正义。特有语言的差别（即阐释和语言分歧的差别）或许是我们所说的“主体”的要求，若是如此，那么还是改称主体为**公民**更妥。所谓公民性就是对某个实体的归属，在这个实体中，并借助实体，实现了一定的“**自治**”[53]。这种自治具有日期，而且可以用日期记载，正如历史的开端；但不是指历史性，它属于作为时间的此在；这里指的是被称作历史的历史性的一个阶段——它是存在的历史，也就是历史性的一种形式被另一种形式所悬置。那么这另一种形式是什么？历史性的这个阶段——存在的历史——是怎样开端的？

在此，我们可以直截了当地、明确地，甚至有些武断地确认：造成这种历史开端的是线性和音标的文字形式。这种文字形式就是我们在稍后将要定义的**相关差异同一性原则**的第一个产物。它是由所谓的**字义综合**完成的，在此，字义综合是指完成的拼音文字。字义综合本质上包含了延迟的时间性。我们将在本书的第二卷中描述**类比综合**和**数字综合**的概念。这两个概念主导了当代技术，但是它们却相反随着一种渐近线的趋势趋向现实的、直接的、无间隔的时间性，这实际就是一种**非时间性**——它并不排除相关差异在其中的作用，但是处于一种本质的遮蔽形式之中。这样一个描述过程，展示了从作为综合的技术出发来把握时间综合——即原本的综合——的意图。

10. 存在的历史的延迟时间

此在就是差异的存在者。**差异的存在者**必须从两种意义上理解：时间上的推迟，即本质地被抛射在延迟运动中；由此存在者也就根本性地具有差异，既不确定，也不确实。存在者在差异和延迟中推迟超前：

53 《存在与时间》一书的第25、61、64和66等节中都用过这个词。

超前总是指差异和延迟。此在需要存在：它并不**简单地**存在，它**只能是它未来的存在**，它就**是**时间。超前是指走向终结的存在。此在**知道**自己有一个终结。但是它**不可能**认识自己的终结。此在的终结就是它存在的方向和准则，但是终结并不为此在而存在。此在**为终结而在**，但终结**不为此在而在**。尽管此在完全知道它的终结，但是终结对于此在永远是一个不可知的东西：关于终结的知识**总是在自身的相关差异化过程中隐退**和遮蔽。此在的终结是不确定的。然而它却知道终结。因此，此在所知，并且是**从根本上**所知，乃是不确定的，它是不可计算的，而且是根本不可证实的。诚然，此在具有他人的终结的经验，所谓他人即非自身。然而自身的终结恰恰只能属于自己，**就此而言**自己的终结从本质上说是隐蔽的。这种无终结存在本身就是此在之有限性的标志，即终结的无限性，这是一种彻底的终结，它只能在相关差异中完成。这个我之为我的延迟和差异——相关差异——就是超前。超前作为此在的无终结的有限性，标志着关于此在的根本性知识的不确定性。此在既然是向终结存在，所以它投射终结。终结只有被当作**此在的**终结才能被**真正**投射：这是一种不确实的、孤独的投射，恰如此在无先定的命运，并具有存在的需要。此在只能在相关差异中存在，其意义不仅仅指时间的推迟，或保留和本质的保留，或延迟，它是指**差异化运动**：作为此在的时间就是真正的个体化原则。由于差异和延迟是不可分割的，所以**时间从本质上说就是延迟的时间**。走向终结的存在，就是需要存在，也就是**尚未存在**。但是需要存在同时也意味着存在于实际性之中。在此，根据普罗米修斯神话，我们偏向于把存在于实际性之中表示为：存在于代具性之中。此在从本质上说就是在世，这就是说世界之于此在有一个已经在此。构成这个已经在此的主要因素就是：和他人同在，传统，对自身存在的传统的先入之见，简言之，人们。在这个“已经在此”中，关于“需要存在”的知识既得到传播也受到遮蔽。在已经在此中遮蔽的就是我的存在、需要向终结存在。此在最通常的存在形式是

“程序存在”,也即最普通的实际性的存在方式。所以,超前总是以计算的形式形成于烦忙之中:确定非确定性,遮蔽终结的个体化和不确实性。如果超前被理解为**一种计算**,那么它就是“自我崩溃的超前”。计算的提问方式“不懂得确实的过去存在的不确定性,而恰恰要**确定不确定的时间**”,也就是说,要计算不可计算之物,把不可程序化的东西放进程序中,证实不确实的东西。可能性通常就是这样被理解的。这种通常的可能性**属于**终结这个极端的可能性。对于此在而言,需要存在**始终**意味着存在于实际性中。正因为如此,根据海德格尔的观点,超前总是此在向其过去和现在的**回归**,这个向过去和现在的回归却只能是向一个**不属于此在**的过去的回归——如果我们从爱比米修斯原则的角度看这个回归,那么它只能是向代具的回归。此在的过去以及相对此在的过去就是它的实际性,**因为**它不可能成为**它的**过去本身。这个过去是传递下来的:它之所以是此在的过去,其意义就在于此在从这个过去出发来实现超前——即此在就是过去。此在的过去必然**外在于**此在,然而此在却又**只能是这个不属于自己的过去**。所以,此在只能在相关差异中成为过去:它既依赖不属于自己的过去——即差异,也依赖于“程序性”的存在——即延迟的**尚未存在**。它只有不确实地存在于尚且属于程序性的存在之中,才可能在超前中实现存在的需要:换言之,它必须**重复**它的程序——**正如普罗米修斯(的过失)重复爱比米修斯(的过失)一样**。由此可见,需要存在包含了双重意义:

1. 此在已经是它之所在;

2. 它的已经存在只能存在于实际性之中——即依赖于不属于自己的存在:它的已经在此的形式就是不属于自己。然而,它却只能如此存在。

简而言之,此在——“**谁**”——缺乏存在。海德格尔说:它有过失,此在是过失存在。《存在与时间》的第二篇中从“**伦理**”**意识**的角度对走向终结的存在的分析正是由此展开的。由以上所述,我们可以得出这样的结论:此在自身具有的超前的和延迟差异的结构,也就是**既负**

载了它的过去同时又由这个过去负载的结构，**其中也包括了此在不再是自身的过去**。所以，所谓过失从来就不**仅仅**是我的过失，然而它却始终是**我的**过失。正是这一观点使海德格尔进而提出了**存在的**历史的问题：《存在与时间》揭开了一个遗忘的历史，而在《时间与存在》中，**它又作为现代技术氛围中的时间问题被重新提出**。"存在的历史"即是此在"的"过去——这个过去**不属于**此在，其**过去**的意义在于**超前和延迟差异**。这里也有两种形式：真实的形式（即作为存在问题的传递）和遮蔽的形式（即作为存在的**形而上学**的传递——作为对存在的爱比米修斯式的遗忘）。**这个过去就是此在的历史性**。一旦这个此在的历史性以其本来面目向此在揭示，此在便真正地**进入**存在的历史。

但是，这个揭示取决于什么？存在的时代又是指什么？中断又是何义？中断性无外乎爱比米修斯式的中断性重复（因为普罗米修斯的过失本身就是对由爱比米修斯最先犯下的过失的重复）。

由此可见，发生**延迟差异**的已不仅仅是"我们自己所处的存在者"，而是**存在的历史**本身。存在的历史作为一种传统传递给此在，这种传递首先体现为一种遮蔽：**遗忘和去根**：

"此在不仅有屈服于它存在于其中的世界，并根据该世界的'反射'解释自己的倾向，而且它也因此屈服于自己多少可以明确把握的传统。这个传统使它从驾驭自己生命的忧虑中解脱出来，使它可以避免提出一个根本性的问题和作出一个决断。这个传统尤其涉及植根于此在自身之中的发展的可能性及其本体论的理解。

"将权威如此强加于人的传统，非但没有使它所'传递'的东西变得可以接受，相反，它总是遮蔽传递的内容。传统使本来明白的内容退化并封闭了进入'根源'的通道[……]。传统甚至使这种根源坠入遗忘之中。[……]传统把此在从它的历史性中连根拔出。"[54]

54 《存在与时间》，第6节。

那么，这种既遮蔽又保留了遮蔽对象的传统是怎样被**传递**给此在的呢？凡存在的历史，无非就是此在所要“解释”的历史文献：**存在的**历史只有在一个“历史的意识”之中才是可能的。没有历史文献的时代虽然具有历史性，但是这个历史性尚未获得存在的历史的含义。在此，我们要提出**一个海德格尔似乎并不介意的问题**：如果说时钟是通过“持久地固定当即”使我们从此在之中——在当即以外——再认识时间的，那么，**持久地固定过去能向我们提供什么？这种把过去固定在它的具体的切实性中——从作为超前阐明的时间的角度看就是程序——的根据是什么**？此在是怎样从它的本质的时间性出发**进入**它的历史性的？如果不是借助持久地——也即代具化地——固定过去（或更确切地说，固定**从前**发生过的事情），上述**历史性**怎样成为此在之时间性的本质因素？从前发生的事情（ce qui s'est passé）这种无人格的自反表达式又是什么意思？[55]

此在是外在于自身的、出离的和具有时间性的：这就是说，**它的过去**外在于它，它只能在**尚未实现**的形式下存在于这个过去中。对于**它自身而言**，切实地成为它的过去，也就意味着置自己于自身之外，亦即**存在**。然而此在**怎样**才能如此存在？那就是借助代具向外投射，即向自己的**前方**投射。这也就是说，此在**只有以程序的方式才能体验它的不确实性**。

1. 本质为实际的此在是代具化的。如果没有自身以外之物或不处于自身以外，它就什么也不是。因为，**只有**自身的外在化才能使它**得以体验——却从来不可证实——**它所不断超前的死亡。

2. 此在**进入**过去的通道——即本来状态的超前——也是代具化的。只有在一定的代具条件下，此在才有可能进入或不进入**这个过**

55　存在的第三人称单数直陈式所表达的存在根源，不正是以先于此在自反表达式为依据的吗？

去——无论其是否被持久地固定；同样，也只有在一定的代具条件下，才可能谈论**此在是否面对过去持久地固定自己的问题**。

此在的相关差异性只有通过代具的体验才能被**揭示**出来。如果代具性从原则上说和计算、度量、确定性一样遮蔽相关差异，它同样也是对相关差异的**切实推动**：这种代具性使和自己同一的延迟时间的时段**切实化和具体化**。存在的历史是一个**记录史**、**替代史和无人格的历史**：正如布朗肖所言，它是无人格的知识的历史，然而它偏偏以个人的名义谱写——死亡的知识**只能**由个人来经历。这种存在的历史的记录恰似我们所说的相关差异同一体的矛盾：同一和差异**同时并存**。

线性的拼音文字是一种程序化的中断。它把本身是程序但又不以程序之**原型**表露的传统的诸形式悬置起来。在这个悬置中，它编造**另一种**程序，一种**新的**过去、超前和现在的持续，其首要的形式就是**现在**，即**在实体的——成为历史的——当即之中**。这个持续无非就是**此在的**持续，也即这样一种**当即**：它总是溶化在回归已经在此的未来之中。这个持续的原型就是**公民性**，即技术或代具的中断的重复。这个持续作为对**被阅读本文**的相关差异的体验而实施，这同时也就是**阅读本文**——及其**前本文**——的相关差异的体验，在这种关系中，两种相关差异互为因果。在此，本文性作为一个整体而实现，正如在亚里士多德那里一样，感觉和被感觉的行为是完全统一的。这显然是矛盾的，因为，只有在从文字上对本文作精确的、无可否认的、也即**拼写**的**确认**的同时，**读者**才可能作为一种相关差异而**自我确认**。这就是说，阅读**总是**作为一种差异而出现的，它必须**不断地**重新确定自己的差异，在**一贯性**中差异化。本文在同一性中揭示的是其阅读的**基础本文连贯性**，即本文之**在此**和**当即**的实体性，所谓在此和当即都不外乎是读者于其**此在**中展现的超前的有限性。文字**展示**相关差异性的同时，又将它遮蔽。超前就是代具性（展示，时空差异化），即同时作为普罗米修斯和爱比米修斯原则。完成代具性超前的切实条件就是技术的**提示**——即过去对超前、超前者对超前对象的提示：也就是超前的代具性或过去。超前除了代具的意义之外不可能有其他的意义；不确实性只能是**作为重复**的程序性。因此，问题的关键就集中体现在这种重复的意思上：线性文字的诞生并**不能解释**历史的开端。

代具的意思是"放在前面"。代具性是世界的已经在此，因而**也就是**过去的已经在此。代具可以从字面上被翻译成提示或放在前面。代具就是自己提示或放在前面之物。**技术就是过去向我们提示并放在我们面前之物（这个提示存在于一种根本性的知识之中，它是"把某物放在我们面前"的理念）**。关于死亡的知识也就是提示的或放在前面的知识，而这些知识从根本上说也就是**技术**的知识：即关于一种根本性的**缺陷**的知识——属性的缺陷，需要存在，没有既定的命运。放在前面或技术性提出了时间。在普罗塔戈拉斯的神话中，赫尔梅斯及其原则来自普罗米修斯。赫尔梅斯原则代表的阐释知识涉及了"尊严""荣誉""正义""权利"的具有普遍性的概念，它代表了政治的知识。与之相反，技术的知识具有个别性：**这是一种关于某个缺陷的知识，它所代表的不是一种伦理的意识，而是公民的政治性**。普罗米修斯和爱比米修斯共同编织了对偶的两个原则，这两个原则形成了提示和技术的知识：即在不确定的超前中实现的时间化。爱比米修斯原则代表了**提示或放在前面**的事后沉思。普罗米修斯和爱比米修斯共同构成了这样一种超前的反射，它只有依靠技术才属于人类——即**延迟**、**差异**和**重复**的提示。正如爱比米修斯重复普罗米修斯一样，此在重复它的过去。然而这种重复的（不可能性的）条件却是技术。**技术**、**逻各斯**和**赫尔梅斯之阐释原则**构成了所有超前的背景**整体**，这就是作为死亡的时间，忧虑。

"时间就是此在"的意思是：时间就是与时间的关系。但是这种关系总是已经由它的历史的技术条件——即一种根本性的技术条件的**效应**——确定的。时间每一次都是在技术中编织的同终结的特殊关系。

每一个时代的特征都取决于切实地进入构成该时代的已经在此的技术条件。这些技术条件的作用既为中断又为连接，它们隐含着自身固有的“相关差异化”和个体化的可能性。政治的公民性就是一例，它同作为相关差异历史的一个阶段的存在的历史的开端紧密相连。

正因为如此，所以我们曾经指出，“脱离了后种系生成的模式，就无从谈论时间化运动。这个模式的特征是，每一次都重新构造，而且，每一次都以一种新的方式重新构造，这种重造是通过已经在此实现的，也就是通过构成人类或技术的相继时代的记忆载体实现的”。但是，通过从爱比米修斯原则出发对存在分析的再解释，我们对超前的可能性（即可能性之可能性）作了先决性的陈述，这个陈述告诉我们：时间就是延迟差异。这就是说，时间不外乎是一切差异之延迟差异化运动的动因。这种相关差异是一种指引，它就是“谁”和“什么”之间的相互反射。因此，对每个时代特有的已经在此所进行的技术可能性的分析，实际就是对这种“谁”在“什么”之中的反射——和射象——的条件的分析。

由于海德格尔忽略了遗忘的悲剧意义，所以他认为，个体化的原则是在“人们”所代表的公众性以外构成的。然而事实恰恰相反，相关差异的特性是技术化的。因为，个体根据“人们”的可能性而构成自身，这就是根据已经在此的技术模式每一次所决定的人们相互之间的关系。与其说是个体在和“人们”的闲聊中堕落，不如说是“人们”自身个体化；不仅如此，“真实的时间性”总是迟到（即它总是已经“不真实的”、实际的）。这就是爱比米修斯原则。死亡从根本上说是不可能孤独的，死亡之个体化完全在于它同别人的关系。当海德格尔指出，时钟是一个人和其他人同在的时间，其意义在于：技术的时间是一种公众的时间。正是在这种公众化的、共同的时间中，并依照其每一次再生的独特的可能性，才构成了并非“私有”而是**相关差异化**的时间。对时间的度量并不意味着根本性时间的沉沦，因为在存在的历史中，正是这个度量本身，以字母和数字的形式，为进入相关差异提供了切实的通道。

11. 存在的代价

在下面一章，问题的焦点将是“存在的意思”。《存在与时间》将“存在的意思”赋予所谓的世界历史事物，即赋予已经在此的“谁”的纹迹。

“上手之物和在手之物总是随同历史的在世存在的生存被包含在世界的历史之中的。工具和作品，**比如书籍**，有其‘命运’，建筑和机构也有其历史。[……]这种在世的存在者，其本身就是历史性的，它的历史并不是一种‘外在’的框架，似乎它只是简单地陪衬‘灵魂’的‘内在’历史。我们把这种存在者称为世界历史事物。”[56]

世界历史事物不单单是以纹迹的形式留在赋予时间化的“谁”之后的一个结果：它以其本身的时间性构造“谁”——这种构造总是中断式的，也就是说并非纯粹自身的，或(在未来)不足以为纯粹自身的。拼音文字就其使计算得以可能的文码意义而言，是一种对过去事物的记录：它同时也为“谁”通过“什么”这面镜子进入自身提供了某种特定的可能性，通过这面镜子，“谁”获得某种“代表”或“实际作为”的形式。这个形式并非科学论述的观点，而恰恰是作为相关差异的延迟差异的作用。

历史的书籍从开卷就以拼音-文码写成本文(比如希罗多德的书)，过去发生的事情对于过去的承受者而言，非但没有因书籍而变得更加确定，相反，它像**终结**一样，虽然是**确实**的，却越来越不**确定**了。精确的本文被置于上下文连贯(的遮蔽)之中，它不仅没有使过去的事情获得一种统一的意义，相反却提供了无数变形方式的可能性。我们在第二卷中将指出：一切所谓精确的记忆——拼写逻辑(确正的逻辑)的记忆——都会导致一种迷惑和变向，以致左右颠倒，而这正是中断重复(需要**支付**，然而也是需要收纳)的代价。

56 《存在与时间》，第75节。黑体字系作者表示强调。

第三章

"什么"的解脱

在过失性存在的状态中，此在进入它具有相关差异性的个体化，在重温《存在与时间》第一篇中有关日常性的分析之后，我们将尝试着解释它的个体化。在过失性存在的状态中听到的声音，就是把此在引向对它过去存在的超前重复的力量。在本章中，我们将从以下几个方面进一步展开上一章的分析：

1. 日常性的分析：作为从"什么"的解脱；
2. 过失性存在的结构：作为对"什么"的介入；
3. 历史性的历史构造问题以及历史性作为"什么"的新面目。

1. 日常性的分析：作为从"什么"的解脱（第一篇）

1.1 "谁"与"什么"的相关差异

如果不是通过此在的日常性为中介而提供的预备性理解，[1]就无法提出存在的意思的问题。这实际就是《美诺篇》问题的再现。存在只能在事后的延迟中呈现自己：这还是爱比米修斯的问题。美诺、爱比

1 《存在与时间》，第2节。

米修斯和此在所包含的共同问题就是本质为遗忘的知识的问题。这种预备性理解的“爱比米修斯式”结果总是被包含在“通常的理解”之中，这种“明确”的理解是间接的，既传统又具有历史性，是被遗忘的“中介”。

超越这个遗忘就意味着采用本体论差异的观点。这个观点建立在“谁”（此在）和“什么”的差异之上，所谓“什么”即是上手的存在者，它区别于在手的存在者。在手的存在者所反映的，是一种对“什么”的本来意义缺乏认识的理解。“什么”的意义就是它的世界性。

存在是存在者的存在（现象学的意向性观念曾指出：意识是……的意识）。必须通过一种存在者来探讨存在的意思的问题，但又不能因此而把存在消减为存在者；“谁”（此在）就是这种必须从根本上同“什么”相区别的存在者**典范**：我们的讨论将侧重于这种“谁”同“什么”的区别。

“谁”需要存在的特征确定了它的自我格，即它的个体性；在此，我们把个体性称为特有语言性或特有个性而不是自我性，因为自我性过于和“什么”隔离：爱比米修斯这个特有的个体完全沉陷于“什么”之中，并从中根本地构造自己，然而此在只能通过从“什么”中的解脱来构造自身。

存在分析和爱比米修斯死亡学之间最接近之处——同时也是区别它们的起点，就是关于已经在此的论点：此在“自己选择了它的可能性，或者此在降临于它的可能性之上，或者它成长于自己的可能性之上”[2]。即使是它“选择”的这些可能性也总是来自已经在此的世界：一切“对于存在者的存在的理解都变得易受世界内部的影响”。

探讨“谁”（此在），就是从它的“一般的日常性”中来接触它。然而，这种接触是否不仅应该是一般的“接触”，而且也应该是此在的“接

2 《存在与时间》，第4节。

触的一般方法”呢？即是否进入由已经在此构成的此在的一般性已经在此？这种必然性并没有确切地记入存在的构造性结构之中。既然已经在此构造了时间性——这就是说它构成进入我没有生活过的过去的入口，它启开了我的历史性，那么，这个已经在此是否应当构造积极的实际性？这是积极的构造和历史的构造：它的物质形式的形成在历史以内和历史以外构造历史性。尽管海德格尔为肯定这种假设提供了主要的因素，但是他仍然不得不排除这一假设。

此在的时间性就是它的历史性：即它的实际性来源。我们已经引用过海德格尔的如下论述：

“在它的实际的存在中，此在总是作为过去存在而存在，而且就是过去存在的‘东西’。无论是否明显，此在就是它的过去［……］。在它的存在方式以及它对此在的领会中，此在处于以前留传下来的此在解释之中并从中滋长。此在首先从这种解释出发来领会自身，而且从某种意义上说，它总是如此领会自身。这种领会展开了它的存在的可能性并加以调整。它自己的过去——这同时也就是说它的‘同代’的过去——并不跟随此在之后，相反，这个过去总是已经领先此在。”

这是《存在与时间》中最重要的论述之一。此在是一种不属于它的过去，或者说，这个过去只有当此在就是过去（即此在事后**是**自己的过去）时才属于此在。然而，这会造成某种基本的后果，在某些条件下，根据切入过去的一些**器具可能性**，已经在此构造自身，并自我构造成“过去存在”。这些取决于时间中介和“世界历史事物”的条件，在一种真实的时间性面前总是庸俗的。这种真实的时间性确定了一种既非“在手之物”也非“上手之物”的存在者，这个存在者就是“谁”，它和“什么”发生唯一独特的关系并以同“什么”的差异构成自身。“对过去的积极的占有”怎样才能不受**进入**过去的积极的可能性的影响？这是关于实际性的实际留传的问题。它隐含了阐释的可能性。我们将在拼写文字的实例中看到，“谁”和“什么”**之间**的差异实际就是“谁”和

"什么" 的相关差异，二者是不可分离的。

1.2 "谁" 与 "什么" 在日常性中的混同以及作为期待的在世存在的烦忙

传统作为消减此在的需要存在的可能性，把此在带入自身的沉沦——然而唯有传统才把需要存在以过去存在的面目本身向此在提供。留传就是遗忘。这就是它的爱比米修斯结构——即作为从原本的意义上被遗忘的过失积累的经验。由此传统便自相矛盾地成为一种去根。所以，一种根本性的本体论就要求解除本身即是本体论历史的传统。因为：

"不论此在的利益以及它对 '客观的' 哲学解释所抱的热忱，此在已不再符合那些唯一能使向过去的积极回归——即建设性的占有——成为可能的最基本的条件。"

这样一种向过去的回归应当就是向过去发生过的事情的回归（尤其是在理解存在的历史之中），向曾经 "到来" 的东西的回归，也就是向存在、向存在的历史时间性的回归。但是，过去发生的事就是指一种根本的 "过去性"、可错性、薄弱性和缺陷性，这就是我们以爱比米修斯原则命名的过失。没有一种脱离爱比米修斯原则的传统，即没有脱离 "后种系生成" 原则的传统，也就是说没有脱离由（不确实的）过失所积累的经验（感受）的传统。"存在者是一种 '谁'（也就是生存）或一种 '什么'（也就是最广义的在手之物）。在存在的这两种类型的特性之间的关联是什么？"[3]问题实际就在于此，这个问题的展开构成了我们和《存在与时间》的分歧：这个分歧是关键性的。

死亡学分析向我们提出了一个进入的问题，并由此进一步引出了

3 《存在与时间》，第9节。

动物和生命的问题。[4]在我们看来，死亡学的进入问题就是爱比米修斯意义上的技术问题。先于一切生物人类学的实证论而摆在我们面前的问题，首先是我们的起源及其牵带的时间问题。但是这个问题是从已经在此出发降临到我们面前的，这个已经在此并不单单是存在问题的一般性原则，而且是它的不同的组成形式，生物学就是其中之一。我们不可能简单地悬置这些形式，而只能通过它们来感受起源（的缺陷）。这就遇到了卢梭意义上的先验性问题。这个先验性在技术性面前受到挫折。这种碰撞就是经验论和先验论的接触点，它在使二者区别的同时确定了它们各自的意义，这就是我们要分析的对象——即死亡。对死亡的理解起始于对生命的预先理解。当生命同时为非生命，也就是说它不再单单为生命，而是通过其他“手段”继续时，死就是生。问题就在于作为切入手段的代具性。因此，先于一切生物学（之可能性）的是根本性的本体论和预备性的生存分析，但是这种领先在此同样意味着：作为后种系生成模式思考的、由“技术学”构成的分析的领先。**从这个观点出发**，技术学的分析也是一个先验的概念。但是这个概念自己陷入绝境：它悬置了一切有关经验和先验的区别的可靠性。

“谁”（此在）的命运“连接”在世界存在者——“什么”——之上：这就是“包含”在它的实际性中的因素。[5]由此产生了此在的空间性的问题，这个问题融于它的在世存在，和灵与肉、内与外的区分无关，而且它动摇了一切关于“谁”和“什么”的明确区分——这在日常性中是显而易见的。进入根本的时间性，就是在日常性中思考，这样日常性同时也恰恰呈现为一种混乱的“结果”，或更确切地说呈现为一种根本性的混乱的后果。那么和这种后果相反，如果说建立于世界之中并构成此在的已经在此的“什么”提供了进入此在本身的入口，我们是否可以提

4 《存在与时间》，第10节。

5 同上，第12节。

出确定更根本层次的“什么”的动力的问题？有一种存在者的类型是生存分析不能解释的：这就是有机化的无机物，或确切地说是上手之物之类，它从自身的动力中获得“活力”。关于用具性的思想在此无济于事，因为它没有把握**有机化**的动力，因而也没有把握本来意义的已经在此。

如果说在世存在总是以某种方式呈现为操虑，如果说“此在的存在本身只能以忧虑体现”，那么这个忧虑就是期待的结构。无忧是忧虑的一种特有的形式。由此，爱比米修斯原则既是无忧，又是对它造成的过失进行的不安的反刍——然而操虑则包含了作为预示性超前的普罗米修斯原则。

1.3 手作为“谁”对“什么”系统的（理解）把握

海德格尔接着指出，认识的澄清作为一种实在论的认识已经遗忘了“谁”和“什么”的根本的关联性，并将它丢失了。[6]爱比米修斯原则的意义则不同，用《存在与时间》里的语言说，它属于“本体论知识”。正是以这种本体论的知识为基础，一切认识才成为可能。如果我们认为，海德格尔本人从某种意义上“遗忘”了在代具性中提供进入世界入口的已经在此，那么我们的任务就是要认识这种遗忘的必然性，正如他本人曾提出要研究认识遗忘世界的必然性一样。[7]爱比米修斯的名字就说明了这种必然性。日常的在世存在是使用。[8]使用同工具相遇——工具总是“用于……之物”：使用首先指引向“另一种工具”，比如文具、笔等。“什么”一贯是“什么”的**系统**。在工具的使用中，工具消失。它的形式，也就是说“什么”的形式，就是上手之物的存在，这种形式是理

6 《存在与时间》，第13节。

7 同上，第14节。

8 同上，第15节。

论认识所不了解的。工具本身即是预见：即预见者普罗米修斯。

如此，一般性的手在“谁”之上运作一般性的“什么”（上手之物，也包括被认识遮蔽了真相的在手之物）。“谁”因其手而同“什么”相对立，而“谁”本身既非在手之物，也非上手之物。正因为有手，所以“谁”有物在手中或在手上。这个被手运作的“什么”形成系统。正是“技术系统”完全充满了世界。这种“系统”在现代技术时代将成为一个构架，它强化了**计算和确定**的系统性，因而也成为形而上学的完成。但是它却不可能具有任何特定的动力。它仅仅追随时间化沉沦在存在的历史遗忘之中的逻辑，其意义也就在于遗忘和遮蔽的烦忙的切实性。这种系统不可能具有任何**特有**的去蔽的原则。“什么”除了“谁”的“真实的”动力的倒转之外没有其他的动力可言。然而，“谁”的动力难道不恰恰是对“什么”的**助产术**的回应吗？

上手之存在是可以造成缺陷的存在者。[9]这个欠缺也是世界性的呈现（消失中呈现）的条件。就其**悬置程序的执行**而言，这个欠缺是一种修改和骚乱。这样被扰乱的指引结构由此变得明确化，它释放出使世界得以呈现的一种整体性——及其实际性，这个实际性既使世界呈现也使它消失。在普罗米修斯（谨慎和预见）原则中产生的断裂，是事后才发现的日常的过失和缺陷的结果——即作为事后原则的爱比米修斯原则。这个原则之所以可能，完全是因为，预见从根本上说实际就是无预见，或者没有完全预见——总是停留于**无确定**状态，也即总是建立在爱比米修斯的过失的基础之上。这个过失虽然起初被遗忘，但总是不断地重新出现，并为已经在此打下其实际性的烙印。已经在此同时也是指**尚未在**（不确定）。海德格尔不仅思考器具的概念，而且他是**从这个概念出发**进行思考的。然而，他并没有**完全**把这个问题看透：他没有从中看到包括无预见在内的一切发现的原始性的和根本欠缺的背

9 《存在与时间》，第16节。

景；他没有从中看到恰恰构成存在之时间性的因素，亦即没有看到技术构成的通向过去——也即通向未来——的入口，没有看到构成历史之本来意义的东西。他总是（仅仅）从有用性的角度思考工具，总是把器具当作工具来思考；因此他就无法思考诸如对世界有训导意义的技术器具之类。然而在这一点上，关于可使用性的一些必然分析绝不同有用性意义下的烦忙相对应；不仅如此，在器具的施行过程中，发生了制作世界过程，而且某种断裂也由此产生。这种器具的悬置具有另一种类型，它与原本的器具性结合，因而也就是器具性。

1.4 胡塞尔的回忆概念和作为指引的“什么”的系统

海德格尔关于符号（指引最典型的工具）的概念既包括信号也包括残迹和资料。由此可见：

1. 把**符号**和**信号**的混同，说明不懂得示意或指意的动力，也即不懂得作为过去存在的指意规则（后面谈到语言的主体问题时还会讨论这种规则）的属于特有语言的不透明性，正如不懂得一般性的“什么”的动力一样；

2. 资料作为一种“画面意识”的特性，就胡塞尔的意思而言，是没有自身的厚度的。在这一点上，海德格尔忠于老师的观点。

胡塞尔的《时间的内在意识讲座》一书的目的在于，批判**原始联想**的概念，布伦塔诺正是企图从这个概念出发以认识时间性。这种由想象实现的联想产生一种对时间性时刻的“再现”，即再现具有过去特征的现在，同时这种再现又与现在结合在一起。[10]胡塞尔对布伦塔诺的原始联想的概念的批判，所针对的是布伦塔诺在这个概念中给予想象以解释滞留现象的作用。批判的基本论据是：布伦塔诺在赋予过去时刻以想象的特征的同时，实际上使得现在、过去和将来之间的区别成为不

10 胡塞尔：《时间的内在意识讲座》，第6节。

可能，除非他断定过去和将来都是“非现实的”。与之相对立，胡塞尔则从对旋律这样一种时间物体的思考出发，认为时间现象应当作为一种变化过程来认识，在这个变化过程中，每一个现在时刻或每一个“原初映象”都牵带着对现在具有**建设意义**的滞留和前置。滞留属于这样一种“当即”：格拉内尔曾称之为“大当即”，胡塞尔曾喻之为“彗星尾巴”。这种属于当即的时间现象的滞留也叫做**第一回忆**。

在第十二节中，胡塞尔阐明了滞留的概念：滞留不是知觉而是向知觉指引；滞留不是一种想象的产物，因为它实际属于时间的现实现象；滞留不是一种“第二回忆”(不是一个过去的时间现象的再忆并使之重新回到现时)；滞留不是图像意识——即我们通常所说的第三回忆。

“滞留的音符不是现在的音符，但恰恰是一个在现在中‘以初始的方式回想起来的’音符：它并非现实地存在于滞留意识之中。但是，属于滞留意识的音响时刻，也不可能是现实地处于其中的另一个音符，尽管这是一种同样质量的微弱音符(即共鸣)。诚然，一个现在的音符可以唤起、展示一个过去的音符，给它一个图像；然而这已经假设另一种过去的再现。过去的直觉本身不可能是由图像组成的形象。这是一种原始意识。[……]共鸣本身，**或更一般地说，留存于较敏感因素之中的复本，它们非但不一定属于滞留的本质，而且和它毫无关联**。”[11]

胡塞尔在第十三节中明确指出，一般意义上的回忆，无论是第一性的还是第二性的，以及由此包括的滞留，“并非一种图像意识，而是一种完全不同的东西。[……]在知觉中我看到的是当即存在，在展开的知觉——即知觉构成的原本状态——中我看到的是持续的存在，同样，在第一回忆中，我看到的是过去；过去在回忆中给予我们，并且，过去的给予就是回忆”。

11 《时间的内在意识讲座》，第46—47页。黑体字系作者表示强调。

所谓第一回忆就是在原始印象中构成的东西。我们不可能“想象一种不是印象意识的继续的滞留意识，[……]因为所有的滞留都自身向一种印象指引。‘过去’和‘现在’相互排斥。完全同一的东西可以是现在和过去，但这仅仅是因为它已在过去和当即之间持续”[12]。

滞留不是一种再现。否则我们就不可能谈论所谓的“大当即”，并同布伦塔诺的心理主义相对抗。所以，不要混同滞留和第二回忆；第二回忆自身又区别于图像意识，因为它曾原始性地形成于原始的映象之中，这个特征是第三回忆所不具有的：第二回忆就是“再回忆”。

“让我们来考察第二回忆的一个例子：比如我们回想起一段最近在一次音乐会上听过的旋律。显而易见，回忆现象就其整体而言和该旋律的知觉具有完全相同的构造。作为一种知觉，回忆现象具有一点特殊：每一个回忆的现时刻对应着一个知觉的现时刻。我们在想象中浏览这一段旋律，因此‘几乎’获得一次听赏，从第一个音符到第二个音符……在每一个现时刻都有一个音符(或一段音符)。但是前一个音符并没有被从意识中抹去。在对当即听到的呈现于当即的音符的领受中，搀和着对刚刚听到的音符的第一回忆以及对即临音符的等待(前置)。现时刻又重新给意识造成时光圈，它完成于对回忆的领受的延续性中。[……]这种现象同知觉和第一回忆是一样的，但它们却不是知觉和第一回忆本身。我们并没有真正地听到旋律[……]。在再回忆中，时间的现在得到再忆或再现。同样，过去是再忆或再现的过去，而不是初始时的知觉的过去、给予的过去和直觉的过去。”[13]

由此可见，区别第一回忆和第二回忆的是知觉：

“知觉是[……]把某个事物本身放在眼前，即根本性地构造对象的行为。与之相反的再现不是把一件对象本身放在眼前的行为，它恰

---

12 《时间的内在意识讲座》，第50页。

13 同上，第14节。

恰在于再现对象，将对象的图像放在眼前，尽管这种行为并不完全以图像意识的形式体现。[……]如果我们把知觉定义为包罗一切起源的行为，即根本性的构造行为，那么，第一回忆就是知觉，[……]作为想象的再回忆只给我们提供了一种再现。"[14]

在作了以上区分之后，胡塞尔在第二十八节中将"图像意识"与第一回忆以及第二回忆相对立。就第二回忆借以成立的再现而言，"它并不是指一种以相像对象实现的再现，类似以图像实现的意识形象（比如油画、雕像等）。相反，在图像意识中，再造之物具有对象本身再现的特征"[15]。

由此我们可以清楚地看到海德格尔对胡塞尔的批判**应该**包含的观点：时间性的历史化概念就其构成"谁"的意义而言应当带来**未被经历**的、继承性的已经在此，这个已经在此**不依赖任何知觉而**形成，是一切现在性的构造因素，正因为如此，时间性不可能从当即出发来构思。这本应是一个论据，它有利于**彻底修正将第一、第二、第三回忆对立起来的**观点。脱离了这一层批判，实际性的概念就没有意义了。然而我们将看到，海德格尔是怎样维持上述对立的。

现在让我们回到《存在与时间》的第十七节：

1. 海德格尔在以飞行的箭头为例时，抽去了符号的一切动力和厚度，他不仅从如此定义的符号出发来理解上手之物，而且也用同样的方法来理解器具性，即把它视作由烦忙支配的、纯粹的"指意性"锁链。

2. 把资料包括在与信号混同的符号之中，并因此把器具性的理解定义为回忆——尤其是第三回忆和图像意识——的理解，这就不可能不影响关于回忆的一般性理解，不可能不影响对所有取决于后种系生成（已经在此）的事物的理解。

---

14 《时间的内在意识讲座》，第17节。

15 同上，第28节。

“符号不是一种在显示性的关系中和另一种事物发生联系的东西，它是这样一种工具：这种工具使一个工具的复合体明确地关注环境，以至上手之物的世界相应而生。

“[……]南风作为一种突如其来的存在者**不可能从一开始**就成为在手之物并具有气象学的意义，似乎它是事后因某个机会才穿上了先兆符号功能的外衣。相反，正是田野劳作对环境的关注，包括对南风的关注，才第一次发现了南风的存在。”

通过这些总是把烦忙的目的性放在优先和显著地位的分析，海德格尔最终指出，世界性是由超前（即死亡）构成的。但是他同样也要指出，这种和死亡的原初关系，符号引出其公众性，总是已经成为一种无关系，**答案**只能在这种超前的形式**以外**。由此，符号就属于沉沦之列，证据就是，指引不可能成为“什么”，而它却构成一切“什么”：

“假如指引必须从本体论的意义上成为符号的基础，那么它本身就不可能被作为符号。指引并不是上手之物的存在性的确定，但是它却构成上手存在本身。”

“作为上手存在者的世界总是已经‘在此’的”[16]并且已经在此的世界的载体就是器具——上手存在。这种先在就是指引，指引通向一个“目的”，目的就引向终结的最后限度——这个最后限度的意思直至《存在与时间》的第二篇才被作为走向终结的存在而展现，即不是向一个在手存在而是向在世存在——**此在**或“谁”——指引。这个“目的”因此就似乎先于上手之物——“什么”——的已经在此的可能性；但事实并非如此，明确这一点是很关键的，因为它指出一个已经在此的目的（走向终结的存在）和实际性是不可分割的：“目的性本身作为上手存在者之存在的形式，只能在一个已经被发现的目的化的整体的基础之上被发现。”至于终结，由于它超出一切“什么”，并作为“谁”的终极可能

16 《存在与时间》，第18节。

性也超出“谁”自身，所以它是一种超越和存在（意思）的宣照，在此，终结就被称为“向‘什么’”。关于此在的终结的理解本身只有借助关于已经在此的“什么”的理解才会实现，而且才可能实现。这里，已经在此的“什么”既在目的中又具有目的：

“此在总是已经同某个属于预先赋予它的目的之物连接：此在就其自身而言总是和一个以上手之物构成的存在者相关。”

此在在与内在世界的关系中已经并正在体验的这种目的性，就是由世界、指意构成的关系规则预设的一种理解。这些关系的总和就是使言语指意成为可能的指意性：胡塞尔所说的本质以及意向性都必须从走向终结的存在出发来认识。这个论点是至关重要的，因为它——在批判的基础上——提出了在胡塞尔现象学中是不可思议的特有语言性的（后）遗传学。

1.5 海德格尔的去远[17]化的遗忘

空间性是作为上手之物构成的，也就是说它是一种邻近性，而手则成了空间的构造因素。在明确了这一点之后，“谁”的空间性具有去远的特征，[18]“谁”具有“一种求近的本质倾向。我们当今或多或少都被迫一同提高速度，而提高速度的一切方式都以克服被远离存在为目的。比如，‘无线电’的产生使此在如今在扩大周围世界的道路上迈出一大步，消去‘世界’之远离的程度在其生存意义上**还无法一目了然**”[19]。

---

17 去远（Ent-fernung）：“Ent-fernung”一词通常在法文中被译为“éloigner”，即远离或距离。海德格尔在《存在与时间》中是在否定的意义上使用这个词的。也就是说空间性对于此在的意义就是去除距离，在世界中和其他存在者接触。作者根据这个意义，把“Ent-fernung”译为“é-loigner”，强调技术对空间距离的消减。所谓“去远”，就是指人不断地利用技术的“代具”来减小空间的距离。——译注

18 《存在与时间》，第23节。

19 黑体字系作者表示强调。

一切"上手"无非是指一种只能来自原始性的去远的邻近。上手的一切**最终**都只能因为在手没有给予之物。只有这种无给予才是给予的,也就是说,唯一的给予之物就是无法把握的在手无物。手就是在这种虚无中**把握**。代具运用于去远的目的,无线电不过是一种代具(当然是一种很特殊的代具,所以它的"生存意义"才很难认识),就像眼镜和街道一样。然而,这些代具都基本上被遗忘了:

"如果说看和听能够投射到远处,这并非是由于它们的自然'射程',而是由于作为去远化的此在在它们身上具有绝对优势。比如,对于一个戴眼镜的人来说,眼镜近得就在'鼻梁上',但是这个使用工具却比他周围世界中的挂在对面墙上的画离他更远。这种工具是如此的不邻近,以致往往一下子绝对无法被察觉。用于看的工具和诸如电话听筒之类的用于听的工具一样,具有不引人注意这种首先在手存在者的特征。再如对于街道这种用于行走的工具而言,以上特征也是同样有效的。"

但是上述特征也正是代具的主要特征,我们通过这些被自然化的代具自然而然地看、感觉、思考等。这一点尤其符合文字、资料以及一般性的已经在此,特别是那些为进入过去的已经在此、过去本身以及过去的过程和存在提供了入口的已经在此。否则已经存在不可能借助纹迹、**作为**已经存在及其**实际性**——也即不曾存在的可能性——向"谁"呈现:图像意识的特殊性以及其他第三回忆,由于海德格尔对此在的去远化的关注而被忽略了,而忽略的必然性正是他本人描述的而又熟视无睹的东西。值得惊奇的是他竟然对"什么"如此不加理会,而关键恰恰在于,"什么"是已经在此之已经的构造因素。这个遗忘不久将会影响到有关历史和古代性等的分析,它完全来自这种"无强求",即原始性的爱比米修斯式的疏忽,海德格尔在描述这种疏忽的同时也犯了同样的疏忽。[20]海德格尔自己的烦忙造成了他的遗忘,并说明了去远也是

20 类似的疏忽如今还影响着"认识论科学",参阅本书第二卷。

由烦忙控制的。

在去远的同时，此在自己指向“符号”的基础，并打开了进入“区域”的入口。但是在这类取向和入口的问题中，“区域”的开口仍然是由过去已经在此的载体操作的安排确定的。从它们提供入口的角度而言，这些载体既像是复原或重新构造的“图像”，又像是“航行工具”和导航的程序，这些就决定了此在对自身存在、对阅读程序、对存在（的理解的）遥控的预先理解。比如，拼音文字的程序特性应当是从一定的**确实性**出发复原或复原性地构造“谁”的存在：一定的确实性使加里安能重读柏拉图——哲学的已经存在，或更一般地说是一个已经在此。这种程序特性是同某种特定的遥控——即存在的历史——分不开的。这个分析的主要结果就是，一个纯粹的构造是没有入口的：**构造总是重新构造**，它与其说是遗传性的，不如说是后生成的，或如尼采所说：它是**系谱性的**。

1.6 “谁”的程序的中性（neutralité）

如果说关于此在的问题就是“谁”，这是因为它的存在是一个“我”的问题。“‘谁’就是在行为和经验的变化中保持一成不变的因素，它因此也就和多样性发生关系”。但是日常此在之“谁”却并不是“我”的“谁”。在此，把握此在的基点必须是它的日常性——即它的实际性，以及它的在世和“从一开始而且最经常地”被世界捕捉的事实。这就意味着，要借助现象学抛弃所有自我性逻辑：进入“谁”的入口不能由把世界以及在世界中相遇的“谁”（自我）圈入括弧的做法实现。生存现象学的目的不在于自我逻辑意向性的行为。经验必须被生存取代。这种“谁”是否布朗肖所说的无人格知识——中性的“谁”？既是也不是。因为对于海德格尔来说，“人们”是不死的。而只有布朗肖认为，“人们”有死。[21]

21　“死的事实包含了这样一个根本性的转变：死亡本来是我的权力的极端（转下页）

其他人并不是首先被作为非我确定的，相反，人们在同其他人的相遇中，“常常不和自己作区分”[22]。此在的位置（在世界中）是由它的所作所为确定的，而“其他人”同此在在工作中相遇。诚然，此在总是生活在一种和其他人的差异之中——或是消减，或是加重这种差异：这就是距离。[23]但是这也就是说，此在从一开始就处于其他人的影响之下并且不是它自己。“存在的”是“人们”，“谁”是中性的。它包含了一种趋于存在（差异）的一切可能性的庸常水准的基本倾向：这就是公众性（或者说公众观点），它首先调节着“关于世界和此在的一切解释”，消减此在的日常性。由于烦忙的此在分散在“人们”之中，而“人们”“确定了示义性的指引的复合体”，所以此在必须找回自己。这种自我的再发现意味着“驱除覆盖和昏暗”，“同造成此在自我封闭入口的遮蔽决裂”。这样的回归是在松弛中实现的，“在这种松弛中此在成为自己的承担者”。存在作为一种重量而变得明显。**在“什么”中，“什么”的重量被“谁”把握，“什么”的重量就是作为“谁”（的可能性）**。此在正是在这种情绪中“敞开”的，即向它的“需要存在”，向……“谁”敞开。“在此之存在的全面敞开这种不寻常的状态，[……]我们称之为被抛存在状态”（“无依无靠”）。“通过被抛存在状态，我们试图揭示迫使人成为自

（接上页）形式，现在它不仅因为将我抛却在开始甚或终结的权力之外而成为剥夺我的权力的因素，而且变得和我没有关系、对我没有作用，失去了一切可能性，是无确定的非现实性。这个转变是我无法再现的，我甚至不能作为某种确定因素来把握，它并非那种一去不返的不可逆转的过程，因为它没有完成，没有终结，没有休止……这是没有现在的时间，我和它不发生任何关系，我不能向它行进。因为对于这个时间而言我没有死，我被剥夺了死亡的权力。对于这个时间而言，‘人们’死亡，‘人们’不停地死亡……这并不意味着终点，而是没完没了；不是指死亡本身，而是指随便某个死亡；不是指真正的死亡，而是指卡夫卡所说的那种对自己的根本性错误的嘲笑……”布朗肖：《文学空间》，第160—161页，“观点”丛书，1955年版。参阅德罗兹在《差异和重复》第149页中的有关评论。

22 《存在与时间》，第26节。

23 同上，第27节。

身承担的**事实实际性**”[24]：这就是性能的缺陷的既成事实以及代具化的技术性。这同样也是遗忘的事实——爱比米修斯原则，因为，全体之所以敞开，“这并不是因为把目光投向被抛存在，而是因为转向被抛存在以便回避它”。全体性为之敞开的是整个在世存在，即此在的**可能性**，它不同于“什么”的可能性，“它低于切实性和必然性”，“相反，作为生存意义的可能性是此在唯一的、最根本的、积极的本体论确定性”[25]：理解的生存结构就是投射，它以被抛存在状态为前提。正因为如此，所以这种理解既常常处于“一整套已经被理解过的表达方式之中”，同时又建立在带有预见性的超前之中。

这种“预先获取”的结构动摇了一切解释——比如本文解释。从此，“一切致力于理解的说明，都必然包含了需要说明的因素”——这恰恰是《美诺篇》中早就提出的两难推理。柏拉图否认死亡，并因此开辟了思想史上的形而上学时代，把这个两难推理从柏拉图的意图中摆脱出来，就意味着直面已经在此的问题：历史性就是循环；循环性又只有通过对程序的分析，也即通过对作为爱比米修斯原则载体的已经在此的实际性的分析，才可以理解；就这个意义而言，历史性属于后种系生成形式，因为，预先理解必须根据已经在此的某种载体固有的可能性而变换。这些“什么”的可能性并不是那种简单地取决于海德格尔同“谁”的可能性区别开来的现实的可能性，特别是这种程序的特征是语言本身的构造因素，语言“每次总是自己已经包藏了既成的概念体系”[26]。海德格尔在第五十三节中写道：“**走向死亡这种可能性的存在的最近的近处，对于一个现实的东西说来，则是要多远就有多远。**”这种论述描述了相关差异的结构。**然而，这种可能性赖以构成的现实性的去**

24　黑体字系作者表示强调。

25　《存在与时间》，第31节。

26　同上，第33节。

远运动难道不也是同样明显地触及像本文之类的“什么”，或者说一切“世界历史”的纹迹吗？“什么”的可能性是“谁”的可能性本身的构造因素，换言之，“什么”的可能性不是，而且也不比“谁”更接近康德所说的实体，也不属于“现实的范畴”[27]。

1.7 作为“图像意识”的工具

语言的程序性特征促使听本身具有先决的程序性：

“我们从不，也永不‘首先’听到响声和组合音，我们首先听到汽车声和摩托车声。[……]这是一种现象上的证据，它证明，此在作为在世的存在，每次都已经停留在世界中的上手之物的旁边，而绝非首先寓于‘感受’，仿佛这团纷乱的感受先须整顿成形，以便提供一块跳板，主体由此起跳以最终到达一个‘世界’。”[28]

意向性的质料总是已经具有意向的。海德格尔认为，听只能产生于对上手存在者的根本邻近，他还批判了将形式和物质对立起来，如此，海德格尔实际上就使我们得以引入一种既非第一回忆，也非第二回忆的上手存在者的问题。这种存在者根本就没有被海德格尔和胡塞尔的分析所包括，但是它却直接就在工具之中，作为工具的意思本身。

工具首先是回忆：若非如此，它就不可能像示义性的指引那样起作用。我是从指引的网络和指引本身的意义上来探讨包括“轰鸣的汽车”这一类“工具”的。工具从原则上说指向一个已经在此，也就是指向一个“谁”并不一定亲身经历过的“预先所得”，但是这个“预先所得”却在“谁”的烦忙中追随而来。这就是后种系生成的意义。工具首先作为图像意识而起作用。这种“第三回忆”的构造性奠定了“谁”的不可磨灭的中立性，即它的可程序化的性质，其中首先包括作为调节语

27 《存在与时间》，第43节。

28 同上，第34节。

言的语法的性质。

1.8 特有语言自身之外的特有的（无）忧和死亡的文章

语言的程序化的特征就是“人们”的公众性（我们将称之为**示义**，它停留在“谁”的每一个“层次”，包括它纯粹的孤独，也就是指既在“其外”又在“其中”：“谁”是特有语言化的，它即是特有语言，它里里外外都渗透了“属于它”的、不可消除的“公众性”；我们将在固有本文性的范畴下来讨论“谁”的这种**内在公众性**的构造性，同时我们也要参照爱比米修斯的固有性）。这种公众性实质上是可重复的，在海德格尔的论述中，存在着两种重复，因为重复又将构成类似刚刚已经存在的循环的方式的可能性。作为一种去根，“机器化”的重复就是闲话，文字无非是它的延伸。取决于第三回忆的因素总是从这种延伸的（沉沦的）可能性出发来理解的，海德格尔称第三回忆为世界历史；不仅如此，这种可能性也是理解一切构成已经在此的此在的因素的起点。

正是在这一点，[29]海德格尔强调生存的本质薄弱，他关于缺陷存在的观点已非常接近普罗米修斯-爱比米修斯的结构，并因此进入忧的问题。此在的存在就是忧，“因为以前的本体论问题总是首先把存在从在手之物的意义上理解[……]，并且使此在的存在一直未得到本体论的确定，所以就需要澄清忧、世界、上手之物、在手之物（现实）之间的本体论关联”[30]。

从本体论的意义上进入忧是一个手的问题。手的什么？“什么”的什么？“谁”的“什么”的“什么”？理解通过手表示的“谁”和“什么”就是真理。传统一直把这个真理狭义地理解为属于在手之物的“什么”本身的真理。但是，真理是“谁”和“什么”相互表示的真理。

29 《存在与时间》，第38节。

30 同上，第39节。

“谁”就是对死亡的表示。在畏惧中，此在面临一个“什么”[31]。在恐慌中，此在面临“它的”“谁”，“谁”从某种意义上说疑问地“呈现”在它面前，但是“谁”并不显示，它的“谁”即是对“谁?”的疑问。被疑问的“谁?”转向“什么”以便逃避它的“?”。这个“?”就是它的**不确定性**，在这个不确定性面前，世界的目的性崩溃了，世界获得了“完全无示义”的特征。但是这个“?”也就是“原本的在世存在”。简言之，“恐慌”即是对世界的敞开。

恐慌造成孤独，并因而向可能的因素敞开。孤独并非孤僻，而是在世，在世却又意味着不在自身。世界的亲临性在沉陷中变得在自身以外存在，这就是爱比米修斯式的处境。

“确保亲临的在世存在是此在的奇异(外在)性的一种形式，而不是相反。对于自身以外的存在，必须从本体生存论的意义上作为**更**根本的现象来理论。”

“人们”的特有的公众性是一种特定的亲临性，它构成一种去根。然而还有一种更根本性的去根。

充满忧的此在“先于自己”并超越自身：在自身之外的本体论意义就是提前，时间性的本质现象就是未来。“先于自身的存在就是指：在已经在世的存在中先于自身而存在”[32]：即先天存在。已经的意思是：一切总是已经开始，然而恐慌的不确定也就是指什么也没有开始，因为什么也不会结束——此在**永远**也不会结束(存在)，它对自己永远是这个“?”。它自己没有终结，面对着无终结的虚无、虚无的连续和连续的虚无，也就是面对既确实而无可争议同时又不可能的终结。“换言之，生存总是实际的。生存的意义本质上是由实际性决定的”。但是，孤独“回归”的可能性就其自身脱离世界历史性的意义而言，并不是我们在

31 《存在与时间》，第40节。

32 同上，第41节。

爱比米修斯原则意义下所寻求的东西，而且，关于去根的论述仍然是非常模糊的。

“忧”塑造了“人”，并伴随一生，终了，人的灵魂回归尤皮特，肉体回归大地。在希腊文中，和“忧”——在此以爱比米修斯为代表——一词相对应的是“期待”，它具有遗忘和知识、希望和担忧、错误和真理的双重意义——真理即是走出遗忘的**去蔽**：遗忘是原始性的，正如爱比米修斯的过失标志了起源的原始性缺陷，所以“敞开本质上是实际的”，“此在每次总是已经在真理和非真理之中”[33]。忧的这种结构体现着普罗米修斯原则和爱比米修斯原则的一体化。普罗米修斯的经验是爱比米修斯原则的第一阶段，它体现了漂移、初始的薄弱，仅仅由此出发产生了某些东西。从总是产生过失的经验出发（即通过敞开某个领域的发现而实现的覆盖），原本的缺陷存在的事后沉思才是可能的。因此，即使在闲话的重复中，“作重复的此在为它讲述的存在者本身进入一个存在。但是它免除了——它执意免除——发现的再一次根本性完成”。

这样一种重复的可能性，自身建立于**后种系发生**的结构之上。经验的这种重复，同时也是经验的覆盖，它发生于作为器具的一切自身之外的范围。作为一切真理之背景的历史性，从根本上说也是来自这种重复，重复同时掌握进入（原本的已经在此）的可能性和该入口造成的遮蔽：文码同时为计算、确定、字母、不确定。在此，作为真理的“去蔽”不能和确正的已经在此的构造区分开。这里，被我们称作确正的已经在此的范围，包括所有的记忆和一切形式的“精确”记载，比如拼写文字的记载：由拼音、线性文字经过照相和录音直至电子记载。加里安曾经说过，“文字书写和手的运用，使我们可以和柏拉图、亚里士多德、希波克拉底等其他古人交谈”，实际上也包括了加里安本人、海德格尔以及一切“自身存在”的过去存在，这种交谈的方式，自柏拉图以降，不

33 《存在与时间》，第44节。

留下任何字面疑点。这一切都是因为有确正的文字的精确记载。只有发现的物质化才同样可能使从“在手”存在者或实体出发对真理的理解——作为精确性——成为可能：实体只能存在于一定的载体之上，依载体而生，也即和载体处于一定的关系之中。对精确性的批判（尤其是对时钟的批判）和对实体论（在此，实体论总是被定义为形而上学）的批判，是紧密相连的。

时间性就是重复。正如一个特别的人，他的特有语言只能自我重复。既然存在着两种类型的重复，所以也存在着两种类型的去根。这种双重性来自一个过失或负债的存在，在此，我们称之为缺陷性存在。

2. 过失性存在的结构：作为对“什么”的介入（第二篇）

2.1 缺陷性存在：作为可能中断一切程序的程序化

具有生死的“谁”，作为一种不确定的可能性自我超越，它的沉沦（在烦忙、好奇等中闲谈）的意思是逃避不确定性、企图确定终结、调平“差异”。

“谁”的不确实性，它的无预定性，它的命运，建立于死亡的不确定之上，这种结构的构成就像在普罗米修斯/爱比米修斯原则的结构中一样，其中期待具有忧的模糊属性。由于这个结构是建立在已经在此的程序性之上的，所以它**重复**——而绝不是超越——不可消失的实际性，这就像对现行的程序的中断，一种生存性的**中断**（而且也是一种从**某种记时性的形式**——即存在的历史——出发的历史性中断）。这种现象就像一种过失或负债的“意识”一样发生：“死亡并非没有区别地‘属于’此在，它呼唤一个作为个体的此在”，“最切身的可能性”就是中断日常公众性“程序”的可能性；这是构成“谁”的超常的可能性，即“走向死亡的自由”，中断“谁”的通常的中性，改变一个“通常不是我自己而是‘人们’”的“谁”，[34]从而形成自我。“人们”属于“谁”的实际的“存在能力”已经决定的存在，规则、标准等是它的形式，“人们”抽去了“谁”的一切自由选择，像程序一样作用：亦即此在可中断的程序。这样的中断——同“以‘人们’之声扰乱自身之音”的现象的决裂——的可能性来自一个过失性、负债性和缺陷性存在的“呼唤”。“听到”呼唤的“谁”就是“决心”。

过失在它们的累积中被遗忘，彼此覆盖；然后就有过失的经验：不是指某个特定的过失，而是原本的过失性存在的过失本身——这种原始性的缺陷就是被海德格尔称为Gewissen的起源的缺陷。被呼唤、谈论和疑问的“谁”就是此在本身。但是由“谁”来呼唤、谈论和疑问？这个“谁”“处于一种惊人的不确定性之中”。[35]“意识作为对忧的呼唤而呈现”，“意识之声提出一定的‘债’”或一种“过失”。如果说爱比米修斯原则必须从“谁”和“什么”的相互表示——即死亡原则——的角度来认识，那么，“呼唤”的“谁”就是先于“谁”和“什么”的区分的“谁”，是先于外在于根本性的自身之外的“什么”的“谁”，是先于起源的原始性缺陷的“谁”。

“**没有任何东西**可以从‘世界’的意义上给呼唤者以‘谁’的确定性。它是处于陌生中的此在，是世界的虚无中赤裸的‘它存在’。呼唤者和日常的‘人们’本身没有亲邻关系——即如**外来陌生**的声音。‘人们’迷失于它所烦忙的纷乱‘世界’之中，对它来说，还有什么比那陌生的孤独和被抛进虚无的自身更陌生呢？”

这个“谁”的虚无道出了“谁”就是、尚且是而且永远是虚无：它没有开始，也不会有终结，它被“抛”在所有切实地获得的“自身”之外，“自身”就是它的相关差异。缺乏同一性这个标志给予“谁”的结构

34 《存在与时间》，第54节。

35 同上，第57节。

是：它总是已经在多种分散不同的场合下构成自身，由此，自身单一实体被作为永远未来的东西体验。

我们对德文“Schuld”一词的理解，与其为罪责、过失，不如为缺陷。但是，罪责来自缺乏神赋，过失的起因是遗忘引起的盗窃“神火”。诚然，不能把缺陷理解为缺乏手下存在者，“罪责的概念不仅要被抬高到超出计算烦忙的领域，而且还必须解脱同义务和法规的牵连，而一个人违反义务或法规的要求原是要承担罪责（过失）的”[36]。

无论如何，罪责和过失都具有“否定的性质”。

“因此，我们把‘有罪责’的生存论观念从形式上确定为：作为一种由‘不’确定的存在的基本存在，这就是说，作为一种虚无的基本存在。[……]有罪责存在并不首先作为某种负债的结果出现，而是相反，[……]负债只有‘基于’一种原始性的有罪责存在才成为可能。[……]基本存在是指[……]：从基础上说，从来就不占有自己最切近的存在。”

这就是性能的缺陷和缺陷的共同体（陌生性的平常化）。“不”是一个普罗米修斯和爱比米修斯结构所具有的特性。爱比米修斯原则包含了相关差异性，因为它是指此在或“谁”的本质的未完成和本质的偶然性（薄弱）。

“自身”是此在的“自治”，它“既非实体也非主体”[37]。在世存在不是一种实体-主体。真实的“劳作”——时间，是植根于特殊性、个体化和“自治”之中的间距，它与辩证的综合是不相容的。但是，问题在于，对黑格尔的实体概念的意思存在着另一种解释，其前提就是，决心在它的可能性中，有一部分在**已经**的形式下，与已经在此托付的“存在者实体”发生了实际的和非实际的关联，已经（对于一个沉入**尚未到来**之中

36 《存在与时间》，第58节。

37 同上，第61节。

的“谁”而言）确定了实体的实体性。因此，自治形成于他律之中，这不仅仅在于接受他律，而且在于听从他律的**动力**本身——并且无须假定这样一种“助产术”的辩证必然性。

起源的缺陷（即罪责）和终结（它总是一种缺陷）是同一层关系的两个“方面”：一切超前行为中的技术定向，在只存在着作为实际性起源的缺陷（只有罪责或过失）这种严格意义上说，是作为对已经在此的场合的体验而存在。“只有从此在的**整体**存在的基础出发，超前行为才使负罪存在显而易见。忧同样原始性地隐含了死亡和罪责于其自身”[38]。如果说罪责-过失确是缺陷，那么已经在此的代具性就是忧的真理。

2.2 手的手段和“什么”的无限性

此在迎向未来：它起始于未来的初始现象，这种未来的初始现象是作为向已经存在的回归。向已经存在回归就是作为承担已经在此（实际性）的被抛状态：

“承担被抛状态是指：真实地作为此在，即如它每一次都已经存在过一样。然而，对被抛状态的承担之所以可能，仅仅在于：迎向未来的此在能够是它最切己的‘每一次都已经存在’，也就是它的‘在过去’。只有在此在一般性地作为‘我曾经存在’的前提下，它才能以向未来的方式从未来回到自身。[……]向极端和最切己的可能性的超前，就是理解性地回归最切己的‘在过去’。”[39]

此在具有循环的性质，对于它而言，进入未来构成于进入自己的“在过去”，进入“在过去”也就是进入未来，起源就在终结，终结也就是起源——这里唯一的相关差异就是时间（回归、延迟的时间），也即实际

38 《存在与时间》，第62节。

39 同上，第65节。

性（它本身也是延迟的：被抹去、被遗忘）。既然如此，问题就在于进入一个此在没有的**它自己的**过去：一个它自身没有（经历）的过去，这就不仅仅是**它的**过去。这样就有了超出。虽然海德格尔第一次提出了这个问题的必然性，但是他并没有把它彻底弄清楚。他指出：从通常的出离观念出发对时间的理解——包括胡塞尔在内——必须要被抛弃。过去的已经存在不能被作为过去，迎向未来不能被作为未来，切近的现时存在不能被作为现在：此在不**在时间中**，因为它既不是在手之物，也不是上手之物。"什么" 在生存的 "谁" **构成**的时间 "中"。但是，如果说 "什么" 的可能性不可能总是归结于从现实性的范畴出发来理解的切实性，那么它是否还能如此简单地被认为是存在于由 "谁" **构成**的时间**之中**呢？是否从**某种方式**——也即从手的手段角度——说来，"什么" 就是 "谁" 的时间呢？此在的未来不是在手之物的未来，因为它是存在的动力。但是，此在的已经在此也不是 "过去"，因为它的 "在过去" 一直留在它的生存之中，而一个过去的在手之物就不复存在了。"此在从来只作为被抛状态 '出现' "。对于此在来说，它的过去和它没有经历的过去同样真实，不仅如此，这个没有经历的过去比所有**它经历的**过去更具有**已经在此**，更具有**它的**真实的**在此**的意义。然而这种 "曾经存在" 的特性并不因其自身而被提出。

无论怎样，在理解表示延伸的三种术语方面，这些移位明确指出：时间性印刻在实际性之中：

"此在于它的**现身情态中**受到它自身的袭击，恰如一个仍然存在者已经存在过，而且一直是这个过去存在者。实际性首要的生存论意义，就在于过去存在。忧的结构的表达借 '先' 和 '已经' 这样的词语表明生存性和实际性的时间意义。"

"完全的出离" "时间性就是原始性的自在自为的 '在自身之外' "。

"问题并不在于知道哪些东西 '在时间的延续中' 照样产生，以及 '从这种时间' 出发何种 '任其突至自身' 的东西会迎面碰上；问题在于知道‘来到自身’本身是如何被原始性地在其原本的意义中确定的。”

这最后一点是成问题的：决心的意思仅仅在于把自己投射到“面对”有限性的持续的无限性中，也就是投射到自身之外（或自身之后，比如**不能让**洪水泛滥于我之后，英雄主义给决心赋予典型的——也是模糊的——意思）。这种（对“自身之外”所包含的“自身之后”的意思的）忽略同对已经在此的可入性的忽略是对称的：已经在此的可入性只有借助在对终结本身的持续体验中的无限性经验（过去的经验和继承过失的积累）才成为可能。这个问题的根本性还在于它同样制约着“什么”的**动力**：正因为超前投射到“谁”以及其他在场的“谁”之外，投向未来的“谁”，所以“谁”就要关注“什么”及其变化，投射出另一个“什么”的背景，并肯定一种由过去、现在和将来的“谁-什么”整体构成的无限的有限性。这种关注、护理或对“什么”的烦忙的烦也许不单单是一个简单的对已经存在的占用。

这样的“无忧”不再和胡塞尔所说的可以无限反复的科学相关，同时也不再和柏拉图否认的弥散相关，它构成布朗肖所谓的无人格的、比对死亡的无知更原始的知识。但是，把技术当作我们自己构成的存在者进入其存在者自身的入口的原始背景，是否意味着使生存论的时间分析非人类学化成为可能？当海德格尔试图在《时间与存在》一书中不依靠存在者（此在）来思考存在时，他是否要把对时间的理解从这种有限性中彻底转移？

如果此在的“有限”可以提供对时间现象的理解，那是因为这个理解的起点是“什么”的无限性，它给此在提供了先于它已经存在、并只能在此在（视野）之外的**遗产**。所以这个原始的时间性还不够原始，尽管我们不否认：“只因为原始的时间是有限的，所以‘派生’的时间才可能作为无限而成为时间，[……]时间原始地成为时间性的时间化，并因此使构造忧的结构成为可能。时间性从本质上是出离的。时间性之原始的时间化起自未来。原始的时间是有限的。”

然而,这种有限在“什么”之中构成,“什么”作为后种系生成的投射是不确定的,并由此**属于**超越此在之有限的推断的无限。在《存在与时间》的计划“失败”,以致海德格尔放弃该书最后一部分的写作打算之后,转向(kehre)是不可避免的。

2.3 作为唤回的重复以及非我的发明

走向自身就是回归“已经”(此在在“已经”中才能使自身在“此”):这个重复就是曾在。如果这里涉及的既是世界的“已经”,也是此在“经验”的“已经”,那么回归——即重复“再生”——的条件不可能是庸常的:把未经历的经验包含于决心的“瞬间”,这样做意味着被胡塞尔排除的既非第一性亦非第二性的“回忆”重新加入时间的范畴。海德格尔本人从未跨出这一步,但他恰恰**在此**引入了回忆的概念:烦忙的回忆建筑于对曾在的遗忘的基础之上,而(缺陷的)“唤回”却是曾在的回归——即成为恐慌的基础的回归。

理解、处境感(现身情态)和沉沦(期限)构成时间的三种形态。在这三种形态中,时间每一次都根据一种出离状态完全地规定自己,因为它不是连续的。它之所以**能不是**或者不能是连续的,是**因为**曾在“掺入”了此在未经历的已经存在,也即处于此在的最彻底的已经状态中的已经在此:它总是已经“在我之先”、在“谁”之同一性之先,已经存在的“什么”之间的差异已经给它打上烙印,使之**已经**变质——尽管它可以被称作圣贤、祖先、父亲或其后代,这些只能是一种综合,这就是海德格尔从第六节就试图指出的问题。“曾经存在”的物理性纹迹原始地属于时间性的现象,但是这需要对胡塞尔的回忆概念进行一般性的批判,因为这个概念在海德格尔的分析中不仅没有被采用或概论,相反它被排除了。

烦忙总是处于一种工具的复合体之中,**一样**工具总是从属于某个目的性，而该目的本身又取决于时间性之时间化的某种形式。这种形式就是遗忘。然而，这个自我的遗忘就其指示一个更加原始的时间性而言是否忘得有益呢？布朗肖在讲解黑格尔时曾指出："[……]想要写作的个体从一开始就被这样一个矛盾所阻挡：要写作，必须具有写作的才能。但是才能就其自身而论是没有意义的。一个人只要没有伏案动笔，就不可能写出著作，作家则不成其为作家，他也就无从得知自己是否具有成为作家的能力。他只有在写作之后才具有写作的才能，但他又必需有才能方可写作。"[40]"黑格尔在他的论述中把人类作品作一般性的考察"：作家展示了发明问题的严格性，正如"事后"的悖论一样——这是一个起始、产生、新生的问题：即时间问题。正是如此，作家把自己的才能置于作品中，"也就是说他需要通过自己创作的作品来认识自己的才能和作品本身。作家只能通过作品表现自己、实现自己；在他的作品之前，非但他不知道自己是什么，而且他什么也不是。他只能从自己的作品而开始存在，既然如此，那么作品又如何存在呢？[……]"黑格尔认为，作家"必须直接动笔并立即行动，无论环境条件如何，更不要去想开端、方法和结果"[41]。

然而这是因为既没有方法，也没有结果和开端。这个适应于作家的原理同样适应于一般意义的、作为一种发明者和生产者的有机体的人。这个写作的问题不过是更彻底地表现了人类记忆问题。所以，"如果我们在劳动中看到了历史的力量，即在改变世界的同时改变人类的力量，**我们必须承认作家行为所包含的劳动本身的形式**。[……]比如，我有取暖的计划。只要这个计划停留于愿望，我尽可以从各个侧面思量它，但是它不能给我取暖。现在，我制造了一个火炉：这个火炉把原来空洞的愿望转化成真理；它在世界上肯定了一件原来不存在的事物

40　布朗肖：《文学和死亡的权利》，"La part du feu"，Gallimard，第295页。

41　《文学和死亡的权利》，第296页。

的现实，与此同时，它否定了原有的事物；原来在我面前的是砖石和生铁；而现在，砖石和生铁都不复存在，取而代之的是这些因素转化——即被劳动否定和消毁——的结果。随之而来的是世界本身的变化。[……]那么作家的创作又是什么呢？他之所为也就是人类的劳动，不过是处于一个最高的层次罢了。[……]他进行写作的基点是：一定的语言状态、文化类型、某些著作，但也包括一些物质的因素，如墨水、纸、印刷等[……]**在写作之前，我曾经有过写作的打算，我至少有过写作的计划，但是在这个打算和它借以实现的书之间，我看到的是同存在于取暖的愿望和使我取暖的火炉之间一样的差别**"[42]。

创作就是本质的忘却自我，使**它的**非我产生。但**非我**不是自我，虽然是"它的"，却完全不同于它（至于黑格尔是否也忘却自身的问题在此无关紧要）。这个非我处于特殊性语言的中心。同时，而且尤其重要的是，这个非我把劳动、创作发明、新生事物等问题带进另一层意思，它同海德格尔在分析"好奇"问题时提出的意思是完全不同的。

的确，海德格尔没有把握创作的问题，这尤其体现在他就此专题讨论的第十五节中。这个由布朗肖提出的问题已成为一个根本性的问题。

这个观点同列维那斯的有关非我之消亡的论述[43]，以及巴尔特在《亮屋》[44]里展开的射影现象学的观点一致。巴尔特曾借助照相的现象，将死亡学问题和"曾经存在"从完全自我同一的个体性中解脱出来。巴尔特式的"曾经存在"的观点的意义就在于：**照相**使人们可以看见未经历的过去，看见非我过去的生存和作为非我的死亡，并从中通过投射于照相的死亡中看见我的死亡："一切射影都属于这样一种悲

42 《文学和死亡的权利》，第304—305页。黑体字系作者表示强调。

43 列维那斯：《死亡与时间》，Livre de poche，1990年版，第15—17页。

44 《亮屋》，Gallimard，Le Seuil，Les Cahiers du cinema 1979年联合出版。

剧。”[45]（这种照相的可能性的基点就是一种第三回忆的形式，其特性必须从现象学的——在此也就**必然地指从技术**的——角度进行分析，以便认清这类**现象**。）然而这种悲剧也就是一种重复的经验，其中照相的“已经在此”的个体性体验和回归死亡的体验是根本相连的：作为唤回的召唤，沉默得可怕的Gewissen，**无声**的受难，哀悼的**劳动**，**不可计算的罪责**。

由上所述，我们关于布朗肖的解读同样意味着一种“转向”[46]——一种不忘记“自身之外”的转向：它不是向自身的回归，而是事实上（从文字）走向外面，走向“世界”。在布朗肖那里，文字（以及它所包含的一切现象：器具性意义上的外在，即技术）是原本的时间性的原始的、构造性的背景。公众性是这个“转向”的本质，因为它就是一切文字的意义。

2.4 器具和科学之手

科学诞生于手工操作的中断：它标志着“手的退出”。但是，一方面，科学超出手的范围；另一方面，它也属于一种实践，并运用器具。所以它仍然是一种操作。它在中断了手之后又重新起用手。为了把存在者纳入自己的范畴，科学必须把握存在者，即置存在者于手下。那么这只剩下的手恰恰是我们最感兴趣的：

“即便是对一些问题的‘最抽象的’研究，即便是结果的确定，都离不开手的操作，比如用笔。虽然这些科学研究的组成因素显得‘无关紧要’和‘不言而喻’，然而它们的本体论意义却绝非无足轻重。诚然，人们会觉得，这样明确地指出科学行为作为在世的一种方式并非仅是‘纯粹精神的活动’，未免琐碎和多余。**但愿这些平庸之见可以揭示，**

45　《亮屋》，第148页。

46　参阅《文学空间》中有关使用的论述。

'理论'行为和'非理论'行为之间的本体论界线究竟何在，尚是悬而未决的。"[47]

考察知识的技术性在此不过是一个表面现象：科学性的知识——就其自身的时间性而言——不是由其器具性构成的。结果、确立结果和笔之间的关系不仅应当出现于时间现象之中，而且应当构成并组织时间。然而，当我们由此论及构造科学的时间性的原始时间现象时，这种器具性将被指向一个派生的层面。科学的计划建立于原始的生存时间性之中。科学用把握**无误**结果的**精密器具**（烦忙）之手，把在手的"什么"作为在手之物**范畴化**，这一活动**已经**离开了原始的基石。

3. 历史性的历史构造问题以及历史性作为"什么"的新面目（第二篇的最后两章）

3.1 世界历史的"什么"的第二性

此在无法逃脱像习惯或程序这样的日常性[48]。日常性是此在的历史性的非真实的形式，这样的此在既不在时间中，也不在历史中，但却是时间性和历史性的。它"在时间中"的存在仍然是可能的，甚至在对时钟和日历的运用中从未间断过。但是，它的时间性使在时性成为可能，而不是相反——尽管它同样原始地具有在时性：

"既然作为在时性的时间也'来自'此在的时间性，那么历史性和在时性所展示的无非是一种共同原始性。由此，通常关于历史的时间特征的描述在其自身的限度之内保留了它的有效性。"

历史性的分析必须建立在此在的原始时间性的分析之上，在时间内的状态从某种意义上说"派生"于原始时间性，但**同时**也共具原始

47 《存在与时间》，第69节（b）。黑体字系作者表示强调。

48 同上，第71节。

性。但是这种共同原始性处于一种惰性的比邻状态，并且没有（向“什么”）投入：它被本真和非本真的交替贯穿，这种交替阻止了在时性的一切动力，而这种动力假如不是历史性的起源，它（基于共同原始性的复合及通融的**事实**）至少被共同包含于其中。历史性的已经在此，在其记录的在时间内的诸形式中，不可能要求任何自身的时间厚度：被抛于实际的非真实性中，这是一个纯粹的意外。L’Eigentlichkeit应被理解为获得解脱（“什么”）的“谁”的可能性，它的曾在也因此从它的实际性中解脱出来，尽管这仅仅是**一瞬间**，而且是决心的“一瞬间”。

一旦如此，海德格尔关于历史学的批判就会产生不良结果，对事实和纹迹的实在性的疑问，以它们属于在时性为名而排除这些结果的本体论意义。使“古董”可以既属于现在又属于过去的原因是，它们的世界“已不存在。但是，曾经属于这个世界的在世之物还仍然在手下[……]。依然保存的古董的历史特征因此就建立于此在的‘过去’之上，它们曾经属于此在的世界。如此，具有历史意义的就仅仅应当是此在的‘过去’而不是此在的‘现在’。但是，如果我们把‘过去’定义为‘现在不在手下或不在手中’，那么一般地说，此在能成为过去吗？显然，此在永远不可能过去，这倒不是因为它是不死的，而是因为，它如果存在、生存，就本质上不可能是在手之物。恰恰相反，一个不再生存的此在，从严格的本体论意义上说，不是过去，而是曾经在此”[49]。

——一个此在的曾经存在**已不存在**，但又不是过去，所以——对于存在的此在来说——它依然在；换言之，它是此在的**曾经存在**，恰如此在自己“没有经历的”过去，即经验。

——正是在这一点上，“谁”和“什么”必须既区别又联系，因为，曾经在此是已经在此的一般的可能性——文字拼写、照相，或更具体的形式，古董，曾经存在比我经历的过去和继承的过去之间的区别更古

49 《存在与时间》，第73节。

老：**遗产**的确是问题所在。这个曾经存在，及其所有的一般性本质，都在一种特定的“什么”——既非在手之物也非**仅仅**是上手之物——中获得其构造的可能性，这个“什么”就是作为第三回忆居所的存在者，任何一种“什么”、**无论什么**都可以作为这种存在者。这个“**无论什么**”就是考古学资料的精华。不过在这一堆“什么”中，上手之物具有优先地位（这种偏爱不仅来自考古学家、历史学家和哲学家，而且更一般地说，来自继已不在的此在之后而在的此在）。一切问题都在于进入已经在此，而已经在此无非就是它自身的（实际）入口。这个特定的存在者就是“世界历史之物”。但是海德格尔立即限制了这个存在者的优先性，他没有对它提出入口的问题，并把它**遗弃在第二性的范畴中**：

“此在在原初是历史性的，而存在者的历史意义则是从属性的，这种存在者以在世的方式和此在相对：它不仅仅是最广义的工具上手之物，而且作为一种‘历史的土壤’，它是周围世界的本质。这种既不同于此在，而又因属于世界的基础具有历史意义的存在者，我们称之为世界历史之物。**我们有可能指出，‘世界历史’的通俗概念正是来自这种从属的历史意义的导向**。比如，世界历史之物的历史意义不仅仅在于它的历史客体化，它之所以是历史性的，还因为它在世界之中本身即是存在者。”[50]

“谁”要摆脱被抛存在状态的遗产就只能向它回归，也就是真正的摆脱自己。[51]这个遗产的论断就是已经在此的论断，即由构成“决心”的中断产生的思想。我们的问题就在于：既然这种中断具有历史的本性，而且它不可能事先来自一种取消其不确定性的先验性，那么它是怎样由作为世界历史的“什么”这种已经在此构成的呢？

“命运”指“此在原始的来源，它被包含在真实的决心之中，在死亡

50　黑体字系作者表示强调。

51　《存在与时间》，第74节。

的自由面前，此在给自己释放一种既继承又选择的可能性”。这个结构服从爱比米修斯原则，因为，打击“谁”的“命运之手”就是来自由缺陷以及一切弥补缺陷的企图产生的过失。这种命运本身又属于一个共同命运，即“来自共同体、民族”的命运，“在‘时代’之中的此在，以及它与它的‘时代’共有的共同命运，构成了此在完整和真实的权力”。**对于我们**来说，这是一个共同体的问题：即没有共同体、具有共同体的缺陷或缺陷的共同体的人的共同体问题——它提出了公约、特有语言的问题，而且这个问题是从特有语言的角度来思考的。

如果说“回归自身的决心”是“经验传播的可能性的**重复**”，即“过去经验可能性的真实重复——此在自己选择自己的英雄”；如果这确实是因为我有一个不属于我的、我没有经历过但又决定了我之过去的过去；那么如此的重复自身之所以有意义就在于它处于后种系形成的背景之中，这个背景因贯穿着“什么”的动力——或者说是“谁”永远也不可能挣脱的第三回忆——而不断更新。

3.2 世界历史之物的平俗化：第三回忆的遗忘

这个问题应当是前面引用过的第七十五节所要展示的：

“上手之物和在手之物向来已随历史性的在世存在的生存被收入世界的历史。工具和作品，比如书籍，有其‘命运’，建筑和机构有其历史。但自然[……]作为山水、居住区和种植区，以及战场和祭场，也是有历史的。这种在世存在者本身就是有历史的，它的历史并不意味着某种‘外在’的东西，似乎它仅仅伴随‘灵魂’的‘内在’的历史。我们把这种存在者称为**世界历史之物**。”

这种世界历史之物是历史性的构成因素，然而是第二性的，所以它不投入任何决心的动力，没有本体论的意义。而海德格尔却指出，对世界历史之物作一种专门的分析是必要的，并且承认它于上手存在者中的特殊性：

“历史性的世界事实就是在世存在者的世界。随工具和作品一同‘来到’的事物，具有一种固有的变动性质，这种性质至今还晦暗不明。［……］**但是我们在此不可能深究世界历史之物的经历的本体论结构问题**，这倒不是因为我们的论题所限，**而是因为本书的意图恰恰仅在于引向一般性经历之变动性的本体论之谜**。”[52]

我们只能对此放弃感到遗憾：它是一个关系到基础本体论之根本的抉择。首先它从原则上关系到展开“一般性来源”的可能性。更严重的是，世界历史之物首先是历史性的沉沦标向。

“因为实际的此在沉沦着混迹于所烦忙之事，所以它首先从世界历史上来理解它的历史。进而又因为通常关于存在的理解漠然不变地把‘存在’理解为在手之物，**所以世界历史之物的存在就在在手之物的来临、在场和消失的意义上得到体验和理解**。”[53]

然而海德格尔自己不正是由于忽视了已经在此的“什么”，而从原则上使世界历史之物的特殊性平俗化了吗？他自己最终是否也把世界历史之物理解成在手之物呢？

通常的理解总是从一个自身处于时间流之中的当即出发来把握时间的。[54]不过，历史性虽然不属于这类时间流，却保留着来自遗产的时间流特征。这种时间流中有漩涡、断裂、中断、破碎运动和间断等效应，但它总是可以被重续的——如此历史之流即是重新启开存在问题的唯一“指望”。“在已经存在的可能性的重复命运中，此在自己直接——也就是说从时间上，并以出离的形式——转向**它之前已经存在之物**”[55]。这个历史的“流”被不断地击碎、悬置和中断，但它从本质上说又是可以重建的，它自身的前提就是通过已经存在重建，把已经存在作为重建

52 黑体字系作者表示强调。

53 同上。

54 参阅《存在与时间》第72、75、81节。

55 黑体字系作者表示强调。

（重复）继承。这样的“流”就不可能是一系列当即的延续，而是一连串循环现象的连锁。如此便不可避免地指向胡塞尔所谓的几何、科学和哲学的大当即的概念，它已不再是简单的内在时间意识的当即之流，而是一种不停顿的重新开始——他试图在一切目的论和形而上学的范畴之外来思考大当即的概念，把它作为“存在的历史”，并使它停留在“既防卫形而上学又受其保障”这样模棱两可的表述之中。其实，这里的问题在于澄清**构成**“生存的连续性”的因素，也即“**生存的连续性**”**之所以形成的基点**。关键在于认识到，这个基点不是当即：

“生存的连续性的生成，首先并非通过、也非出自一系列的‘即刻’的连接，相反，这些‘即刻’产生于重复的**已经延伸**的时间性，而这种重复是作为以即将来临的方式呈现的曾经存在。”

这里既有循环也有相关差异。后者置身于重复（“什么”以及“谁”在“什么”中的重复）的积极的可能性的环境中，或者处于一种“**附加逻辑**”之中，一旦这个环境成为历史的，它就成为确正论（orthothèse）。

3.3 附加物的精确性和收复

世界历史的已经存在，通过“依然在手的剩余物、古迹和叙述”而具体化之后，使历史的主题化成为可能。[56]但是，“历史学家生存的历史性，在生存的意义上为历史的调查奠基，使它甚至在一些最不起眼的‘手工’程序方面，也能像是一种科学”。然而，这种历史学家的历史性的历史特征，是否恰恰由曾经存在的积极性在其特殊的形式——在此就是确正的形式——中**构成**的？海德格尔忽略的就是由记录层面构成的世界历史的在世存在者，尤其是那些使已经存在的确正的收复（或重构）成为可能的记录。收复在此被称作重复，作为进入的唯一可能性，它使对历史性真理的忧虑主导下的主题化成为可能，在此，这个主题化

56 《存在与时间》，第76节。

再一次被植根于脱离一切“什么”的“谁”之上:“**历史性真理**的结构及其可能性,必须从**历史生存的真正开放**(“真理”)出发来阐明。”这种和“什么”的脱离是同关于时钟器具的批判一致的,不过时钟的器具性在此被归属于它的命运:精确性。脱离“什么”的理由,就是展示精确性是器具性(特别是计时器)的**目的**,因为器具就是要为“确定非确定性”的无尽的烦忙服务。诚然,此在先于**一切**“特别用来确定时间”的器具,它和时间同在,但却并非先于一切器具:用具性是在世存在的构造因素。必须有一样器具——无论何种,只要是“什么”(应理解为上手之物)——以便**计算**时间。这一层和时间的派生的关系,其前提是在一切计时器具之前有一只向“什么”表示“谁”的手,而且这是唯一的假设:

“每天都获得时间的此在,首先在世界内遇到的上手之物和在手之物中发现时间。”

这种发现是在定期性——当……时——的结构基础上实现的。一切外移的瞬间化过程便如此表现为**某物**——至于是什么并不重要,那么日期化也就是时间性的“谁”载入在世性的“什么”的最一般的形式。在这个基础上,“谁”的时间可以成为“人们”的时间,即公众的时间。[57]这个公众性构成了社会文码。但是我们必须指出,公众性也(重新)构造“谁”本身的时间性:即它的特有语言性,这种特性**在内部**根据程序时间性或日期的公众性被构造。可能的非实际本身就是程序性的。这个公众性就是打开历史空间的因素:尽管海德格尔在下一节中提出了“初级”的此在和“高级”的此在之间的区别,但是对于公众性的**历史性**特征,他不仅在其释放的“沉沦”范围内没有给予重视,而且在其根本的原始历史特性方面也没有足够的认识。

既然海德格尔承认了专门研究世界历史存在者的变动性的意义,

57 《存在与时间》,第79节。

尽管他又立刻把这种意义归为第二性的，那么，有关日期性的论证也就接受——也许是更明确地接受——“时钟历史”研究的必要性，这个研究应当有资格被列入一个本体论的**深入研究**的计划：“一切时钟都‘具有’自身的‘历史’”，“必须对历史纪年，以天文数字计算的宇宙时间和存在的历史性之间的关系作深入的研究”。[58]但是，一旦这个历史研究把精确性完全**下降到终日为更精确、更顺手的时钟而烦忙的水准，**[59]**那么它就又一次变成了一个良好的愿望，这对于我们已不算陌生了。这种分析的结果就是一般地贬低精确性，这对于有关过去存在的真正的特殊性的分析是极其有害的。然而，这种世界历史的形式不能被简化为度量的精确性，相反，它以确正书写的形式（重新）构造出已经存在的本来模样**。这就不是一种**度量**的精确性，而是一种**记录**的精确性：即进入的精确性。正如巴尔特的分析指出的那样，它开辟了一种独特的死亡学。因此，我们就不能接受海德格尔的论断，根据这个论断，似乎“日期历史的编年学基础只能出自历史认识的生存性分析这一研究领域的内部”，即出自脱离了“什么”的“谁”的领域。我们认为，日期性的问题不能被降低到世界历史之物的第二性的位置，也不能简单地认为继时间性的基础本体论解释之后，它似乎从“**形式上**”受基础本体论的制约，却不能从“**物质上**”确定基础本体论。

度量“时间的超验性”加重了它的公众化（从而失去了时间的内在的和退避的性质）。时间既非主观也非客观：

“它既不在‘内’也不在‘外’，它比一切主观性和客观性‘更古老’，因为它代表着这种‘更古老’的可能性本身的条件。”

既然划分“谁”和“什么”的内在和外在的区分必须被消除，那么我们本应顺理成章地在这种区分之前来思考时间。事实并非如此，因

58　黑体字系作者表示强调。

59　《存在与时间》，第80节。

为“谁”具有相对“什么”的优先性，所以“什么”永远不可能自身具有构造的意义。诚然，海德格尔推翻了胡塞尔的内在和超验的划分。自亚里士多德以来，“运用时钟观察”的世界时间总是被理解为一种从当即出发的延续流。对于时间的延续流图像的批判的基点是：“在把时间作为当即的延续的通俗的解释中，既**缺乏**日期性，也**缺乏**指意性。”[60]但是他一点儿也不比胡塞尔（尤其不比《几何学的起源》）更加关注“什么”的动力。

如果说“黑格尔的‘建树’的动力来自为建立精神的‘具体化’［即在它进入时间之后］的概念而作的努力的斗争，那么，**前面所述的生存分析则与其相反，它从一开始就进入实际被抛的生存的‘具体化’**［……］，不是‘精神’**落入**时间，而是实际生存作为沉沦的生存，从原始、本真的时间性中‘落下’。但是这一‘落’本身也有其生存的可能性，这种生存的可能性是在一种时间性的时间化的形式中获得的，而且这种形式也是内在于时间性的”[61]。

我们当然可以由此反驳海德格尔：根据这个逻辑，就应当把已经在此的（重新）构造性完整地加入“被抛”的具体性之中，这个观点只能从被重新考察的“实体-主体”的**角度**来思考。

3.4 精确性和可能性

在《存在与时间》的结尾：海德格尔一方面指出在这种**预备性**分析之后介入存在问题的必要性，另一方面探究了总是把思想引向物质化的“什么”的分量，并尤其强调要从“什么”中区分出上手之物的特性，而以往的传统总是把这种特殊的“什么”归入形而上学的实体范畴，即在手之物、现实的可能性的范畴。从区分“什么”的必要性出发

60 《存在与时间》，第81节。

61 同上，第82节。

来思考存在和时间，这是不可取代的和史无前例的贡献。

从此以后，海德格尔的著作沿着另一条道路发展，但从未否认生存论分析的基本精神。讨论的中心逐渐成为纯粹的存在的历史的问题。然而关于时间的庸常理解的批判则展开了对精确性——作为企图确定非确定性的逃避的典型标志——的非常确定的认识。这种认识本身不正是对生存论分析的物化吗？自古希腊就已经被决定性地把握的精确性，在“存在的历史”中是否起过另一种完全不同的作用？脱离这种精确性的“存在的历史”是否**可能**？

海德格尔关于精确性的批判（这个批判隐含着对拼音和**精确文字**的批判，这种文字本身代表了文字服从于精确的计算、打字机、电脑排版的一般性命运[62]），同对文字的“逻各斯中心论”的信念是完全一致的。声音和在场的优先性**仍然**贯穿于无声意识的主题中，它明确地标志着，海德格尔在他自己确立的解构“在场形而上学”的工程面前的退缩。在《存在与时间》中，“在场形而上学”被称作“把时间作为当即之流的庸常的理解”[63]。既然如此，拼写的附加逻辑是由什么构成的？“什么”——以及在其中的“谁”——开创了被称作“存在的历史”的中断？

这些问题将打开本书的下一卷。

我们将运用当代模拟、数字和生物等技术特有的确正的分析方法，来进一步研究这些问题，这类技术不是别的，就是使已经在此文码化的回忆技术。我们将进而解释当代技术的特性，并探讨如下问题：在何种条件下，我们今天自身存在的“谁”能够重新超越它的“什么”？

“谁”同它的“什么”之间的不可磨灭的关系，无非就是“谁”的滞留有限性（它的**记忆**的有限性）的表述。这种有限性，在当今已成为工

62　参阅德里达《普西卡》，“海德格尔之手”，Galilée，1987年版。

63　德里达：《文码学》，“书写的存在”，第31—41页。

业开发的对象，这实质上也就是为速度而征战：从信息工业到认知的科学、虚拟现实技术、电传显像、生物工程技术，一直到程序工业，从媒介事件到信息实时造成的互动事件，这一切都奠定了事件化运动的新条件，这就是我们所说的“**光时**”。“光时”是实时中的相关差异的时代，是存在的历史特有的延迟时间的出离，它似乎给相关差异构成一道屏障，或者对一切差异都构成了一种威胁——正因为如此，我们可以谈论历史的终结和时代的变迁。这种“光时”如今对度量提出了**特别**的要求：这也就是对“特别文化”的要求。这就必然强制性地带来了一种新的记忆策略，它只能是一种技术的思想（无思想的思想，无记忆的思想），它把一切确正的形式所承载的**自反性**置于眼前，不论这种“自反性”是多么不可公度（因为是非主观的），它所做的无非就是反思起源的原始缺陷。由此在时间的墙上烙下这样一句奇特的论断：**无未来**。

中法概念性词汇对照表

爱比米修斯原则 epiméthéia
被抛状态 être-jeté
本成 Ereignis
本体论 Ontologie
不确实的 improbable
曾在 êtrc-étć
差异化 différenciation
超级种族 méga-éthnie
超前 anticiper, anticipation
沉沦 déchéance
程序 programme
持续革新 inovation permanente
尺度 Métron
此在 Dasein
存在者 étant
代具 prothèse
当即 maintenant
第一记忆 souvenir primaire
第二记忆 souvenir secondaire
第三记忆 souvenir tertiaire
东非人 Zinjanthrope
动力 dynamique
二者之间 entre deux
忧 souci
烦忙 préoccupation
繁殖 engendrer
反射镜 miroir
非地域化 détérritorialisation
非实在化 déréalisation
符号,标记 symbole
负债性存在 être-en-dette
工具 outil
公众性 publicité
共有 co-propriation

固有本文性 idio-textualité
过去存在 être-révolu
过失性存在 être-en-faute
赫尔梅斯原则 Herménéia
后理念 épimathésis
后生成 épigenèse
后种系生成 épiphylogénétique
后种系生成(学) épiphylogenèse
环境 milieu
机能 fonctionnement
机械学 mécanologie
计算 calcul
记号,符号 signe
记载记忆 hypomnésie
技术 technique, technè
技术的动态模式 schème dynamique de la technique
技术极 technopole
技术聚合 convergence technique
技术科学 technoscience
技术起源 technogenèse
技术趋势 tendance technique
技术事件 fait technique
技术体系 système technique
技术团体 groupe technique
技术物体 objet technique
技术系谱 ligne technique
技术形态学 technomorphologie
技术中心论 technocentrisme
匠人 Homo faber
解构 déconstruction
旧人 Archanthrope
具体化 concrétisation
构架 Gestell
决心 résolution
恐慌 angoisse
理念 Matésis
历史性 historial
民族团体,种族团体 groupe éthnique
模板 stéréotype
虚拟现实 réalité virtuelle
南方古猿 Australopithèque
能动性 mobilité
尼安德特人 Neandertalien
普遍的理性原则 mathésis universalis
普罗米修斯原则 Prométhéia
起源,根源 origine
器具 instrument
器具助产术 maïeutique instrumentale

前摄 protention
去蔽 dévoilement
去根 déracinement
去远 é-loignement
确定 déterminer
确实的 probable
人类化 hominisation
人类起源 anthropogenèse
人类中心论 anthropocentrisme
人为 artifice
舍利文化 Achenléen
生态系统 éco-système
实际的,既成的 factuel
实际性,既成性 facticité
实时 temps réel
实在化 réalisation
世界历史 monde historial
在手,在手之物 sous-la-main
特有性,独有性 idiot, idiotie
特有语言 idiome, idiomatique
提花织布机 Machine Jacuard
突变 mutation
退避 retrait
唯脑论 cérébralisme
文化顺应 acculturation
文码 gramme
文码学 grammatologie
纹迹 trace
无度 Ubris
无机的 inorganique
系谱 lignée
系谱线 lignage
先验的综合判断 Mathématique
闲话 bavardage
现实化 actualisation
现在 présent
相关差异 différance
相关主体性 intersubjectivité
走向死亡的存在 être-pour-la-mort
走向未来的存在 être-pour-l'avenir
走向终结的存在 être-pour-la-fin
新人 Néanthrope
信号 signal
形态发生 morphogenèse
延迟 différer
需要存在 avoir à être
已经存在 avoir été
已经在此 déjà-là
异质运动 hétéromouvement
永恒真理 Oeterna veritas
用具 ustensile
有机化的无机物 matière organisée non organique
有限,完结 finitude

宇宙秩序 astre
原本 comme tel
原始的，根本性的 originaire
原始联想 association originaire
原型 éidétique
猿人 préhominien
灾乱 désastre
在场，现在性 présence
在时间内之物，在时性 intratemporel
在世存在 être-au-monde
在世界内之物，在世性 intramondain
上手 portée-de-la-main
争议 Eris
整合 intégrer
指引 renvoi
智人 Homo sapiens
滞留 rétention
中断（性）épokhal, épokhalité
中断性 Epokhalité
种系生成 phylogenèse
转变 transformation
自然 physis
自治 autonomie
字符 graphie
组合环境 milieu associé
罪责 dette

法中人名对照表

Adorno 阿道尔诺
Antigone 安提戈涅
Augustin 奥古斯丁
Barthes 巴尔特
Bataille 巴塔耶
Benjamin 本杰明
Bergson, Henri 柏格森，亨利
Bermen, Antoine 贝尔曼，安托万
Bessemer 白斯沫
Blanchot 布朗肖
Boirel, René 博瓦莱尔，勒内
Boulton 布尔东
Braudel 布罗代尔
Brentano 布伦塔诺
Cassirer 卡西尔
Chaput, Thierry 夏普，蒂埃里
Chatelet, Francois 夏特莱，弗朗索瓦
Colbert 科尔贝尔
Cuvier 居维叶
Darwin 达尔文
Daubenton 多邦同
De Launay, Marc B. 德洛耐，马克·B.
De Wendel, Francois 德·闻德尔，弗朗索瓦
Deguy, Michel 德基，米歇尔
Deleuze, Gilles 德罗兹，吉尔
Descartes 笛卡尔
Detienne, Marcel 德田奈，马塞尔
Dreyfus, Hubert 德雷福斯，赫伯特
Eschyle 埃斯库罗斯
Escoubas, Eliane 埃思古巴斯，埃丽雅娜

Espinas, Georges 埃思比那斯，乔治
Febvre 费福尔
Ferry, Luc 费里，吕克
Frère 福莱尔
Freud 弗洛伊德
Galilée 伽利略
Gallien 加里安
Gelhen 格伦
Gille, Bertrand 吉尔，贝特朗
Granel, Gérard 格拉内尔，热拉尔
Guimbal 干巴尔
Habermas 哈贝马斯
Hébrard, Levy 埃伯拉尔，列维
Hegel 黑格尔
Heidegger, Martin 海德格尔，马丁
Hermès 赫尔梅斯
Herodote 希罗多德
Hésiode 赫西奥德
Hobbes 霍布斯
Holst 奥尔斯特
Horkheimer 霍克海默
Hume 休谟
Husserl 胡塞尔
Hypocrate 希波克拉底
Jacob, François 雅各布，弗朗索瓦
Jaulin, Annick 若兰，阿妮克
Jünger 镛格
Kahn, Hermann 凯恩，海尔曼
Kapp 卡普
Kay, John 凯依，约翰
Ladrière, Jean 拉德利尔，让
Lamark 拉马尔克
Laporte, Roger 拉波尔特，罗歇
Leibniz 莱布尼茨
Leroi-Gourhan 勒鲁瓦-古兰
Lesgards, Roger 雷加尔，罗歇
Lévi-Strauss, Claude 列维-施特劳斯，克劳德
Linné 林耐
Loraux, Nicole 洛罗，尼科尔
Lyotard, Jean-François 里奥达尔，让-弗朗索瓦
Malabou, Catherine 马拉伯，卡特莉娜
Marcus 马尔库兹
Marrou 马卢
Marx 马克思
Maunoury 莫奴里
Ménon 美诺
Minsky, Marvin 明斯基，马尔万
Montet 蒙代
Noéttes, Lefèbvre des 诺埃特，勒菲佛尔·德

Perroux, François 贝鲁，弗朗索瓦
Persephone 佩尔赛福涅
Pritchard, Evans 普利查德，埃文斯
Protagoras 普罗塔戈拉斯
Rambourg 伦布尔格
Reeves, Hubert 利弗斯，于贝尔
Renaud, Alain 雷诺，阿兰
Rigal, Elizabeth 李加尔，伊丽莎白
Rolland, Jacques 罗兰，雅克
Saussure 索绪尔
Servière, Michel 塞尔维叶，米歇尔
Simondon 西蒙栋
Socrate 苏格拉底
Solon 梭伦
Taminaux, Jaques 塔米诺，雅克
Tarnero, Jacques 塔尔奈罗，雅克
Vernant, Jean-Pierre 范尔南，让—皮埃尔
Virilio, Paul 维里略，保尔
Watt 瓦特
Weber, Max 韦伯，马克斯
Wiener 维也纳尔
Wittfogel 维特福格尔
Zarader, Marlène 马莱纳，扎拉德尔

译后记

《技术与时间》的作者贝尔纳·斯蒂格勒(Bernard Stiegler)是当代法国著名哲学家德里达的学生和好友。曾任巴黎国际哲学院教导主任、宫片涅大学哲学教授、法国音像研究所副主任等职。本书是作者在德里达指导下,积十多年的研究和教学成果而成的博士论文。全书共分三卷。这里译出的是由伽利略出版社于一九九四年二月出版的第一卷《爱比米修斯的过失》。本书出版后在法国文化界引起强烈反响。《哲学杂志》、《艺术杂志》、《文学半月谈》和《解放报》等众多报纸杂志连篇累牍地载文评论。该书被认为是法国哲学界一九九四年最有影响的著作之一。贝尔纳·斯蒂格勒也因此成为引人注目的哲学新星。

本书的思路主要承自两个来源:以西蒙栋、吉尔、勒鲁瓦-古兰等学者为代表的技术进化理论和以海德格尔为代表的生存现象学。由这两条思路的交合,引发出作者从现代技术发展的角度,对人类之本的新见解。

作者开宗明义:“本书探讨的对象是技术,它被理解为代表着一切即将来临的可能性和未来的可能性之前景。”

技术的概念在本书中含义甚广,泛指人类赖以生存的一切“身外之物”。从史前的石器到现代的计算机都包括在这个范畴之中。作者别具匠心地将人类对技术的依赖统称为人的“代具性”，即若残人依赖代具而生存。

技术从古希腊起就作为一种工具而被哲学所鄙弃。因为工具自身没有目的，所以也没有自身的逻辑。卢梭就把技术视为人类背离自身本性的根源。一旦人利用工具去获取“身外”之物，它就开始丧失其自然的本质，从自然的人（真人）走向工具的人。一部技术史，实际上就是一部人类自我背叛、自我异化的历史。

以西蒙栋、吉尔和勒鲁瓦-古兰为代表的技术进化理论，则一步步将技术从简单的外在工具的地位搬进人类自身发展的逻辑之中。工具不再被视为一种外在于人的被动物体，而是本身具有内在的动力。这种动力促成了人的形成（或发明）。但是他们最终还是在技术和“纯粹理性”之间划分了界线，并认为只有“纯粹理性”才是人类的本质，而技术则是从动物到人的一块跳板。

作者提出的问题在于：超越技术之外的人性是否可能？

通过对普罗米修斯神话的解释，作者提出了“缺陷”这一概念。普罗米修斯神话揭示了两个根本性的问题：第一，人之不同于动物的第一个标志就是人不具有任何与生俱来的属性，也就是说，人的第一属性就是没有属性，即“缺陷”；第二，超越“缺陷”是人之为人（即生存）的第一条件。普罗米修斯盗出的神火象征着人借以超越“缺陷”的工具（技术）。没有技术就没有人。因此，超越技术的卢梭式的纯自然属性是一种形而上学的虚构。

这种依附于技术并与技术共存的人的本性就是时间。动物世界没有时间的意义。因为动物生存于纯粹的现在。动物的“记忆”只能通过遗传基因来实现。而工具则给人提供了一个不属于任何个体的记忆时空。所以，人的生存世界不是仅局限于现在，而是笼括过去，伸展未来。换言之，技术使人的存在超越了种属意义上的个体性，人的每一个行为都既属于个体又不属于个体,这正如海德格尔所说:此在的意义就是“在世”,也即走出纯粹的自我。

然而,由技术规定的人并不等同于“此在”。虽然海德格尔天才地指出,时间是“此在”的根本存在形式,但他并没有正确地估价技术之于时间的决定意义。他没有认识到技术在人类世界的中心地位。在海德格尔看来,技术总是和器具化的时间性联系在一起的。作者提出:“**把技术置于一端**,使其本身不成为个体化的**构造因素**,这样的配置本身是否还是‘形而上学’的?”如果说“此在”的意义在于“在世”,那是因为人的“技术性”使之不得不在世。技术先于“此在”。因此,作者颇具新意地将“此在”改为“已经在此”。

当然,海德格尔在后期的一些著作中,也曾试图把技术和器具化的时间性分开,在器具性之外探讨一种根本性的技术。他对语言的器具化的大量批判,就是从这个角度出发的。但是,本书作者则认为,器具性是技术所固有的,它体现了人的代具性的本质。问题的关键不在于将技术和器具分开,而在于批判把器具(代具)简单地归属于方法或有用与无用的范畴。

“使人区别于其他生命现象的是时间,时间性需要以外在化和代具性为前提:时间的存在仅仅是因为记忆是‘人为的’,这个人为的记忆构成**自从**它被‘悬置在种属之外’以来**已经在**此的过去。”

把人的本质建立在技术(工具)之上,这是一个很有法兰西风格的大胆命题。古人们都习惯于给自己的行为规范找一个稳固的支点,而技术则是变幻莫测的。用作者的话说,技术的意义就是在变革中自我否定。把人的本质建立在技术之上,就是要在技术的变革中把握人类自身的变革。

以技术规范人本的命题实际上触及了一个重大的价值问题,即永恒不变的人性是否可能?这个问题在现代技术日新月异的工业发达社会显得尤为突出。

本书的翻译工作得到作者本人的很大支持，我们在一些关键概念的定义上进行了深入细致的交流；本书中有关海德格尔《存在与时间》引文的翻译，参考了陈嘉映、王庆杰先生合译的中文本；在一些德文概念的翻译中，倪梁康先生曾给予很大的帮助，在此一并致谢。

书中“[ ]”中的文字和符号皆属作者在引文中添加。未标明译注的注释均为原注。

人文与社会译丛

第一批书目

1.《政治自由主义》(增订版),[美]J. 罗尔斯著,万俊人译 118.00 元
2.《文化的解释》,[美]C. 格尔茨著,韩莉译 89.00 元
3.《技术与时间:1. 爱比米修斯的过失》,[法]B. 斯蒂格勒著,裴程译 62.00 元
4.《依附性积累与不发达》,[德]A. G. 弗兰克著,高铦等译 13.60 元
5.《身处欧美的波兰农民》,[美]F. 兹纳涅茨基、W. I. 托马斯著,张友云译 9.20 元
6.《现代性的后果》,[英]A. 吉登斯著,田禾译 45.00 元
7.《消费文化与后现代主义》,[英]M. 费瑟斯通著,刘精明译 14.20 元
8.《英国工人阶级的形成》(上、下册),[英]E. P. 汤普森著,钱乘旦等译 168.00 元
9.《知识人的社会角色》,[美]F. 兹纳涅茨基著,郏斌祥译 49.00 元

第二批书目

10.《文化生产:媒体与都市艺术》,[美]D. 克兰著,赵国新译 49.00 元
11.《现代社会中的法律》,[美]R. M. 昂格尔著,吴玉章等译 39.00 元
12.《后形而上学思想》,[德]J. 哈贝马斯著,曹卫东等译 58.00 元
13.《自由主义与正义的局限》,[美]M. 桑德尔著,万俊人等译 30.00 元

14.《临床医学的诞生》,[法]M. 福柯著,刘北成译　55.00 元
15.《农民的道义经济学》,[美]J. C. 斯科特著,程立显等译　42.00 元
16.《俄国思想家》,[英]I. 伯林著,彭淮栋译　35.00 元
17.《自我的根源:现代认同的形成》,[加]C. 泰勒著,韩震等译　128.00 元
18.《霍布斯的政治哲学》,[美]L. 施特劳斯著,申彤译　49.00 元
19.《现代性与大屠杀》,[英]Z. 鲍曼著,杨渝东等译　59.00 元

第三批书目

20.《新功能主义及其后》,[美]J. C. 亚历山大著,彭牧等译　15.80 元
21.《自由史论》,[英]J. 阿克顿著,胡传胜等译　89.00 元
22.《伯林谈话录》,[伊朗]R. 贾汉贝格鲁等著,杨祯钦译　48.00 元
23.《阶级斗争》,[法]R. 阿隆著,周以光译　13.50 元
24.《正义诸领域:为多元主义与平等一辩》,[美]M. 沃尔泽著,褚松燕等译　24.80 元
25.《大萧条的孩子们》,[美]G. H. 埃尔德著,田禾等译　27.30 元
26.《黑格尔》,[加]C. 泰勒著,张国清等译　135.00 元
27.《反潮流》,[英]I. 伯林著,冯克利译　48.00 元
28.《统治阶级》,[意]G. 莫斯卡著,贾鹤鹏译　98.00 元
29.《现代性的哲学话语》,[德]J. 哈贝马斯著,曹卫东等译　78.00 元

第四批书目

30.《自由论》(修订版),[英]I. 伯林著,胡传胜译　69.00 元
31.《保守主义》,[德]K. 曼海姆著,李朝晖、牟建君译　58.00 元
32.《科学的反革命》(修订版),[英]F. 哈耶克著,冯克利译　58.00 元

33.《实践感》,[法]P. 布迪厄著,蒋梓骅译 75.00 元
34.《风险社会:新的现代性之路》,[德]U. 贝克著,张文杰等译 58.00 元
35.《社会行动的结构》,[美]T. 帕森斯著,彭刚等译 80.00 元
36.《个体的社会》,[德]N. 埃利亚斯著,翟三江、陆兴华译 15.30 元
37.《传统的发明》,[英]E. 霍布斯鲍姆等著,顾杭、庞冠群译 68.00 元
38.《关于马基雅维里的思考》,[美]L. 施特劳斯著,申彤译 78.00 元
39.《追寻美德》,[美]A. 麦金太尔著,宋继杰译 68.00 元

第五批书目

40.《现实感》,[英]I. 伯林著,潘荣荣、林茂、魏钊凌译 78.00 元
41.《启蒙的时代》,[英]I. 伯林著,孙尚扬、杨深译 35.00 元
42.《元史学》,[美]H. 怀特著,陈新译 89.00 元
43.《意识形态与现代文化》,[英]J. B. 汤普森著,高铦等译 68.00 元
44.《美国大城市的死与生》,[加]J. 雅各布斯著,金衡山译 78.00 元
45.《社会理论和社会结构》,[美]R. K. 默顿著,唐少杰等译 128.00 元
46.《黑皮肤,白面具》,[法]F. 法农著,万冰译 58.00 元
47.《德国的历史观》,[美]G. 伊格尔斯著,彭刚、顾杭译 58.00 元
48.《全世界受苦的人》,[法]F. 法农著,万冰译 17.80 元
49.《知识分子的鸦片》,[法]R. 阿隆著,吕一民、顾杭译 59.00 元

第六批书目

50.《驯化君主》,[美]H. C. 曼斯菲尔德著,冯克利译 68.00 元
51.《黑格尔导读》,[法]A. 科耶夫著,姜志辉译 98.00 元
52.《象征交换与死亡》,[法]J. 波德里亚著,车槿山译 68.00 元
53.《自由及其背叛》,[英]I. 伯林著,赵国新译 48.00 元

54.《启蒙的三个批评者》,[英]I. 伯林著,马寅卯、郑想译 48.00 元
55.《运动中的力量》,[美]S. 塔罗著,吴庆宏译 23.50 元
56.《斗争的动力》,[美]D. 麦克亚当、S. 塔罗、C. 蒂利著,李义中等译 31.50 元
57.《善的脆弱性》,[美]M. 纳斯鲍姆著,徐向东、陆萌译 55.00 元
58.《弱者的武器》,[美]J. C. 斯科特著,郑广怀等译 82.00 元
59.《图绘》,[美]S. 弗里德曼著,陈丽译 49.00 元

第七批书目

60.《现代悲剧》,[英]R. 威廉斯著,丁尔苏译 45.00 元
61.《论革命》,[美]H. 阿伦特著,陈周旺译 59.00 元
62.《美国精神的封闭》,[美]A. 布卢姆著,战旭英译,冯克利校 68.00 元
63.《浪漫主义的根源》,[英]I. 伯林著,吕梁等译 49.00 元
64.《扭曲的人性之材》,[英]I. 伯林著,岳秀坤译 22.00 元
65.《民族主义思想与殖民地世界》,[美]P. 查特吉著,范慕尤、杨曦译 18.00 元
66.《现代性社会学》,[法]D. 马尔图切利著,姜志辉译 32.00 元
67.《社会政治理论的重构》,[美]R. J. 伯恩斯坦著,黄瑞祺译 72.00 元
68.《以色列与启示》,[美]E. 沃格林著,霍伟岸、叶颖译 128.00 元
69.《城邦的世界》,[美]E. 沃格林著,陈周旺译 85.00 元
70.《历史主义的兴起》,[德]F. 梅尼克著,陆月宏译 48.00 元

第八批书目

71.《环境与历史》,[英]W. 贝纳特、P. 科茨著,包茂红译 25.00 元
72.《人类与自然世界》,[英]K. 托马斯著,宋丽丽译 35.00 元

73.《卢梭问题》,[德]E. 卡西勒著,王春华译 39.00 元
74.《男性气概》,[美]H. C. 曼斯菲尔德著,刘玮译 28.00 元
75.《战争与和平的权利》,[美]R. 塔克著,罗炯等译 25.00 元
76.《谁统治美国》,[美]W. 多姆霍夫著,吕鹏、闻翔译 35.00 元
77.《健康与社会》,[法]M. 德吕勒著,王鲲译 35.00 元
78.《读柏拉图》,[德]T. A. 斯勒扎克著,程炜译 68.00 元
79.《苏联的心灵》,[英]I. 伯林著,潘永强、刘北成译 59.00 元
80.《个人印象》,[英]I. 伯林著,覃学岚译 88.00 元

第九批书目

81.《技术与时间:2. 迷失方向》,[法]B. 斯蒂格勒著,赵和平、印螺译 59.00 元
82.《抗争政治》,[美]C. 蒂利、S. 塔罗著,李义中译 28.00 元
83.《亚当·斯密的政治学》,[英]D. 温奇著,褚平译 21.00 元
84.《怀旧的未来》,[美]S. 博伊姆著,杨德友译 85.00 元
85.《妇女在经济发展中的角色》,[丹]E. 博斯拉普著,陈慧平译 30.00 元
86.《风景与认同》,[美]W. J. 达比著,张箭飞、赵红英译 68.00 元
87.《过去与未来之间》,[美]H. 阿伦特著,王寅丽、张立立译 58.00 元
88.《大西洋的跨越》,[美]D. T. 罗杰斯著,吴万伟译 108.00 元
89.《资本主义的新精神》,[法]L. 博尔坦斯基、E. 希亚佩洛著,高铦译 58.00 元
90.《比较的幽灵》,[美]B. 安德森著,甘会斌译 79.00 元

第十批书目

91.《灾异手记》,[美]E. 科尔伯特著,何恬译 25.00 元

92.《技术与时间:3. 电影的时间与存在之痛的问题》,
[法]B. 斯蒂格勒著,方尔平译 65.00 元
93.《马克思主义与历史学》,[英]S. H. 里格比著,吴英译 78.00 元
94.《学做工》,[英]P. 威利斯著,秘舒、凌旻华译 68.00 元
95.《哲学与治术:1572—1651》,[美]R. 塔克著,韩潮译 45.00 元
96.《认同伦理学》,[美]K. A. 阿皮亚著,张容南译 45.00 元
97.《风景与记忆》,[英]S. 沙玛著,胡淑陈、冯樨译 78.00 元
98.《马基雅维里时刻》,[英]J. G. A. 波考克著,冯克利、傅乾译 108.00 元
99.《未完的对话》,[英]I. 伯林、[波]B. P. -塞古尔斯卡著,
杨德友译 65.00 元
100.《后殖民理性批判》,[印]G. C. 斯皮瓦克著,严蓓雯译 79.00 元

第十一批书目

101.《现代社会想象》,[加]C. 泰勒著,林曼红译 45.00 元
102.《柏拉图与亚里士多德》,[美]E. 沃格林著,刘曙辉译 78.00 元
103.《论个体主义》,[法]L. 迪蒙著,桂裕芳译 30.00 元
104.《根本恶》,[美]R. J. 伯恩斯坦著,王钦、朱康译 78.00 元
105.《这受难的国度》,[美]D. G. 福斯特著,孙宏哲、张聚国译 39.00 元
106.《公民的激情》,[美]S. 克劳斯著,谭安奎译 49.00 元
107.《美国生活中的同化》,[美]M. M. 戈登著,马戎译 58.00 元
108.《风景与权力》,[美]W. J. T. 米切尔著,杨丽、万信琼译 78.00 元
109.《第二人称观点》,[美]S. 达沃尔著,章晟译 69.00 元
110.《性的起源》,[英] F. 达伯霍瓦拉著,杨朗译 85.00 元

第十二批书目

111.《希腊民主的问题》,[法]J. 罗米伊著,高煜译 48.00 元
112.《论人权》,[英]J. 格里芬著,徐向东、刘明译 75.00 元
113.《柏拉图的伦理学》,[英]T. 埃尔文著,陈玮、刘玮译 118.00 元
114.《自由主义与荣誉》,[美]S. 克劳斯著,林垚译 62.00 元
115.《法国大革命的文化起源》,[法]R. 夏蒂埃著,洪庆明译 38.00 元
116.《对知识的恐惧》,[美]P. 博格西昂著,刘鹏博译 38.00 元
117.《修辞术的诞生》,[英]R. 沃迪著,何博超译 48.00 元
118.《历史表现中的真理、意义和指称》,[荷]F. 安克斯密特著,周建漳译 58.00 元
119.《天下时代》,[美]E. 沃格林著,叶颖译 78.00 元
120.《求索秩序》,[美]E. 沃格林著,徐志跃译 48.00 元

第十三批书目

121.《美德伦理学》,[新西兰]R. 赫斯特豪斯著,李义天译 68.00 元
122.《同情的启蒙》,[美]M. 弗雷泽著,胡靖译 48.00 元
123.《图绘暹罗》,[美]T. 威尼差恭著,袁剑译 58.00 元
124.《道德的演化》,[新西兰]R. 乔伊斯著,刘鹏博、黄素珍译 65.00 元
125.《大屠杀与集体记忆》,[美]P. 诺维克著,王志华译 78.00 元
126.《帝国之眼》,[美]M. L. 普拉特著,方杰、方宸译 68.00 元
127.《帝国之河》,[美]D. 沃斯特著,侯深译 76.00 元
128.《从道德到美德》,[美]M. 斯洛特著,周亮译 58.00 元
129.《源自动机的道德》,[美]M. 斯洛特著,韩辰锴译 58.00 元
130.《理解海德格尔:范式的转变》,[美]T. 希恩著,邓定译 89.00 元

第十四批书目

131.《城邦与灵魂:费拉里〈理想国〉论集》,[美]G. R. F. 费拉里著,刘玮编译 58.00 元
132.《人民主权与德国宪法危机》,[美]P. C. 考威尔著,曹晗蓉、虞维华译 58.00 元
133.《16 和 17 世纪英格兰大众信仰研究》,[英]K. 托马斯著,芮传明、梅剑华译 168.00 元
134.《民族认同》,[英]A. D. 史密斯著,王娟译 55.00 元
135.《世俗主义之乐:我们当下如何生活》,[英]G. 莱文编,赵元译 58.00 元
136.《国王或人民》,[美]R. 本迪克斯著,褚平译(即出)
137.《自由意志、能动性与生命的意义》,[美] D. 佩里布姆著,张可译 68.00 元
138.《自由与多元论:以赛亚·伯林思想研究》,[英]G. 克劳德著,应奇等译 58.00 元
139.《暴力:思无所限》,[美]R. J. 伯恩斯坦著,李元来译 59.00 元
140.《中心与边缘:宏观社会学论集》,[美]E. 希尔斯著,甘会斌、余昕译 88.00 元

第十五批书目

141.《自足的世俗社会》,[美]P. 朱克曼著,杨靖译 58.00 元
142.《历史与记忆》,[英]G. 丘比特著,王晨凤译 59.00 元
143.《媒体、国家与民族》,[英]P. 施莱辛格著,林玮译 68.00 元
144.《道德错误论:历史、批判、辩护》,

[瑞典]J. 奥尔松著，周奕李译 58.00 元

145.《废墟上的未来：联合国教科文组织、世界遗产与和平之梦》，[澳]L. 梅斯克尔著，王丹阳、胡牧译 88.00 元

146.《为历史而战》，[法]L. 费弗尔著，高煜译 98.00 元

147.《语言动物：人类语言能力概览》，[加]C. 泰勒著，赵清丽译（即出）

148.《我们中的我：承认理论研究》，[德]A. 霍耐特著，张曦、孙逸凡译 62.00 元

149.《人文学科与公共生活》，[美]P. 布鲁克斯、H. 杰维特编，余婉卉译 52.00 元

150.《美国生活中的反智主义》，[美]R. 霍夫施塔特著，何博超译 68.00 元

第十六批书目

151.《关怀伦理与移情》，[美]M. 斯洛特著，韩玉胜译 48.00 元

152.《形象与象征》，[罗]M. 伊利亚德著，沈珂译 48.00 元

153.《艾希曼审判》，[美]D. 利普斯塔特著，刘颖洁译 49.00 元

154.《现代主义观念论：黑格尔式变奏》，[美]R. B. 皮平著，郭东辉译（即出）

155.《文化绝望的政治：日耳曼意识形态崛起研究》，[美]F. R. 斯特恩著，杨靖译 98.00 元

156.《作为文化现实的未来：全球现状论集》，[印]A. 阿帕杜拉伊著，周云水、马建福译（即出）

157.《一种思想及其时代：以赛亚·伯林政治思想的发展》，[美]J. L. 彻尼斯著，寿天艺、宋文佳译（即出）

158.《人类的领土性：理论与历史》，[美]R. B. 萨克著，袁剑译（即出）

159.《理想的暴政:多元社会中的正义》,[美]G. 高斯著,范震亚译(即出)

160.《荒原:一部历史》,[美]V. D. 帕尔马著,梅雪芹译(即出)

有关"人文与社会译丛"及本社其他资讯,欢迎点击 www. yilin. com 浏览,对本丛书的意见和建议请反馈至新浪微博@译林人文社科。